KB125281

대한민국을
새롭게
디자인하라

대한민국을
새롭게
디자인하라

이동훈 지음

어문학사

깨어난 시민의 힘이 하나로 모일 때
세상은 건강해지고 아름다워져요.

사람은 물방울입니다.
그러나 깨어난 시민은 바닷물입니다.
세상을 건강히 만드는 일에 자신을 던지고 싶어 합니다.

인생에서 위대한 깨달음이 있어요.
세상을 바꿀 수 있다는 믿음을 갖는 것이죠.

새로운 대한민국이 춤을 춥니다.
국민의 시대가 활짝 열렸습니다.

홍익인간이 큰 그림을 보여주며 우리에게 손짓을 하네요.

존경하는 동시대 벗님들이시여!
세계의 모범이 되는 일류 대한민국을
우리가 힘껏 만들어보면 어떨까요?

모두의 건투를 빕니다.
대한민국 화이팅!

새로운 대한민국을 응원하며 대구에서

이종호

Contents 차례

2장　서양을 무조건 따라하면 우리가 선진국이 될까

3장　잘 노는 게 최고의 민주주의다

4장   변화가 곧 희망이다

1장

삼겹살 고기는 맛있고
삼겹살 국민은 멋있다

현대 한국 문명은 삼겹살 문명이다

삼겹살 구조의 한국 문화! 전 세계에서 삼겹살 고기에 열광하는 건 한국인뿐입니다. 외국인들이 살코기에 환호할 때 우리는 삼겹살에 만세를 불렀어요. 우리 국민은 살과 비계 사이에 층이 져있는 걸 좋아해요. 식감이 좋고 보기도 좋고 맛이 더 좋기 때문이죠. 삼겹살은 단순한 맛에 그치는 게 아니라 도중에 맛에 살짝 변화가 있어서 더 좋아해요. 한국인들의 성정은 무변화보다 약간의 파격이거나 또는 짜릿한 첨단의 변화를 더 좋아하는 것 같아요. 우리의 고려청자나 시조 문학이나 전통가옥 모양새가 다 그러하죠. 그래서 현대에도 한류 K팝이나 삼겹살이 한국인에게 매력이 있나 봐요. 제주도에는 지금 오겹살까지 예사로워졌다는데요. 우리가 참 도전적이고 창의적이고, 후훗 배달겨레 유전인자가 대단하긴 해요.

이쯤 정리해 볼까요? 현대 한국 문명의 중심축이 삼겹살에서 지금 오겹살로 이동 중에 있다는 거죠. 여기서 우리의 기본 중의 기본, 한국의 삼겹살 문명을 자세히 뜯어서 살펴볼까요? 한국의 삼겹살 문명에서 1겹은 전통 무속 사상입니다. 2겹은 불교 사상이고 3겹은 유교 사상이에요. 이 셋이 바로 한국 전통의 '선불유' 또는 '유불선' 삼겹살 문화입니다. 문화와 문명은 같은 거예요. 문화가 문명으로 나타나고 문명이 문화로 나타나죠. 그렇다면 오늘날 한국의 오겹살 문명은 어떻게 처리하면 좋을까요? 산술적으로 봤을 때 오겹살 문명론은 기존의 삼겹살에 2겹을 더한 거겠죠. 새것 2겹은 근대 이후에 들어온 낯설고 새로운 것이고요. 그러니까 비유하자면 한국의 최신 오겹살 문명은 5개의 층으로 빚어진 탑과 같은 거라고 할 수 있어요. 1층은 전통 무속 사상이고 2층은 불교 사상이고 3층은 유교 사상이에요. 이것이 한국의 뿌리 깊은 3겹살 문화라고 말할 수 있죠. 석탑의 기단 부분에 해당하지요. 사실상 이 3겹이 우리나라의 기층문화인 거죠. 나머지 새로운 2겹은 근, 현대 시대인 20세기에 만들어진 건데요. 4층에는 기독교 사상이 있고 5층에는 일제 식민지 사상이 있지요.

한국의 5겹살 문명은 지금에 이르기까지 오천 년 역사를 굽이굽이 감돌아들며 흘러왔어요. 5겹으로 층이 진 사상과 에너지들이 역사의 한복판에서 끓어 넘치며 소쿠라지면서 색색들이 서로 반응하고 반발하고 융합하고 뒤섞이며 지금과 같은 현대의 한국 사회가 역동적으로 빚어진 거죠. 지금 대한민국 생활 공동체를 곰곰 들여다보세요. 글쎄, 우리가 오겹살 문명사회가 틀림없다니까요.

그런데 '유불선'을 전통 문화로 쳐서 하나로 동이면, 현대의 한국 문화는 다시 삼겹살 문화가 돼요. 그러니까 한국의 새 삼겹살 문화는 이렇지요. 1겹은 유불선 문화, 2겹은 기독교 문화, 3겹은 일본 식민 문화인 거죠. 요약하면 오늘의 한국 문명은 이래도 삼겹살, 저래도 삼겹살이에요. 그러니 우리가 삼겹살에 익숙하고 삼겹살을 좋아할 수밖에요. 도무지 삼겹살과 멀어질 수 없거든요. 배달겨레와 삼겹살은 찰떡궁합입니다. 마침가락이죠. 어제도 그렇고 오늘도 그렇고 내일도 그럴 거예요. 우리 대한민국은 삼겹살 문명과 잘 맞아요. 우리 한국인들이 유난히 삼겹살을 좋아하고 삼겹살 문화에 정말 익숙하잖아요. 이게 다 역사적인 내력이 있는 거죠. 그러면 내력 속에 빛나는, 삼겹살 국민의 매력을 하나하나 따져볼까요?

오늘의 한국인은 3명 중 적어도 1명은 '유불선' 전통 사상을 갖고 있어요. 그리고 이것은 삼겹살 한국인의 공통분모에 해당하는 것이기도 해요. 한국인은 누구나 '유불선' 사상을 가슴에 품고 있어요. 왜냐 하면 '유불선' 사상은 배달겨레의 핏속을 흘러오는 유전인자와 같은 거니까요. 그러나 여기선 이것을 기층의 '유불선' 외에 나머지 다른 2개의 문화 켜에 경도되지 않은 한국인을 가리키는 걸로 정리하죠. 그를 편의상 한국인 1(1겹)로 정할 게요. 그 다음으로 지금의 한국인 3명 중 1명은 '기독교 신앙'을 갖고 있어요. 그를 편의상 한국인 2(2겹)로 이름 짓죠. 3겹의 한국인 중에서 마지막 1명은 '일본 식민 정신'을 뼛속 깊이 갖고 있어요. 그를 편의상 한국인 3(3겹)으로 이름 지을게요. 자 이제 3겹살 문명을 정리해 보겠습니다. 현대 한국의 삼겹살 문명에는 주인공이 셋 있는데, 주인공 그 1은 전통의 한국인이요, 그 2는 기독교 천주교 신앙인이요, 그 3은 친일 독재파 한국인입니다.

돌아보면 한국 사회가 오늘날과 같은 삼겹살 문명의 소용돌이 속으로 휩쓸려 들어온 지 꽤 오래되었는데요. 20세기 이래로 한국인의 정체성이 혼돈과 불안으로 심하게 흔들리고 있어요. 그러나 알다시피 한국 사회가 본디 그렇게 꽉 막힌 곳이 아니잖아요? 나라 전체 분위기가 그래도 유연하고 역동적이죠. 대한민국 시대의 오늘 한국 사회가 옛날처럼 '유불선' 전통사상만을 고집하는 게 아니잖아요? 유교 문화를 절대시하여 이를 강요하는 것도 결코 아니고요. 시대 분위기로 볼 때 그럴 수 없을뿐더러 그렇게 하지도 않고 있죠. 그러나 그렇다고 해서 한국 사회가 서구 기독교 사상과 미국 문화를 일방적으로 수용하고 찬양하는 것도 아니지 않나요? 일본 식민 사상을 따르고 숭배하는 친일파 문화가 우리 한국 문명의 정체성으로 숫제 고정된 것도 절대 아니고, 그렇잖아요?

그러면 현대 한국 문명의 정체성은 과연 무엇일까요? 잘 모르겠으면 해를 생각하면 돼요. 우리가 해와 가까워요. 밝고 환해요. 낙천적이고 긍정적이죠. 배달겨레는 태양을 숭배해요. 우리에게 삼족오가 태양이고 봉황이 태양이죠. 백의민족은 흰색을 사랑해요. 흰색은 햇빛이고 태양이니까요. 배달족 한국 문명은 빛입니다. 빛의 문명이지요. 빛은 원래 3원색이잖아요. 그래 한국 문명에도 3원색이 있어요. 3개의 문화 속살이 있지요. '한국. 미국. 일본'이라는 3원색 겨레 문화의 속살들. 이것이 조화를 이룬 나라가 지금의 대한민국입니다. 까닭에 한국인은 이래저래 삼겹살 국민일 수밖에 없어요. 우리가 여기서 하나의 문화 속살만을 강요해서는 안 돼요.

물론 가장 중요한 문화 속살이 있기는 해요. 그러나 그것 하나만을 정답으로 강요해서는 안 돼요. 왜냐 하면 삼겹살 한국인이 한데 모여서 지금의 한국이 되었거든요. 〈새로운 대한민국〉의 참모습은 이 세 인물의 역학 관계에 달려 있어요. 현대 한국 문명의 색깔은 삼겹살 한국인의 역학 관계가 결정하죠. 현재 한국 사회에서 이 세 인물은 어떤 관계일까요? 우리가 평소에 생각하는 것처럼, 한국인이 보는 '한국과 미국과 일본'의 관계와 같지 않을까 하는데요. 이를테면 한반도에서는 '한미일' 삼국 중에서 우리 '한국'이 가장 중요하잖아요. 한국인의 눈으로 볼 때, 바로 여기가 한국 땅이며 우리는 한국인이며 대한민국 국민이니까요.

답이 나왔죠? 그러니까 '한국인다운 한국인(한국인 1)'이 우리 문화의 중심축이 되어야 마땅한 거죠. 삼겹살 중에서 '미국인 같은 한국인(한국인 2)'이나 '일본인 같은 한국인(한국인 3)'이 한국 사회의 진짜 주인공이 되어서는 곤란해요. 그런데 어쩌죠? 한국인2와 한국인3이 우리 사회의 지배층이 된 적이 더 많았거든요. 옛날 일제 식민지 시대가 그랬고 대한민국 친일파 보수 독재 우파 정권 때가 그랬었죠. 물론 '미국인 같은 한국인'이 주도 세력이 된 적도 있었겠죠? 기독교 공화국으로 이름난 이승만 정권 때가 그 출발점이었는데요. 한국에서 기독교 신앙을 갖고서 열심히 교회나 성당에 다닐라치면, 사회 내부적으로 끼리끼리 출세를 끌어주고 밀어주고 또 하다못해 문화인의 높은 품위가 보장되는 그런 시대를 한참 살아왔던 거죠. 이명박, 박근혜 정부를 지나서 지금도 사실은 그런 시대의 연장선이라고 말할 수 있어요. 그래서일까요, 세계에 유례가 없이 대한민국 시대에 한국 교회가 폭발적인 성장세를 기록했어요. 한국 기독교의 기적적인 확장과 발전은 기독교의 본고장인 유럽 사회마저 깜짝 놀라게 한 기념비적인 사건이 되었죠.

이즈음 하루가 다르게 대한민국 문명이 새롭게 꽃을 피우고 있어요. 촛불 대통령 문재인 정부가 등장하고부터 새 희망이 파르라니 돋아나요. 그러나 한국 사회 내부는 여전히 문화의 층들이 겹겹이 쌓여 있어요. 대립하며 때로 아프게 충돌하고 있어요. 삼겹이 있고 오겹이 있고 그래요. 이것들이 노상 충돌하고 싸우면 위험하겠지만 그래도 한민족 특유의 넉넉한 관용 정신은 이 모두를 포용했는데요. 외국에 흔하디흔한 종교 전쟁이 우리나라에는 단 한 번도 일어나지 않았잖아요. 이것은 우리 민족 전체의 성숙한 문화 역량이 조정자 역할을 잘해서 그런 게 아닐까 해요. 다름 아닌 '홍익인간'의 정신이 그것이죠. 우리 민족이 현대사의 질곡을 뼈아프게 건너는 동안 1, 2, 3 삼겹살 한국인의 분열과 다툼이 극심한 지경까지도 갔으나, 그래도 너그럽고 여유로운 본성과 뿌리 깊고 튼튼한 공동체 정신으로 위기를 넘기며 여기까지 잘 도착했어요. 참 다행이고 축복입니다. 이건 전적으로 우리 민족의 빼어난 민주 역량과 자치 능력의 덕택이 아닐 수 없는데요. 이태 전에 전국에서 타올랐던 촛불 민주대혁명의 성공이 세계를 깜짝 놀라게 했잖아요? 그것은 정녕코 삼겹살 우리 국민의 빛나는 자랑거리가 아닐 수 없는데요. 그 이후로 세계인들이 우리를 보는 눈이 달라졌어요. 존경하고 또 부러워하고 우러러보고 그래요. 촛불 민주주의는 이제 우리 한국인의 새로운 자랑, 새로운 문화 아이콘이 되었거든요.

　삼겹살은 맛있고 삼겹살 국민은 멋있다.—우리가 단군 할아비한테 물려받은 '홍익인간'의 정신이, 오늘의 대한민국과 삼겹살, 오겹살 국민들을 하나로 묶어주는 튼실한 끈의 역할을 한다고 굳게 믿습니다.

행복 가득 부탄에는 부탄가스가 없다

지구에 이런 나라도 있군요. 부탄이라는 나라. 이름은 비슷해도 부탄은 북한과 아무 관계가 없어요. 부탄의 국가 시책 목표는 '국민총행복'이라는 건데요. 나라의 모든 정책과 예산 집행과 살림을 국민들이 행복감을 누리도록 시행한다 하네요. 우리 귀에 익숙한 '국민총생산'이니 '국민소득'이니 하는 걸 부탄은 싹 무시해요. 국민 1인당 연간 소득이 '2만 달러냐, 3만 달러냐?' 이런 게 뭐가 중요하냐는 거죠. 하긴 그래요, 구체적 개인에게 평균값이 도대체 중요할까요? 평균값은 그냥 숫자놀음인데 말이죠. 국민 한 사람, 한 사람이 정말로 행복감을 느끼며 사는 게 중요하잖아요. 그래서 그럴까요, 부탄인은 1인당 국민 소득이 3천 달러가 안 되는데도 인구의 97%가 스스로 행복하다고 생각한다는데요.

부탄 사람들은 우리 한국처럼 서양 신화에 맹목적으로 중독되지 않았어요. 그들은 서구 문명의 폐해와 위험성을 첫눈에 본능적으로 알아챘나 봐요. 부탄인들은 처음부터 지구 위 보통의 다른 나라들과는 달리 서양 선진국을 부러워하거나 숭배하거나 하지 않았어요. 오히려 그들은 서양 숭배자들과는 전혀 다른 생각을 갖고 있었는데요. 그러니까 부탄인들은 기독교 서구인에 주눅 들지 않고 당당하고 자부심 높고 영혼이 한없이 자유로웠던 거죠. 그들은 서구화와 현대화를 경제 성장이나 국가 발전이라는 이름으로 추종하거나 찬양하지 않았어요. 부탄은 근대화의 목표를 '서구화'로 결코 정하지 않았어요. 그들은 놀랍게도 근대화 목표를 '국민 총행복'의 증진으로 잡았어요. 부탄 사람들은 일상의 행복한 삶을 다만 원했는데요. 제가끔 현재의 삶터에서 온전히 행복하기를 바랐을 뿐이죠.

물론 그곳도 한참 전에 부탄의 지식인들이 현대 문명과 조우했겠죠? 그들은 용감하게도 당시 자기들 왕정 국가의 한계를 인정했어요. 공화정 체제를 그 즉시 도입했다는데요. 왜냐 하면 국민 행복지수를 높이기 위해서 그랬대요. 그래 부탄은 국가 정체성을 단박에 바꾸었어요. 전통의 왕정에서 현대식 공화정으로 싹 바꾼 거죠. 참 대단한 나라예요. 어쩌면 부탄은 국민들 전체가 마음이 잘 맞나 봐요. 의회 민주 체제가 왕정 체제보다 국민 복지 향상에 더 적합하다는 걸 긴 토론 끝에 찾아낸 거죠. 모든 부탄인들이 한마음으로 나중에 여기에 동의를 해 주었다고 그러네요.

그렇다고 해서 부탄이 경제 문제를 아예 무시하는 건 아니에요. 지구촌 다른 나라와 마찬가지로 부탄은 경제개발에 노력하고 있으며 정부 주도로 온 힘을 기울이고 있죠. 다만 경제 개발이 '국민 총행복'이라는 절대 가치에 해를 끼친다면 결코 이를 추진하지 않을 거라고 나라에서 밝히는 점이 다를 뿐이죠. 그래요, 부탄에도 '경제개발 5개년 계획' 같은 게 있고말고요. 그러나 이것의 성패는 수시로 점검을 하며, 그 판단 기준은 오직 국민행복지수의 증감이라고 정부 측에서 국민들에게 약속했다고 하더군요. 아아 대단해요.

국가가 하나의 집안 같고 하나의 마을 같은 느낌이 들어요. 정부는 국민을 믿고 국민은 정부를 믿습니다. 우리는 아직까지도 문재인 새 정부의 정책에 무조건 반대표를 던지고 보는 특정 지역과 특정 정치 집단이 존재하는데 말이에요. 이런 측면에서 보면 시샘이 날 만큼 그 나라가 부럽군요.

20세기에 현대 문명이 부탄에 처음 도입되는 순간, 부탄은 국가 4대 정책 요소를 즉각 선정하고 발표했다죠? 국가의 모든 정책을 국민의 행복지수를 높이는데 초점을 맞춘다고 정부 측에서 공약하면서 말이에요. 그들이 밝힌 부탄 정부의 4대 정책 요소를 한번 들여다볼까요?

(우리 부탄은)

첫째, 좋은 정부를 가지고 지속적으로 민주화를 펼친다.

둘째, 안정적이고 공정한 사회를 만든다.

셋째, 환경 보호를 위해 최대한 노력한다.

넷째, 부탄의 전통 문화를 보존하고 사회적 유대를 강화한다.

하하하 참 멋지군요. 부탄에는 부탄가스가 없어요. 도시 문명의 상징이 없죠. 천연자원이 없다시피 해요. 돈 되는 자원이 부족하죠. 그러나 부탄에 부탄가스가 없어도 그들에게는 행복이 있어요. 국민 총소득이 낮아도 부탄인들은 불행해 하지 않아요. 그들은 행복

만족도가 상당히 높거든요. 어제오늘의 한국인들은 행복 만족도가 무척 낮은데 말이에요. 대한민국은 특히 최근 10년 동안은 어른이나 아이들이나 가리지 않고 치열한 경쟁과 극심한 성과주의에 내몰려 살았잖아요? 그때는 안간힘으로 버티면서 그저 일상을 견뎌내는 이가 부지기수였죠. 비정규직에, 좁은 일자리에, 입시 공포 때문에 말이죠. 어른도 힘들었고 아이도 고통스러웠어요.

그러나 이제금 새로운 대한민국 시대가 문을 활짝 열었습니다. 한국에서 생활 문명의 많은 것들이 빠르게 달라지고 있어요. 물론 좋은 쪽으로 그래요. 새 정부 들어서 긍정적인 느낌이 좋아요. 기대해 볼 만한 일이죠. 그러나 그렇기는 해도 어쨌든 현대 문명의 발전 속도가 빨라요. 불안할 정도로 빨라요. 거침없이 달려가요. 어제 것이 하루아침에 헌 것이 되고 고물이 돼요. 이즈막 문물의 변화 속도가 정말 빠르거든요. 따라잡기가 벅찰 지경이죠.

지능형 스마트홈 서비스라는 최첨단 문명이 있는데요. 우리나라 최고급 아파트 단지에 설치하는 건데 지금 일부 시행 중에 있다는데요. 최첨단의 서비스 시스템 덕분에 설치 아파트는 대한민국을 대표하는 꿈의 기능성 아파트로 광고되고 있죠. 지능형 스마트홈 서비스 시스템은 가전제품의 원격 제어뿐 아니라 일상 맞춤형의 서비스를 무한 제공하는 건데요. 예를 들어 집주인이 아파트 주차장에 도착하면 집안 조명등에 불이 저절로 켜져요. 사람이 도착했다는 신호를 자동으로 알리는 거죠. 그리고 어떻게 알았는지 엘리베이터가 알아서 지하 주차장으로 스르륵 내려와요. 이런 정도는 주인을 반기려는 기계 동물들의 애교스런 몸짓이라고 해도 좋겠죠?

또 주인이 집에 올라가면 자동으로 현관문이 글쎄 스르르 열린대요. 지능형 기계 장치 시스템이 주인의 휴대폰 이동 경로를 파악해서 자동으로 문을 열어주는 거죠. 이번에는 거실 소파에 앉은 주인이 혼잣말을 합니다. '영화나 볼까' 이러면 거실 커튼이 자동으로 스르륵 닫히고 조명이 툭 꺼지며 텔레비전 모니터가 짠하고 켜지지요.

하하하 정말로 좋은 세상입니다. 그러나 우리가 이렇게 살면 정말 행복할까요? 이런 게 정녕 잘 사는 걸까요? 휘황찬란한 곳에서 자동 기기의 도움을 받아 잘 요리된 삶이 주인 인간을 알아보고 높이 받들고 대접한다면, 그때 우리가 정녕코 행복감을 만끽할까요? 글쎄요, 물질적인 것과 편리함 같은 데서 꼭 이런 방식으로 행복을 찾아야 할까요? 첨단 과학 기술 서비스 시스템 속에서 행복한 기분이 찾아지거나 할까요? 안 할 말로 이건 기계가 행복한 거지, 인간이 행복할 것 같지 않은데 말이에요. 그렇지 않나요? 후훗, 서비스 기계 시스템을 발명한 업자들이야 많은 돈을 벌겠죠? 그러면 사실은 그들이 최고로 행복할 것 같지 않나요?

우리가 부탄의 정책을 따라하면 우리나라에도 좋은 일이 생길 것만 같은 예감이 드는데요. 지금 우리 새 대통령이 예전부터 부탄을 사랑하고 부탄에 아주 많은 관심과 애정을 갖고 있다고 하니까 우리가 그걸 한번 믿어 보죠. 사월 초파일에는 '우리도 부처님처럼'이라는 인사말이 참 듣기 좋았는데, 문재인 국민의 시대에는 '우리도 부탄님처럼~' 늘 이렇게 구호를 외쳐야겠어요. 생각만 해도 기분이 썩 좋은데요.

노벨상은 결과가 아니라 과정이다

국가 차원에서 말할 때, 한 개인이 노벨상을 받는 것보다 중요한 것은 노벨상을 받을 수 있는 환경입니다. 왜냐 하면 노벨상 수상자가 하루아침에 태어날 수 없거든요. 교육열이 뜨겁기로 세계 1등인 우리나라가 아직껏 평화상 외에 정식 노벨상을 받지 못했음은 지금의 한국 문명에 무슨 큰 허점이 있다는 징표가 아닐까요?

그간 한국의 학교는 토론식 교육이 없었어요. 창의적 교육이 활성화되지 못하고 있었죠. 이게 가장 큰 문제였어요. 대한민국 사회 전체가 대학 입시라는 괴물에게 물질과 영혼을 빼앗겨버린 거죠. 한국의 아이들이 공부를 열심히 하긴 하되 입시 위주, 출세 위주의 공부에만 매달렸어요. 그래 가정에서조차 그런 쪽으로 공부를 시키고 학교에서도 그렇게 했어요. 우수한 두뇌를 자랑하는 한국의 아이들이 오로지 일신의 영달과 집안의 출세를 위해 교과 공부에

매진했던 거죠. 그런 사정을 알고서야 청소년들이 공부에 몰두하는 그 풍경이 어떻게 아름다울 수가 있을까요? 공부 중독에 빠진 아이들의 모습은 차라리 나라의 미래를 어둡게 비춰줄 뿐이었죠. 오직 입시 지식 공부만 해서 사회적으로 자기 출세를 하고 나면 그 똑똑한 치들이 그 다음은 대한민국에서 어떻게 살아갈까요? 성적 우수자의 상당수가 간교한 언론인이 되거나 뻔뻔한 법 기술자가 되어 친일 독재 세력들에게 부역하며 딴에는 폼을 재면서 살게 되겠죠. 젠체하며 관청에서 권력놀음을 즐기고 사이비 대통령놀이나 하면서 국정을 농단하기까지 하겠죠. 한국 공부벌레들의 그간의 삶의 모습이란 정말 가관이었죠. 사정이 이러한데 한국에서 노벨상 출현을 기대하다니 이런 무지와 억지스러움이 세상에 다시 또 있을까요?

과정이 분명하면 결과가 분명해요. 세상의 이치가 그렇죠. 가령 처녀가 애를 뱄다면 어떤 과정이 분명히 있었다는 거잖아요. 사실을 말한다면 우리나라가 기초과학 연구 분야가 꽤 탄탄하거든요. 유럽 선진국 수준을 거의 따라잡았다거나 어떤 분야는 그것을 넘어섰다는 평가를 받기도 해요. 오늘날 한국의 과학기술이 눈부시게 발전된 최상급의 상태라는 거죠. 게다가 이 방면의 1년 연구비로 정부에서 무려 20조 원 가까이 지원해 줘요. 국가 차원의 뒷받침이 어마어마한 거죠. 그런데도 여기에 문제가 있어요. 아주 커다란 문제점입니다. 그게 뭐냐 하면 과학 기술 분야의 연구 개발을 정부가 주도하여 끌고 간다는 거예요. 지난 정부가 민주 정부가 아니라 불량 정부, 독재 정부라서 더욱더 그랬죠. 이 놈의 정부가 예산 지원을 미끼로 해서 과학자들을 길들이고 함부로 억눌렀어요. 연구 개발 분야와 절차를 정부가 지정하고 지시하는 하향식 구조였던 거죠. 사실상 이런 방식은 대다수의 개발도상국이나 공산주의 나라가 사용하는 방식이거든요. 유럽 선진국에서는 이런 방식이 절대 없죠.

정부 주도라고 하면, 특히 질 나쁜 독재 정부가 이를 주도한다면, 그들은 단기간의 성과에 목을 매는 경향이 상당하거든요. 예전에 우리나라 바둑 분야에서 알파고 광풍이 삽시간에 인 적이 있었어요. 그러자 정부가 나서더니만 대뜸 '앞으로 인공지능 연구에 몇천 억을 투자하겠다.' 이러는 거예요. 참 뜬금없는 일입니다. 어처구니가 없었죠. 멀리 십년, 삼십 년 또는 몇 십 년을 내다보면서 세계의 흐름을 읽고 선도해가야 할 과학기술 연구를 정부에서 씨도 뿌리지 않고서, 그저 애국 시민의 열매를 공으로 먹으려고 하다니요. 그러고는 유럽 선진국을 어쨌거나 따라가라고 하다못해 선진국의 꽁무니라도 따라붙으라면서, 국민 세금을 볼모로 하여 과학기술 관련자들에게 억지 강요를 하는 거죠.

그러나 기초 공사 없이 막무가내 밀어붙이는데 그런 작업이 과연 성공할까요? 과거 불량 정권이나 독재 정부에서 써먹던 수법일랑 새 대한민국은 단호히 거부해야 해요. 과학 기술 연구 분야를 정부가 지나치게 간섭을 하면 안 돼요. 정부가 과학기술계에 일방적으로 지시를 하고 감독을 하고 국가 예산을 핑계로 과학자를 길들이고 지침을 내리고 그러면 안 돼요. 서양 선진국들이 하는 방식을 눈여겨보고 제대로 배워야 해요. 이럴 때 보면 정부가 하는 역할이 참 중요하거든요. 가령 서구 유럽은 기초 학문이나 공학과 의학 등의 기본 연구를 철저히 상향식 구조로 전개하지요. 어떤 과학자나 과학 기술자 집단이 '우리가 이러이런 연구를 할 테니 정부는 여기에 맞춤한 예산과 인력을 지원해 달라.' 이렇게 요구를 하는 방식인 거죠. 일상이라는 텃밭에서 노벨상 열매가 시나브로 익어가는 풍경은 이런 것이 아닐까 합니다마는. 어쨌거나 국민들이 힘과 슬기를 모아 지금까지와는 전혀 다른 〈새로운 대한민국〉을 탄생시킨다면 이제부터 그곳 정부의 예산 집행과 지원 방식은 지금과는 전혀 달라질 테죠. 과학 기술 연구의 지원 방식을 우리나라가 혁명적으로 확 바꾸어야 해요. 정부의 부당한 지시와 시시콜콜한 간섭으로는 우리나라가 노벨상을 타기란 백년하청과 다를 바가 없지 않겠어요.

뜬금없는 질문 하나 할게요. 우리가 왜 노벨상에 집착하는가요? 노벨상은 인류 문명의 가장 수준 높은 이바지에 대한 보답이며 새로움과 창조성의 대명사잖아요. 그러므로 노벨상 수상은 인류 문명의 리더십과 현대성을 상징하는 명예 그 자체예요. 노벨상 풍토 조성을 위해서 우리 스스로가 사회 여러 분야에서 각종 질문을 던지고 새로운 답을 찾는 훈련을 자꾸 해야 해요. 삶의 한복판에서 우리는 정답이 없음을 두려워해서 안 돼요. 정답 없음을 차라리 즐겨야 해요. 그게 삶의 진실에 가깝고 노벨상 수상에 가깝습니다. 책상에 앉아서 연구를 하고 판에 박은 공부만 할 게 아니에요. 흔들리는 세상 속에 숨겨진 놀라운 답을 저마다 찾아나서야 해요. 그렇게 된다면 한국 사회가 나날이 새로워지고 곳곳에 활력의 에너지가 충만해질 테죠. 독재 문명의 토양인 반칙과 특권, 그리고 권위주의 체제가 제물로 사라질 거고요. 또 우리가 노벨상을 설령 빨리 받지 못한들 어때요? 사람사람이 창의적으로 살고 행복하게 살고 평화롭게 살면 되지 않나요?

자신의 길을 두려움 없이 가게 될 때 사람들은 행복감을 느끼거든요. 자기결정권이 바로 행복의 씨눈이잖아요. 〈새로운 한국〉의 미래 모습은 우리가 참다운 민주공화국에서 깜냥대로 열심히 살아갈 때 스스로 발견하게 되겠지요? 자유롭고 담대하고 도전적이며 창의적인 사회 풍토가 노벨상을 키우는 텃밭임을 믿습니다.

일본의 유신 헌법이 100년 후에 한국에서 부활하다

일본은 오랫동안 우리의 이웃으로 살아왔어요. 주로 우리에게 문물을 배우고 전수 받는 관계였죠. 제자의 나라로 한참을 살아왔어요. 그런데 글쎄 어느 날 일본이 총칼을 들고 우리나라로 쳐들어왔지 뭡니까? 1592년 임진년에 이 땅에서 왜란이 크게 일어났는데요. 당시 조선은 붓의 나라, 선비의 나라였고 일본은 칼의 나라, 사무라이의 나라였지요. 그러니까 당대 동아시아에서 조선은 문치 사회를 대표하고 일본은 무치 사회를 대표하는 격이었는데요. 일본의 호전성과 전쟁주의 경향성은 옛날부터 핏속을 흘러왔어요. 더구나 19세기의 일본은 알다시피 서양 제국주의를 흠모하여 이를 적극적으로 이식하고 모방하는 길을 걸었죠. 그 결과 일본은 당대의 조선이나 중국과는 달리 마치 아시아의 변종처럼 무서운 제국주의 국가로 돌연 변신할 수 있었는데요.

근대화 이전에 일본 왕은 존재가 미미했어요. 있으나마나한 그런 존재였죠. 역사의 공백에 오래 갇혀 있었어요. 마치 일본국이 전체 동아시아 역사 판에서 그런 하찮은 존재였던 것처럼 말이죠. 일왕은 아무 권력도 위세도 없는 허수아비였는데요. 그러던 게 1868년 일본에서 메이지 쿠데타가 성공하면서 대접이 아주 싹 달라졌어요. 왕은 기독교의 유일신 신분으로 바로 격상되었죠. 그는 전통의 거주지인 교토를 떠나 도쿄로 곧장 옮겨졌어요. 물론 쿠데타 주역인 유신 사무라이 세력들이 그렇게 만들었죠. 덧붙여 새 일본 개화 세력들은 일왕을 '천황'이라고 고쳐 불렀는데요. '천황'이 뭐냐 하면 이게 '천자'와 '황제'의 합성어예요. 한 마디로 '신과 같은 최고의 존재'라는 뜻이죠. 유일신으로 급조된 일왕은 근대 일본국의 상징이자 중심으로 높이 떠받들어졌어요. 아마도 서양 제국주의의 근본인 기독신앙을 얼치기로 본뜬 게 아닌가 싶기도 해요.

그렇더라도 여기에는 각종의 법률적이고도 제도적인 뒷받침이 필요했을 테죠. 가령 이토 히로부미 등이 주도해서 천황제 중심의 현대판 일본 헌법을 즉각 만들었는데요. 이것은 어찌 보면 서양 종교의 유일신을 본떠서 일본이 '천황' 중심의 국체를 제작한 거라고 할 수 있죠. 이게 바로 일본에서 19세기에 만들어진 '유신 헌법'의 고갱이입니다. 훗날 우리나라 대한민국에서도 일본군 장교 출신의 누군가가 이걸 흉내 내어 1972년에 '유신 헌법'을 만들었어요. 긴급조치법을 남발하여 악명을 떨쳤던, 이름도 해괴한 '10월 유신'이 그것이죠. 일본의 메이지 유신은 그때가 일왕 메이지 시대라서 그렇게 이름 지어졌는데요. 대한민국에서는 유신 쿠데타 발발이 메이지 시대가 아니라 그때가 단지 10월 달이라고 해서 이름이 '시월 유신'이 된 거예요. 하하하 '시월 유신', 이게 얼마나 웃기는 이름인가요? 그러나 이름은 우스꽝스러워도 10월 유신의 그 속 내용은 끔찍한 공포와 고통으로 가득 들어차 있었음을 처음에는 누구도 잘 몰랐다고 하데요. 돌아보면 19세기에 이미 일본은 서양 제국주의를 모방하고 따라했는데, 20세기의 우리는 일본군 장교 출신의 누군가가 그런 군국주의 일본을 모방하고 따라한 꼴이죠.

19세기는 서양 문물과 기독교 세력이 지구 전역에 해적 떼처럼 몰려왔어요. 동아시아 국가들은 거친 역사의 풍랑 한복판에서 요동치는 돛단배 신세가 되었는데요. 그러나 일본만은 약삭빠르게 서양 제국주의자의 얼굴로 분장을 할 수 있었죠. 왜냐 하면 당대 일본은 서양 문명을 모방하여 이미 군사대국이 되었거든요. 그래서 더 한층 일본은 그 시기에 중공업에 집중하고 시시각각 군국주의를 지향했지요. 20세기에 이르러 제국주의 일본은 우리나라를 비롯하여 아시아 여러 약소국가들에게 침략자, 정복자의 야수적 발톱을 날카롭게 드러냈죠. 그때의 일본은 국가 정체성이 당시 서양 정복주의 국가와 딱 일치했습니다. 그러고 보면 서양과 일본의 침략주의 호전성은 어찌 그리도 비슷한지요? 실제 역사에서 둘은 놀랍도록 닮았습니다. 자본주의 생태계에서 최상위자로 서식하는 '경제동물'이라는 별칭까지 똑같아요. 지금은 신자유주의 자본 문명 시대입니다. 2020년대가 코끝에 닿아있는 오늘 이 시점도 서양과 일본의 정체성은 100년 전 그때와 마찬가지가 아닐까 합니다마는.

우리가 특히 일본은 항시 조심해야 해요. 우리 곁에 있어서 더욱 위험하죠. 매순간 일본을 경계해야 하고말고요. 특히 오래 전부터 국내에 잠입해 있는 친일파 세력을 더 바싹 경계해야 해요. 친일 독재 부역자들이 여전히 한국 사회 상층부를 군데군데 장악하고 있어서 더욱 그렇죠. 친일 매국노 후손들이 대한민국에서 차지하고 있는 사회적 위치와 그들의 역사의식과 정신 상태를 우리가 항시 날카롭게 감시하고 눈여겨봐야 해요. 구국의 영웅 박정희 때문에, 그의 투철한 반공정신 때문에, 우리가 북한의 위협을 이겨냈고 또 지금 한국이 이만큼 잘 살게 되었다는 과대 선전이 지금도 공공연히 떠돌아요. 이것은 한국 사회의 권력층이 오랜 세월에 걸쳐 두텁게 퍼뜨린 거짓부리가 아닐까 하는데요. 박정희 신화를 견고하게 지키고 이를 이용해서 계속 이득을 보려는 세력들이 아직도 촘촘히 많다는 거죠. 민주공화국 대한민국에서 박정희 영웅화가 보란 듯이 깨뜨려지고 허물어져야 바로 그 지점에서 새로운 대한민국이 힘찬 첫걸음을 내딛을 수 있어요. 그렇게 믿습니다. 박정희 신격화를 격하게 끌어안고 있는 게 작금의 보수 세력이고 우파 세력이고 독재 지향 세력이고 뉴라이트 세력이고 친일파 세력이고 일베들이고 경상도 세력이지요. 대한민국 적폐의 발생지이자 보호 구역이 바로 이곳이 아닐까 하는데요. 이승만 시절의 자유당이 이곳에서 지금 또 부활했다는데요. 하하하 한국 독재의 대명사 자유당이 2020년을 바라보며 다시 살아나다니요, 정말 끔찍하고 역겨운 일이 아닐 수 없어요.

우리가 지금까지와는 전혀 다른, 완전히 새로운 한국 문명을 세울 수 있을까요? 빨갱이 흑백 이분법 세상 대신에 다양성이 살아 숨 쉬는 참 민주 세상이 정녕 우리를 찾아올까요? 네, 가능합니다. 가능하다고 봐요. 지금은 문재인 정부, 새로운 대한민국 시대입니다. 촛불 혁명 대통령 때문에 국격이 많이 높아졌어요. 나라의 위상이 전에 없이 우뚝 돋보여요. 외국에서도 우리 대통령을 높이 받들고 한국 민주주의를 존경하고 우리나라 대한민국을 부러워하고 있어요. 그래서 이제는 먼저 우리 시민들이 엉뚱한 생각을 스스럼없이 해볼 수 있어야 하지 않을까 싶은데요. 우리 자신을 가둔 벽을 허물고 그곳에 예쁜 문을 달면 더없이 좋겠죠? 그동안 벽이라고 여겼던 곳을 하나하나 문으로 바꾸어 보죠. '문명'이라는 말이 너무 거창하고 부담스럽다면 '운명'이라고 해도 좋겠죠. 한국의 문명을 바꾸어요. 우리 대한민국의 운명을 바꾸어요. 냉전이 종식된 나라를 함께 만들어 보자고요. 남북 대결을 차근차근 남북 협력으로 바꾸어가요. 개성 공단을 하루바삐 재가동하고 그와 비슷한 걸 자꾸 더 만들어가요. 남북 군사회담을 즉시 열어서 평화 시대로 이행을 더불어 준비해가요. 남북 최고 지도자가 입을 맞추어 한반도 평화 시대를 통 크게 선언했으면 좋겠어요.

낡은 한국 문명을 바꾸어서 새로 우리 운명을 바꾸어 가요. 문명도 좋고 운명도 좋아요. 우리 한국인들이 생각의 틀을 바꾸는 걸로 한반도의 운명이 완전히 달라질 수 있거든요. 보통 사람들의 가장 단순하고 평범한 생각들이 한국의 문명을 새롭게 빚어낼 수 있어요. 우리가 그걸 믿어야 해요. 그게 가능하거든요. 박근혜 정부가 끝장나면서 열린 문재인 정부 새 시대에는 기존 박정희 신격화 체제를 철저히 허물어뜨려야 해요. 바야흐로 한국 문명의 근본 틀을 새롭게 바꿀 때가 왔다고 보는 거죠.

그러자면 가장 먼저 우리가 처리해야 할 것이 있어요. 일본 흉내는 이제 그만! 친일파 독재 세상도 이제 그만! 누군가 쿠데타로 한 나라의 절대 권력자가 되었다면 그는 엄청나게 많은 일을 할 수가 있겠지요. 힘이 세니까 말이에요. 그것도 20년 가까이 오랫동안. 보통의 지도자가 아니라 그가 독재자라면 강한 힘으로 더욱더 많은 일을 했겠죠? 유신 박정희는 18년이라는 긴 세월을 한국에서 1인 절대 권력자로 군림했어요. 그는 일본 육군 장교 출신입니다. 그럼에도 불구하고 상당수의 한국 민중들은 변치 않는 믿음으로 그를 구국의 영웅으로 떠받들었죠. 박정희에게는 조국 근대화의 위대한 영도자라는 이미지가 깊이 새겨져 있어요. 세뇌 교육을 오래한 결과죠. 절대 권력을 18년 동안 애오라지 혼자 독식하고 있었는데 어련하겠어요? 특히 그의 출신지인 경상도 지역에서 박정희는 반신반인의 영웅으로 신격화 되었죠. 그 후 독재 친일 보수 정권을 수십 년 거치면서 한국 사회에서 그는 보수 세력의 절대 아이콘이 되었는데요. 박정희라는 우상이 혹시 누군가에 의해 지속적으로 만들어진 가짜 신이 아닐까 한 번 의심해보면 어떨까요? 독재자 박정희를 영웅으로 만들어서 그 덕을 지속적으로 누려보겠다는 간교한 셈속이 들어 있을 것 같지 않나요?

일본이 19세기에 근대화를 시도하면서 일왕을 신격화하여 그를 유일신으로 받든 것과 한국의 박정희 우상화는 유사한 측면이 있어요. 말하자면 본받지 말아야 할 것을 우리가 모방한 게지요. 옛날의 군국주의 일본을 우리가 흉내 내고 본받은 거라고 할까요?

그런 느낌이 강해요. 일본의 근대화 세력이 서양을 추종한 것처럼 1970년대 유신 한국의 근대화 추진 세력은 철저히 일본을 모방하고 동경하고 추종해서 근대 한국 문명의 틀을 짰어요. 그래서 그럴까요, 이 땅의 오랜 관습조차 한국인의 성정에 맞지 않는 게 한두 가지가 아니에요. 가령 학교 교육 현장을 보세요. 많은 것들이 틀림없이 일제 식민지 시대 이래로 일본의 제도와 습속을 우리가 아무 생각 없이 따라 해서 그런 거라고 조심스레 추정해 봅니다.

얼마 전에 독재자의 딸이 대통령 직에서 파면당하면서 박정희 신화가 상당 부분 깨졌어요. 대한민국에서 새로운 계몽 시대가 시작된 거죠. 하하하 새 세상이 찾아왔어요. 촛불 혁명이 성공했어요. 우리는 새로운 대통령을 뽑았고 새로운 문명으로 가는 문을 지금 활짝 열었죠. 역설적이게도 그간 아무도 이루어내지 못한 새 민주주의를, 파천황의 시대를 독재자의 딸이 해내고 말았어요. 딸의 참혹한 실정이 아버지의 허상을 깨부순 셈이죠. 덕분에 한국 문명의 새아침이 밝았습니다. 바야흐로 우리 국민들이 아주 빠른 속도로 많이 달라지고 있거든요. 옛날과는 다르다마다요. 주류 언론이나 권력층에서 시키는 대로 따라가지 않아요. 빨갱이 공세에 더는 속지 않아요. 특히 젊은이들이 지역감정에서 급속으로 벗어나고 있어요. 많은 한국인들이 진정으로 민주공화국의 시민이 된 거예요. 청년들은 희망을 품고서 일자리를 찾아요. 기쁨으로 새로운 세상을 노래하고 있어요. 남녀노소가 경향 각지 곳곳에서 새로운 한국을 만들어 가고 있는 중이죠. 새 나라를 열어가는 설렘과 흥겨움이 뭉게뭉게 꽃구름처럼 일어요. 어제오늘의 기적 같은 한국 문명이 새 꽃을 막 피우려 합니다. 배달겨레 모두가 '새로운 한국 문명 만들기'에 동참하고 있는 게 날마다 새로워요. 보람차고 기쁜 날들이 길게 이어집니다.

독재 국가에서 민주 국가로, 전쟁 나라에서 평화 나라로—우리의 현재 소망은 오직 이것입니다. 남북통일은 남과 북이 제가끔 독재 국가를 벗어나 민주 국가로 우뚝 서는 가장 빠른 지름길이에요. 바로 이 지점에 남북통일의 역사적 의의가 가장 또렷한 발자국을 남길 테죠. 예나이제나 한반도에 만약 독재 국가가 존재했거나 존재한다면 그 역사적 뿌리는 뻔해요. 바로 일본입니다. 따져보면 대한민국 독재의 뿌리는 일본일 수밖에 없잖아요? 왜냐 하면 일제 식민지 시절이 우리나라 최초의 군사 독재 시대가 아니었나요? 조선총독부가 우리나라 최초의 군사 독재 정권이었죠. 만약에 우리 역사에 일제 강점기가 없었으면 이 땅에 친일파가 왜 생겨났을 것이며 또 우리 국민들이 독재의 고통을 이토록 오랜 세월을 두고 대한민국 시대에조차 처절히 경험할 기회가 주어지기라도 했을까요?

우리나라 최초의 군사 독재 정권은 식민지 시절 조선총독부였음을 우리 모두가 가슴에 꼭 새겨두었으면 합니다. 현재의 남북 분단 역시도 그 뿌리가 일제 강점기에 닿아 있음을 알아야 하죠. 8·15 광복 당시에 우리 한반도가 통짜배기로 일본 땅이었거든요. 그래서 남과 북으로 대립하고 미국 편과 소련 편으로 갈라졌잖아요. 그렇기 때문에 우리가 항시 일본을 경계하고 또 경계해야 해요. 게다가 지금의 일본은 우리가 동경해야 할 선진 문명국가가 결코 아니에요. 일본의 근대를 열어젖힌 메이지 유신을, 우리가 그걸 왜 찬양하거나 모방해야 하나요? 군국주의 일본이 1930년대에 중국에 강제로 세운 괴뢰 만주국이 절대로 우리의 이상 국가의 모델이 될 수 없어요. 대한민국 역사에서 일본의 메이지 유신은 무엇이며 박정희 시대의 10월 유신은 또 뭡니까? 왜 한국인이 일본의 역사와 철학을 추종하고 뒤따르며 숨죽이면서 살아야 하나요? 우리에게는 고유한 민족성과 삶 철학과 역사의 숨결이 있잖아요. 대한 사람은 대한 사람으로 길이 보존되어야 마땅해요. 이토록 환한 광복 세상에서 걸핏하면 민족을 헐뜯고 배달겨레를 폄하하는 일제 식민지 시절의 의식을 이제 깡그리 내버릴 때가 되지 않았나요?

우리 생활 속에 숨어 있는 일본 식민지 잔재를 하나하나 청소해가요. 원래의 빛나는 우리 문화, 배달겨레 고유의 우수한 우리 문명을 새롭게 일구어 봐요. 세계의 모범이 되는 참다운 민주공화국을 우리가 힘을 모아 새롭게 만들어가자고요. 아아 동시대 벗님들이시여, 각종 선거 때마다 나의 한 표를 정말 귀하게 씁시다. 친일 독재 부역자들에게 표를 주면 절대 안 돼요. 독재자 악당 편을 결코 편들지 마세요. 부자와 권력자를 부러워 말고 주눅 들지 말고 힘센 악당을 한껏 미워하세요. 민주 세상으로 가는 조붓한 오솔길이 거기 있거든요. 가장 평범한 사람이 가장 민주적인 사람으로 살 수 있다면, 그곳이 바로 진짜 민주주의 나라가 아닐까요?

서양은 정말로 우리가 따라야 할 선진 이상국일까

오늘날 서양은 지구 문명을 하나로 통일했어요. 의식주와 제도와 생각까지 서양식으로 말이죠. 대단한 일이 아닐 수 없어요. 그러나 17세기, 18세기에는 어땠을까요? 유럽 대륙에 공자 열풍과 중국 선망의 열기가 몰아쳤어요. 물론 그 반대편에는 중국을 '동양 오랑캐'로 폄하하는 사회 분위기가 강하게 출렁대고 있었죠. '로빈슨 크루소'로 유명한 다니엘 디포, 그리고 저서 '법의 정신'으로 빛나는 몽테스키외 등이 당시 서구 중심주의 분위기를 대표하는 인물들인데, 이들은 철저히 서구 중심으로 세계사를 빚고 싶어 했는데요. 기독교 자본 문명의 우수성을 예찬하고 과시하려는 세찬 욕망이 그들 속에서 소쿠라지고 있었죠. 때는 바야흐로 유럽 대륙에 근대화의 격류가 요동쳤어요. 시시각각 변하는 시류 속에서 결국은 서구 중심주의 사상이 근대 기독교 문명의 대세가 되고 말았는데요. 이로써 그 후 100년 가까운 세월 동안 서구 문명은 독특한 성격의 근대화 패러다임을 갖추게 되었어요. 그것은 한 마디로 기독교 서양이 지구 문명의 중심이 되어야 하고 서양이 지구에서 가장 우수한 문화를 가졌다는 자만심의 과도한 노출증 같은 것이었죠.

이런 이유로 유럽의 일부에서 위대한 문명국으로 가끔 숭배되던 중국은, 19세기에 서양의 중심 국가로 우뚝 선 영국으로부터 바로 직격탄을 맞게 돼요. 영국은 그즈음 지구상에서 가장 부유한 신흥 재벌 강국으로 부상했는데요. 소위 대영제국은 아시아와 아프리카, 그리고 아메리카 곳곳에 식민지를 개척하고 그곳의 천연 자원을 약탈하고 원주민을 학살하고 노예로 부려먹고 했죠. 서양 제국주의의 대표 주자인 영국은 단숨에 세계의 최강자로 떠올랐어요. 그런즉슨 지구 역사에서 가장 위대한 문명국가의 하나였던 중국조차 이때는 제국주의 영국의 먹잇감에 불과했죠. 역사가들은 19세기에 있었던 영국과 중국의 최초 충돌을 '아편전쟁'이라고 불러요. 왜냐하면 제국주의 국가인 영국이 당대의 경제적 이익을 위해 중국인에게 강제로 아편을 먹이려고 했던 사건이라서 이름이 그렇게 붙여졌다는데요.

그러나 17, 18세기의 유럽은 19세기에 중국을 대하는 것과는 전혀 다른 또 하나의 흐름이 존재했음을 알아야 해요. 중국 문명을 동경하고 문명국 중국을 이상국으로 떠받드는 사상적 흐름이 바로 그것이지요. 가령 17세기에 영국의 지식인 존 웨브(1611~1672)는 중국을 이렇게 극찬하고 있어요.

세상의 어떤 군주정이 바른 이성의 명령과 정치 원리에 따라 구성된

적이 있다면, 그것은 감히 중국의 군주정이라고 말할 수 있다(「중국제국의 언어가 원초적 언어일 가능성에 관한 논고」, 1669년).

18세기를 거쳐 19세기에 들어서도 유럽 대륙은 중국 열풍이 쉬그치지 않았어요. 유럽 지식층에서는 중국의 유교 국가가 플라톤의 이상 국가를 능가한다고 공언하는 학자가 나타나기도 했어요. 유럽의 섬나라 영국은 근대 역사에서 발생한 피바람 회오리 끝 무렵인 18세기에 결국 의회주의적 내각제를 완성해요. 영국의 파란만장한 정치 제도의 변화에 중국의 영향이 전혀 없었다고 말할 수 없어요. 왜냐 하면 의회주의니 내각제니 권리장전이니 하는 것들이 이전의 유럽 전통에는 도무지 없는 완전히 새로운 것들이거든요. 유럽 대륙에 한때 열풍으로 번졌던 중국 베끼기의 영향력을 부인하기 어려운 거죠. 이것이 단순 추정이나 짐작을 넘어 하나의 또렷한 증거도 있어요. 가령 유럽에서 가장 늦게 근대화 경쟁에 나선 독일은, 중국의 여러 제도를 적극적으로 받아들여 그것을 체계적으로 연구하고 번안하고 수정하여 새로운 국가 수립에 박차를 가했어요. 타국에 비해 출발이 늦었으니까 독일은 함부로 중국 것을 베끼고 이식하고 수정하고 그런 거죠. 그런데 이게 바로 독일의 독특한 근대화 운동이 되었어요. 바로 이 지점에서 19세기에 저 유명한 독일의 계몽주의가 탄생했는데요. 유럽의 19세기를 가장 화려하게 활짝 꽃피운 독일산 관료제도, 행정학, 교육제도, 독일식 복지 정책 등이 그때의 대표적인 생산물이죠.

18세기에 과학 기술과 동양 사상의 도움으로 근대화 시대를 열어가던 유럽 대륙은 중국과 공자와 유교와 동양을 애써 익혔고, 그 힘으로 새로운 성격의 계몽 시대를 또 한 번 활짝 열어갔어요. 당대 유럽 국가들 중에서 중국 숭배와 중국 추종의 압권은 '스위스' 예요. 알브레히트 폰 할러(1708~1777)라는 스위스 지식인이 1771년에 소설 한 편을 발표해요. 책 제목은 '우송 황제-어느 아침의 나라 이야기'라는 건데, 제목이 알려주듯 이 책은 중국을 유토피아 모델로 삼은 정치 소설입니다. 폰 할러는 이 책에서 중국의 군주정과 자유시장 경제제도를 열렬하게 사모한다는 것을 고백하고 중국 문명에 대해 갖은 찬사를 늘어놓았죠.

유럽 대륙에 깜짝 놀랄 일이, 얼마 후 스위스에서 대대적으로 벌어졌는데요. 왜냐 하면 스위스가 위의 소설을 실제 현실에 직접 적용하기로 했던 거죠. 1820년대에 스위스는 자신을 가리켜 '리틀 차이나'로 광고했어요. 19세기 스위스 개화파들이 힘을 모아 하나로 뭉쳤는데요. 유럽의 변두리 소국 스위스를 일약 유럽 제일의 복지국가로 탈바꿈하려는 큰 꿈을 꾸었던 거죠. 무모했던 이 도전은 성공했고 스위스는 오늘날까지 세계인의 부러움을 사는 복지국가가 되었지요. 17세기와 18세기, 그리고 19세기까지 유럽 대륙에서는 이런 방식으로나마 공자 열풍과 중국 숭배 흐름이 간단없이 줄기차게 이어졌는데요. 그것의 가장 기념비적인 업적이 바로 복지

국가 '스위스'의 탄생이 아닐까 해요. 서구 근대화 시대에 독일이나 영국, 프랑스, 미국 등에서 만들어진 각종 정치 제도나 교육 제도, 복지 제도 등은 중국을 모방하고 중국을 배우고 중국의 문물을 찬양하는 흐름과 결코 무관하지 않아요.

오늘날 서구 문명이 자랑처럼 내놓는 '자유와 관용 정신'은 단언컨대 유럽 문화의 자생적인 것이 아니었어요. 공자와 동양 사상이 서양에 전해준 거예요. 모두가 예수에게 신들린 사회, 종교 절대주의에 빠진 대륙, 기독교 근본주의 사회에서 근대 시대에 들어 뜬금없이 불쑥 '사랑'이 나타나고 '톨레랑스(관용)'가 출현하다니요? 이건 절대 불가능한 거예요. 우리가 지난 100년 동안 서양의 거짓말에 홀린 거고 속은 게 아니었을까요? 서양 전통의 정신문화에는 자유와 관용이라는 게 결코 존재하지 않았거든요. 그들이 과장하여 떠벌리는 서구 문명의 양대 원천이라는 헬레니즘과 헤브라이즘 속에는 그런 게 없어요. 현재의 그곳에는 많은 거짓이 숨어 있는데요. 서구 문명의 원천은 정녕코 자유와 관용의 샘터가 아니에요. 오히려 서양의 헬레니즘과 헤브라이즘은 전쟁과 예속과 살육과 정복의 피비린내가 풍겨나는 곳이에요. 근대 시대에 지구 위 인류 문명에 몰아쳤던 야만의 광기를 떠올려 보세요. 서양의 잔혹한 악마성이 그때 그곳에서 동시다발로 폭발한 거예요. 이런 이유 때문에 근대 시대에 이미 많은 수의 계몽철학자들이 서구 전통의 헬레니즘을 아주 부정적인 시각으로 혹독한 평가를 내렸거든요. 볼테르 등

이름 높은 서양의 계몽 지식인들이 그리스 도시국가들의 폭력성과 호전주의, 그리고 침략적 식민 정책을 강도 높게 비판했던 거죠.

우리가 흔히 민주주의의 고향으로 알고 있는 그리스 로마의 민주정은 자유가 짓이겨진 노예의 무덤 위에 세워진 거예요. 서양의 뿌리 깊은 이런 전통이 단숨에 끊어질 수 있는 게 아니겠지요? 가까운 과거를 돌아보면 눈에 선명하게 확 들어와요. 미국이나 유럽에서는 불과 몇 십 년 전만 해도 여성(노예나 흑인, 인디언 등 포함) 등의 사회적 약자들에게 투표권을 일체 허락하지 않았어요. 서구인들은 또 헤브라이즘과 함께 기독교의 '사랑'을 툭하면 자랑하는데, 그러나 그것들은 애초에 관용 정신과는 거리가 먼 것들임을 잘 알아야 해요. 단도직입으로 말할게요. 약자를 공격하고 정복하는 전투적인 정신의 밑바탕이 바로 헤브라이즘과 기독교가 아니었나요? 19세기에 들어 전 지구 전 인류를 대상으로 서양인이 자신들끼리 치열하게 벌였던 제국주의 식민지 쟁탈 전쟁을 떠올려보세요.

서양 전통의 헤브라이즘과 기독교 정신이 2천 년 이상의 세월을 이어오다가 19세기 유럽 제국주의 시대에 가장 찬란한 꽃을 피웠다고 말할 수 있을 정도예요. 독일 철학자 헤겔은 19세기 초에 '법철학'이라는 책을 저술하는데, 그는 거기서 고대 그리스 시절의 제국주의와 식민주의를 부국의 원리로 자신 있게 제시했어요. 하하하 지구 문명의 역사에서 19세기에 서양 제국주의 정신과 그 실체가 한꺼번에 동시 출현한 사실을 헤겔 철학이 또렷이 증거하고 있음을 보세요. 다시 한 번 말하지만 현재 서양의 자랑거리인 기독교의 '사랑'이나 '똘레랑스'는 그들의 자체 토양에서 결코 움터날 수 없는 평화스러운 거예요. 아메리카와 아프리카 대륙에서 그리고 아시아와 각종 섬나라 소국에서 유럽인들이 행한 온갖 악마적이고 잔혹한 학살 이야기들을 떠올려 본다면 이게 이해가 좀 되겠죠. '자비'와 '관용'은 본디 동양과 아시아의 것이었음을 알아야 해요. 서양에는 전통적으로 관용 개념이 없었음을 명심하기 바랍니다. 동아시아에서 특히 우리나라는 지금까지 종교 전쟁을 한 번도 치르지 않았음을 상기하세요. 역사의 발걸음을 따라 외래 종교가 한반도에 들어오는 족족 우리가 별 탈 없이 이를 수용했어요. 까닭에 다양한 종교들이 아기자기 어깨동무하며 지금까지 잘 지내고 있음을 주변을 둘러보고 한 번 더 확인해 보십시오.

오늘날 광고 말처럼 흘러 다니는 기독교의 '사랑'은 정말로 불교의 '자비'와 같은 그런 수준의 관용일까요? 기독교의 현재 '사랑'은 서양 전통의 그 첫 '사랑'이 절대 아닐 거예요. 근대의 복합 계몽사상을 여러 겹으로 짜깁기한 게 아닐까 하는데요. 그런 까닭에 이 '사랑'은 국적 불명의 사랑입니다. 기독교의 '사랑'은 기독교 본래의 것이 아니라고 봐요. 그것은 서양이 근대화 시절에 계몽주의자들과 투쟁의 역사 시대를 거치면서 줄기차게 세탁된 개념이에요. 그래서 기독교의 '사랑' 메시지에는 '정-반-합'이라는 서양 변증법의 발전 과정이 또렷이 새겨져 있어요. 오늘날 서양의 자랑인

'사랑과 관용 정신'은 역설적이게도 르네상스 이후 유럽의 개화시대(16~19세기)에 공자를 찬양하고 중국을 숭배하고 동아시아를 배우고자 했던 수많은 계몽주의 사상가들의 공적에 힘입은 바가 거의 절대적이에요. 그런 까닭에 기독교의 사랑은 역설의 미학으로 빛나요. 기독교의 '사랑'은 기독교 본래의 것이 아니라 계몽주의자들이 교회와 싸우면서 발명한 것이라고 규정해야 옳지 않을까요? 왜냐 하면 유럽이 근대화 시대를 겪을 때 절대 불관용을 고수한 기독교와 일대 결전을 불사했던 계몽주의자들의 용맹한 투쟁이 오늘날 서구 사회에 저 찬란한 '사랑'과 '관용'을 선물처럼 빚어냈기 때문입니다.

'우리'라는 공동체 정신이 민주주의의 뿌리이다

한국은 전통적으로 '우리'라는 공동체 의식이 강해요. 어떤 나라, 어떤 민족보다 훨씬 더 강해요. 우리나라, 우리 집, 우리 학교 등등의 표현이 그걸 잘 보여줘요. 심하게는 우리 아버지, 우리 엄마까지. '우리'라는 공동체 정신의 요란한 드러냄이죠. 배달겨레의 빛나는 전통입니다. 우리나라가 개인에 앞서 공동체 문화를 한결 중시했다는 걸 잘 보여주는 증거물이죠. 다르게 말하면 우리가 집단주의 전통이 강하다는 뜻인데요. 요즘 용어로 표현한다면 우리가 보편 복지 개념에 익숙해 있다는 뜻이죠. 서구 문화는 우리와는 반대로 개인주의가 발달되어 왔어요. '개인주의'라는 말 속에는 공동체 의식이 약하다는 뜻이 내포되어 있다고 보면 돼요. 그런데 민주주의라는 게 공동체 정신을 받들고 공동체 생활 원리를 지향하고 실천하는 거거든요. 서양보다 우리가 지금의 민주주의에 더 한껏 적합한 유전자를 갖고 있다는 해석이 가능해요.

사실을 말하면 우리나라의 자치 능력과 민주 역량은 세계 1등 수준입니다. 우리의 독자적인 월드컵 응원 문화와 얼마 전 광화문의 100만 명 촛불 시위 문화를 떠올려 보세요. 그리고 해외동포들이나 고려인들이 살아온 최근세사의 역사를 둘러보세요. 그들 삶의 숨결 하나하나가 빼어난 공동체 정신이 빚어낸 증거물이라고 할 수 있어요. 참된 민주주의 역사를 직접 몸으로 쓰면서 살아온 거죠. 전통의 한국인은 민주주의를 통짜배기 온몸으로 실천하는 데 맞춤하고 정통해요. 역사의 생생한 현장에서 배달겨레가 그려내는 삶의 자취는 가히 역동적입니다. 변화무쌍한 현실 속에서 한국인들은 늘 도전적이며 늘 진취적인 자세를 견지하죠.

생명들이 커다란 하나의 원으로 연결되어 있음을 우리가 봅니다. 지구라는 너른 세계가 관계의 몸짓으로 출렁임을 깨닫게 되죠. 그러면서 알게 되었어요. 원래부터 나는 너고 너는 나고 우리는 하나였음을. 모든 생명이 하나로 이어졌음을. 우리 겨레의 공동체 정신이 '나-너-울' 철학에서 빛나요. '울'은 '우리'의 준말이고요. 이제 우리가 자신 있게 말할 수 있어요. 배달겨레의 '나-너-울' 철학은 3철학이죠. 3으로 완성되죠. 여기서 3이 1이고 1이 3인 철학. 3은 제각각의 만물을 가리키고 1은 온 생명을 가리켜요. 하나가 전부이고 전부가 하나인 철학. 이것이 일명 '3·1철학', 또는 '3철학', '한철학'입니다. 전통의 한국 철학이 바로 이거예요. 이에 비해 서양 철학은 2철학입니다. 2철학에서 세계는 대립되는 짝으로 빚어져요. 기독교인과 비기독교인, 남자와 여자, 물질과 정신, 자본주의와 공산주의—이런 식이죠. 분단의 철학이고 대결의 철학이에요. 오늘날 디지털 세상은 서양 2철학의 최첨단 작품이라고 해도 좋아요. 0과 1로 만드는 인공 세상. 그러나 우리의 3철학은 생명의 철학이고 관계의 철학이죠. 다함없는 사랑이 관계의 그물망 안에서 함초롬히 잔물져요. 이것을 담아내는 큰 그릇이 바로 '홍익인간' 정신이고 '민주주의' 정신입니다. 우리 배달 한겨레는 옛날부터 하나하나가 홍익인간입니다. 생명 살리기를 좋아하지요(호생지덕 好生之德). 평화 민족, 사랑 민족이지요. 아니 아니에요. 지구인 누구나 홍익인간인 걸요. 사람사람이 저마다 홍익인간이고말고요.

목숨붙이들이 다 생명이지요. 새와 물고기와 날벌레와 말미잘까지 다 생명이에요. 생명은 다 사람이고 사람은 누구나 홍익인간이지요. 우리말 '사람'은 '살아 있는 것'이라는 뜻이에요. 그러므로 뭇 생명체가 낱낱이 홍익인간이에요. 한국의 '나-너-울' 철학은 가없는 인류애를 품고 있는 큰 철학이죠. 바야흐로 인류 문명을 살리는 새 패러다임이 지구에서 등장해야 할 시점에 도달했어요. 자본 문명을 대신할 새 문명의 틀이 간절하고말고요. 자연 재해거나 인공 재앙이거나 세계의 크고 작은 일들이 거미줄처럼 하나로 연결되고 가까워졌어요. 지구를 통섭하는 새로운 문명은 가멸은 공동체 정신을 으뜸 가치로 삼아야 해요.

배달겨레의 '홍익인간' 정신만이 위기에 빠진 지구 문명을 구할 수 있다고 봐요. 기성 종교로는 이 일을 할 수 있지 않아요. 결코 성공을 기대할 수가 없어요. 지금까지와는 차원이 전혀 다른 아주 새로운 종교가 나타나야 해요. 누군가 앞장서서 피폐해진 지구 살림을 건강하게 이끌어야 해요. 우리의 '홍익인간'이 적임자가 아닐까 하는데요. 우리에게 그런 자부심이 있어야 해요. 한민족의 핏속에는 누구보다도 평화를 사랑하는 마음이 가득하거든요. 줄기차게 살아온 5천년 역사가 그걸 증명하고 있어요. 생명을 존중하는 마음이 넉넉해요. 무엇보다도 한민족에게 '공유 공동체' 정신이 있어서 그렇기도 해요. 이 모든 것의 출발점은 홍익인간 정신입니다. 홍익인간은 '널리 사람을 이롭게 한다'는 뜻이죠. 홍익인간이 바라는 것은 모두가 행복하게 살아가는 대동 세상이에요. 대동 세상은 '공유 공동체' 세상입니다. 그곳은 지배자와 피지배자가 차별 없이 함께 누리는 행복 세상이에요. 그곳에서는 지배와 피지배가 선순환으로 돌고 돌아요. 피지배자는 자신의 행복을 위해 지배자에게 잠시 통치권을 맡겼을 뿐이죠. 지배자 역시 그렇게 생각해요. 쉽게 말해 한 반에서 돌아가면서 반장을 맡는 격이지요. 그런 까닭에 이곳의 정치 체제는 모두가 행복하게 살아가자는 방편에 지나지 않아요. 이런 공동체의 이런 공유 정신이 건강하고 튼튼한 민주주의의 밑바탕이 됩니다. 지금 문재인 정부가 한국 전통의 고유한 이런 성격을 어느 정도 가지고 있다고 봐요.

우리 한국인이 다른 어느 민족보다도 민주주의를 세상에서 가장 아름답게 꾸릴 수 있는 민족임을 알아야 해요. 민주주의의 방법은 서양에서 현대 시대에 들어온 것이지만 사실 그건 중요하지 않아요. 정작 중요한 것은 민주주의의 근본정신과 원리이며, 이것은 아득한 옛날 단군 시대부터 우리 땅에서 자생하여 자라온 뿌리 깊은 나무와 같은 거예요. 이게 바로 우리 고유의 '홍익인간' 정신입니다. '우리'라는 공동체 정신이 새로운 대한민국에서 민주주의의 유서 깊은 뿌리가 되리라 굳게 믿어요. 우리나라 좋은 나라, 새로운 대한민국 만세!

국가 중심주의는 독재 세상의 다른 이름이다

결국 피청구인의 위헌, 위법 행위는 국민의 신임을 배반한 것으로 헌법 수호의 관점에서 용납할 수 없는 중대한 법 위배행위라고 보아야 한다. 피청구인의 법 위법행위가 헌법 질서에 미치는 부정적 영향과 파급효과가 중대하므로 피청구인을 파면함으로써 얻는 헌법 수호의 이익이 압도적으로 크다고 할 것이다. 이에 재판관 전원의 일치된 의견으로 주문을 선고한다. 주문, 피청구인 박근혜를 파면한다.

2017년 3월 10일,

헌법재판소장 권한대행 이정미의 탄핵심판 결정문에서

1946년 1월 1일, 새해 첫날입니다. 전쟁은 작년 8월에 끝났어요. 히로히토 일왕이 자국민들에게 중대 발표를 하는데요. 자신은 신이 아니라 인간이라는 선언을 하죠. 물론 승전국이자 점령군 신분인 미국이 패전국 일본 정부에게 이것을 요청했어요. 일본인들은 당일 그걸 직접 듣고 보았는데도 도무지 믿지를 않아요. 왜냐하면 당시 일본인들은 '우리의 왕은 신이며 전지전능하며 유일신이다.' 이렇게 세뇌가 확실히 된 거예요. 또 1946년 11월 3일에는 패전국 일본 정부가 기존의 (메이지)유신 헌법을 폐기하고 개정 헌법을 공포했는데요. 물론 이것 역시 승전국 미국의 요청에 따른 것이죠. 이때 개정 헌법안의 원문이 당연히 영어로 되었겠죠? 군대를 영원히 안 가지겠다, 군대를 포기한다는 소위 일본의 '평화 헌법'이 바로 이거예요. 그 날 이후로 일본 군대는 자위대라는 이름의 극소수 군인들만으로 구성되었죠. 그런데 언제라도 일본이 평화 헌법을 개정하여 군대를 다시 보유하려고 책동하고 있어요. 아아 한국의 동시대 벗님들이여, 일본을 경계하고 또 경계하고 일본을 주의하고 또 주의해야 합니다. 자나 깨나 일본 조심, 국내에서는 독재 매국노 친일파 부역자 절대 조심!

몇 년 전에 영화 '변호인'이 1000만 관객을 넘기자 친일 독재 보수 우파 불량 정부가 단속에 나섰어요. 갖은 어깃장을 놓았죠. 제작자 측에 좌파 빨갱이 영화를 왜 만들었냐고 시비를 걸었는데요. 변호인 영화 제작사가 흔한 말로 국가 폭행을 당한 거죠. 독재 친일 정부는 이것 말고도 블랙리스트라는 걸 만들어 '민주주의 살림' 세력을 아주 철저히 괴롭혔어요. 자기들 동조 세력은 뒷배를 봐주며 국가 예산을 듬뿍 쥐어주어 살찌게 키우고 그 반대편 세력은 철저히 짓밟는 깡패국가가 바로 독재 국가예요. 그런데 자유 민주주의 국가에서, 법치국가에서 이런 일이 발생할 수 있냐고요? 그럼요, 있다마다요. 이 정도는 오히려 약과예요. 독재 국가에서는 권력자의 심기를 불편하게 하는 영화나 연극, 책이나 그림을 제작하고 보급했다는 죄목으로 처벌하고 차별대우하고 직장에서 자르고 박해하는 짓이 예사로워요. 독재국가 시절에 불량정부 비판 성향의 개인이나 단체들은 국가 권력의 억짓손에 멱살이 잡히고 세금 폭탄을 맞고 실제로 두들겨 터져 온몸이 만신창이가 되었다고 전해져요. 어떤 대기업은 살기 위해서 친정부 영화를 속죄의 뜻으로 만들어 국가에게 바쳤다고 하는 뒷얘기가 세간에 떠돌기도 했어요. 독재 불량 정부의 디테일한 복수극이라니! 참 기가 막힐 노릇이죠.

권력자의 호감을 얻은 어떤 병원이 있는데, 글쎄 수술용 실을 연구하라는 비용으로 국가 예산 15억 원이 이 병원에 덜컥 지원되었다고 하는데요. 글쎄 말도 안 되는 이런 종류의 짓거리들이 민주공화국의 허울 속에서 버젓이 벌어졌어요. 이런 건 불법이고 탈법이고 초법이고 위법이거든요. 국가 공동체 속에서는 그래요. 논리의 힘이 대접을 받으면 민주 사회가 되고, 힘의 논리가 대접을 받으면 독재 사회가 돼요. 까닭에 독재 국가는 공산주의와 친해서 어깨동무하는 존재가 아니라 불량 깡패 정권을 가리키는 용어지요. 독재 국가는 권력의 힘과 힘의 권력으로 세상을 통치하니까 그래요. 이곳에서는 상식과 원칙이 설 자리가 없어요. 민주 의식이 여지없이 무너져요. 이곳에서는 공동체 정신이 냉큼 추방 되지요. 나라 전체에 공정성이 무너지고 공공성이 끝없이 부정당하고 불법과 탈법과 비리와 부패가 장마철 곰팡이처럼 번성하지요.

그런데 정작 놀라운 것은 따로 있어요. 우리나라의 많은 사람들이 국가와 정부를 착각한다는 점입니다. 국가는 민족과 함께 영원한 것이고 정부는 일시적인 공무 담당 세력 같은 거거든요. 그렇기 때문에 불량 정부를 비판하는 게 실제로는 민주주의 가치를 적극적으로 수호하는 것이요, 그것이 바로 대한민국이라는 민주공화국 나라에 진심으로 충성하는 방법이 되는 게 아닌가요? 그러나 역사상 모든 독재 국가는 정부 자신을 곧장 국가로 내세워요. 거짓말로 국민을 속이고 권력으로 국민을 으르는 거죠. 독재자는 자신의 졸개들이 만들어가는 국가주의 세상을 국민들이 의심 없이 받아들이

도록 여러 장치를 끊임없이 작동합니다.

한국 사회는 나름의 전통이 있어요. 특히 나이든 세대들은 속생각이 정부와 국가를 동일시하는 걸로 거의 굳어져 있죠. 그래서 한국의 노인 세대는 일제 식민지 이래로 관청이나 정부에서 실시하는 것은 무조건 따라야 한다는 생각이 강하게 살아 있어요. 나이 많은 세대는 대체로 그래요. 어쩔 수 없어요. 국가가 국민보다 훨씬 중요하다는 생각, 이른바 국가주의자가 그들이지요. 게다가 이들에게 국가란 곧 정부와 동일한 거죠. 그러니까 노인 세대들은 대통령이 친일 독재자든 말든 저절로 친정부 세력들이 되는 거예요. 실제로 우리나라가 이런 일을 직접 겪었잖아요. 시대의 큰 상처로 남은 세월호 사건이나 메르스 전염병 사태나 미국 소고기 광우병 대란이 다 그런 건데요. 국가주의 정부는 국민에게 편의와 혜택을 주는 대신 희생을 강요하죠. 복지국가 정부가 국민에게 각종 혜택을 주려 하는 것과는 정 반대 현상이 벌어져요. 명심하세요. 국가주의 국가가 바로 독재국가예요. 독재국가에서는 국가가 주인이고 국민은 노예가 돼요. 김구 선생이 꿰뚫어본 것처럼 그러니까 독재국가에서는 정권을 장악한 자들을 빼놓고는 국민 모두가 노예가 될 수밖에 없는 구조인 거죠.

어제오늘의 최순실 국정농단 사태는 불법 사설 정부의 위험성을 국민들에게 널리 알려주었죠. 독재 국가의 위험성과 함께 말이에요. 사이비 비선 체계가 국가 조직 속에 숨어들어 대한민국 국법을 우롱했어요. 욕망의 한 개인이 헌법을 농락하고 국가 조직을 파괴하고 인사와 정책을 쥐락펴락하며 국가 예산을 마음대로 갈취한 사건, 그것은 한 마디로 국기문란 사태라고 할 만해요. 그것은 최순실 괴뢰 정부에 의해 대한민국 민주공화국이라는 국가 시스템이 완전히 붕괴된 전대미문의 사건이었죠. 그것은 공들여 쌓아온 한국 민주주의의 탑이 한순간에 무너진 사건이었으며, 친일 부역자 독재 정부의 관련자 모두의 추악한 민낯이 드러난 가공할 만한 역사적 장면이었죠. 그로부터 비롯된 대한민국 친일 독재 문명의 적폐를 청산하는 국가사업이 어제도 오늘도 그리고 내일도, 꼬리를 물고 쉼 없이 계속 이어지고 있음을 봅니다. 동참하는 시민들의 뜨거운 숨소리가 이곳까지 들리는군요. 응원합니다.

김영란법은 보약일까 독약일까

얼마 전 한국인들의 삶의 질이 중국보다 떨어진다는 조사 결과가 나왔어요. 헐헐, 이게 뭡니까? 중국은 공산 국가이고 우리는 민주 국가잖아요? 그렇다면 우리가 그간 아무래도 사이비 민주국가에 한참 가까웠나 보지요. 불량 정부는 원래 숱한 훈령과 지침을 주렁주렁 매달고서 국민을 겁박하며 다스리는 게 특기잖아요. 그러니 이 체제가 오래가면 국민들의 자율 신경이 짐짓 마비되어 가겠죠? 공익 정신과 민주주의 가치가 병들고 망그러지지 않겠어요? 몇 년 전에 '김영란법'이라는 게 또 생겼잖아요. 부정 청탁 방지법이라나 뭐라나요? 아니 그러면 이 법 이전에는 부정 청탁을 처벌할 법적 장치가 없었던가요? 그건 아니라고요? 그러면 왜죠? 박근혜 정부에서 이 법을 굳이 왜 만들었을까요?

김영란법은 보통의 민주 국가에서는 등장할 수가 없는 법인데요. 왜냐 하면 기존의 법규를 잘 시행해도 부정 청탁 방지가 충분하니까요. 그렇다면 이것은 정부의 일방적인 실적주의, 전시주의 선호 경향을 드러낸 것이 아닐까 하는데요. 거칠게 말한다면 김영란법은 국민의 일거수일투족을 잠재적 범죄행위로 보게끔 유도합니다. 나라 전체가 갈데없이 감시 국가가 되는 거죠. 게다가 국가 권력의 눈초리가 독재 국가마냥 사뭇 매서워졌어요. "이건 3만 원, 이건 5만 원, 이건 10만 원까지 돈을 쓰는 게 가능." 후후훗~ 이게 뭡니까? 생활 전역에 법의 잣대를 들이대고 있어요. 공산주의 국가하고 똑같아요.

김영란법은 한국 사회 전체를 감시하는 아주 결정적인 시시티브 장치가 된 게 틀림없어요. 국민들의 삶의 속살을 유리알처럼 투명하게 들여다보게 만들었어요. 일상의 구석구석을 국가 권력이 폐쇄회로를 통해 들여다보게 된 셈이죠. 후후훗, 그런데 여기서 질문 있습니다. 우리나라가 법치 국가는 맞지만 공산국가나 사회주의 국가는 아니지 않나요? 나라 전체의 오래된 미풍양식이나 개인의 사고와 행동과 판단을 왜 3만 원짜리, 5만 원짜리, 10만 원짜리, 이런 식으로 국가 차원에서 이것을 돈으로 매기고 획일화하는 건가요?

축하 선물이나 집단 회식 또는 상조 혼례 부조 등은 우리 겨레의 전통 미풍양속이기도 하잖아요? 한민족 고유의 공동체 생활 문화를 왜 국가 권력이 간섭하고 밀어내고 홀대하고 폄하하나요? 무슨 이유로 우리 일상에 서양식 '더치페이'를 강제로 이식하려 하나요? 겨레의 전통 문화와 마음바탕을 깨뜨리는 이것이 조선총독부의 식민 관리 체제와는 어떻게 다른가요? 서양의 정신과 일본의 제도를 일상적으로 모방하고 복제하고 이식하면서, 우리나라를 자주 독립 국가이며 문화국가라고 자랑스럽게 말할 수 있나요?

시행 초기부터 김영란법의 파장은 컸어요. 전국의 꽃집과 떡집과 선물 가게가 법 시행 이후에 빠르게 영업 부진에 시달려 무너지고 있어요. 대형 음식점들이 하루아침에 문을 닫았어요. 학생이나 학부모가 학교 선생님에게 카네이션도 못 달게 되고 음료수 캔 하나 서로가 주고받을 수 없는 세상이 만들어졌어요. 이게 뭡니까? 각박하고 쓸쓸하고 서글프고 속상하고 안타까운 이 허무한 삶의 그림자는 어디서 만들어진 것인가요? 그간의 한국식 생활방식과 마음씀씀이를 다 어쩌란 말인가요? 사람들 간의 정 나눔은 이제 또 어떤 방식으로 하라는 건가요? 감사 인사도 휴대폰으로 메시지 한 통이면 충분할까요? 김영란법은 불량 시대가 만든 하나의 괴물입니다. 이것이 앞으로 한국 사회의 순수 자생력과 정체성과 자부심을 야금야금 앗아갈 거라는 생각이 불현듯 드는데요. 5·16 군사 쿠데타의 여진과 지금 이것이 비슷하지 않을까요? 김영란법 시행 이후로 대한민국이 적어도 사회적 관계 맺음의 측면에서 활력과 생기와 탄성이 시르죽고 말았어요.

이전의 독재 불량 국가 시절에 대한민국은 '청렴 사회'를 국가 브랜드로 내걸었죠. '청렴 사회'를 핑계로 국가 권력이 상시로 국민을 훈육하고 감시하려고 했던 거예요. 셈이 빤한 거죠. 이제 어쩔 수 없어요. 1년 365일 내내 국민들이 법의 감시를 철저히 받아야 해요. 과장한다면 김영란법 때문에 대한민국 전 국토가 감옥이 되고 만 거죠. 학교나 공직에 있는 사람들은 잠재적 범죄자가 되었고 직장에서 더불어 정감을 나누는 동료 관계의 그물망이 못쓰게 찢어져 버렸죠. 그러나 어둡고 컴컴한 뇌물은 예전처럼 여전할 테죠. 사람 사는 게 그렇고 그런 거라는 걸 웬만한 이들은 다 알고 있잖아요. 소위 뇌물은 여전할 것이고 대신에 밝고 환한 선물은, 마음이 전하는 말은 지상에서 화급히 자취를 감추었어요. 작은 것에도 같이 정을 나누던 우리의 전통 사상이 죽고 품앗이 문화가 죽고 신바람 문명이 죽어가요. 아아 사람들 간에 정겨움이 죽고 인간미가 죽고 풍류와 낭만이 죽어가요. 한국 사회에서 전통의 감사 문화를 쫓아내고 그 자리에 외래의 감시 문화가 들어섰어요. '감사 대신에 감시'—이게 김영란법의 절대 효과가 아닐까요? 이 법을 내세워 서로를 호시탐탐 감시하는 삶을 일상으로 끌어들일 사람들이 부지기수로 발생했어요. 이걸 어쩌죠?

게다가 이 법을 시행할 때의 한국 정부는 공화정 체제를 파탄 낼 정도의 국헌 문란 행위가 심했고, 속속들이 엄청난 부정과 부패와 비리를 저질러 나라의 근간이 온통 무너질 지경이었거든요. 역사상 가장 부패한 정권이 가장 청렴한 세상을 만들자며 전체 국민들에게 호통 치며 정의를 요구하다니요? 국가가 이렇게 뻔뻔해도 되나요? 법의 이름표만 달면 정부에서는 무엇이나 다 할 수가 있는 건가요? 사실을 알고 보면 일제 식민지 사회도 법치 독재 국가, 국가주의 독재 국가가 아니었나요? 그렇지 않은가요? 게다가 고려시대, 조선시대도 웬만한 모든 걸 법으로 다스린 법치 국가가 맞거든요. 김영란법 작동 사회가 법치주의 국가냐 아니냐가 중요한 게 아니잖아요? 이런 법을 만들고 시행하는 것 자체가 커다란 문제 상황이라는 거죠.

현대 한국에서는 권력자 집단의 부정부패와 비리가 극심했어요. 옛날에 불량 독재 국가 시절에 낙하산으로 내려 보내는 정부 조직의 정실 인사가 우선은 큰 문제였어요. 이것은 정치 승자가 권력과 이익을 독식하는 야만적인 방법이죠. 낙하산 인사가 벌이는 교묘하고 악질적인 인사 처리와 예산 집행은 나라 살림과 국민들의 정신문화를 곧장 파국으로 몰아갔죠. 새로운 대한민국 시대에서는 낙하산 정실 인사를 원천적으로 봉쇄하고 바르게 잡는다면 그것만으로도 청렴 사회가 금방 도래할지도 몰라요. 가령 국방비나 교육 예산의 방만하고 무책임한 집행을 단호히 막는다면 국가 기강이 바로서고 나라 예산이 엄청 절약되지 않겠어요? 수천 년을 이어온 푸르른 강에 건설 장비를 총동원하여 강바닥을 파서 뒤엎고 모래를 채취하고 수십 개의 거대 보를 만들어 물길을 끊고 시멘트 더미를 강과 그 주변에 마구잡이로 들이붓고 대형 댐을 세우고 하는 데 들어간 국가 예산이 몇 십 조 원에 이른다고 하잖아요. 이후 낙동강이나 금강 등의 수질과 물길 관리 비용도 수천 억, 수조 원의 국가 예산이 계속 들어간다는데요. 진작 4대강 사업이니 하는 따위의 대규모 국책 사업을 시행조차 않거나 또는 공사를 잘 감시하고 견제했다면 대한민국이 그나마 그 시점에서 최고의 청렴 사회가 되었을 것이 아닌가요? 그렇지 않나요?

그러나 이제라도 늦지 않았어요. 권력 전체의 부정부패와 거대 비리를 막는 게 급선무예요. 인과 예로써 사회관계를 맺어온 전통의 정신문화가 원시 미개 사상으로 또 다시 폄하되고 있는 걸 막아야 해요. 옛날 아득한 개화기 시대에 그러더니, 120년의 세월을 건너뛰어 우리 정신문화가 또 다시 서양 숭배주의자의 손에 두들겨 맞는 형국인 거죠. 이 땅에서 우리 국민은 노예가 되고 국가가 유일한 주인으로 행세하는 걸 지켜보기가 고통스러워요. 국가주의는 독재 국가의 다른 이름입니다.

바야흐로 새로운 대통령, 새로운 대한민국이 열렸습니다. 문재인 정부가 배를 띄웠습니다. 그간의 잘못된 시대 흐름을 단호히 끊어야 해요. 우리 몸과 맘에 맞는 새로운 문명을 일구면 좋겠어요. 우리 마음에 맞는 우리 문명의 옷을 우리가 스스로 지어 입으면 어떨까요? 민주공화국에서는 국민이 주인이며 국가의 모든 권력은 국민이 위임한 것임을 우리 모두가 명심하고 또 명심해야 해요. 대한민국이라는 민주공화국이 새 기운을 얻어 건강하고 생기 넘치게 살아갈 수 있게끔 우리가 힘을 모아 봐요. 생활의 사소한 영역 하나까지도 앞으로는 우리 국민들이 협력하면서 문제를 하나하나 같이 풀어 가면 어떨까 합니다마는. 어쨌든 우리는 멋진 한국인이니까요.

원자력 발전소의 본래 이름은 핵발전소이다

만약 핵발전소에 사고가 발생한다면? 몇 해 전에 신고리 원자력 발전소를 대상으로 시뮬레이션을 해 봤다고 하는데요. 글쎄 사고 발생 1주일 안에 1만6천 명이 피폭 사망할 거라고 하네요. 원자력 발전소, 이거 정말 위험하거든요. 요즘 잦아지는 각종 사고와 지진 때문에 더욱 그래요. 지금까지 우리나라에서 원자력은 깨끗한 에너지로 광고되고 있어요. 그러나 정말 그럴까요? 원자력 에너지는 과연 깨끗할까요? 안전할까요? 자연 재해나 전쟁이나 기타의 이유로 원전에 재앙이 닥치면 우리가 사실상 대응할 길이 없다는데요. 왜냐 하면 원전 사고는 처리하기가 현재 인간의 힘으로는 속수무책이에요. 인간의 과학 기술 수준이 여기 이쯤에 멈춰 있는 거죠.

풍력발전소는 바람을 이용하고 수력 발전소는 물을 이용해요. 그렇다면 원자력 발전소는 무엇을 이용하죠? 원자를 이용하는데, 문제는 이게 자연 상태의 원자가 아니라는 겁니다. 사람이 인공적으로 만든 원자예요. 인공적으로 만든 원자가 바로 '원자핵'이거든요. 그런데 이 원자핵을 무기로 사용하면 이게 바로 원자 폭탄이 돼요. 우리가 아는 핵폭탄이 바로 이거예요. 핵에너지는 그 속성이 파멸의 에너지예요. 인공적인 핵분열이 온 생명을 죽이니까요.

원자력 발전소의 진짜 이름은 핵발전소입니다. 흔히 우리 것은 '원자력 발전소'라 칭하고 북쪽의 그것은 '핵발전소'로 칭하지요. 일종의 언어 마술인 거죠. '원자력 발전소'는 무섭지 않은데, '핵발전소'는 왠지 무서운 느낌이 들잖아요? 핵발전소에서는 뭔가 핵무기가 당장에 만들어질 것 같지 않나요? 그래서 가령 북한 영변에 있는 원자력 발전소는 '영변 핵발전소'—우리한테는 이렇게 알려진 거죠. 그러면 생각해 보세요. 핵발전소는 당연히 원자핵을 사용하잖아요. 핵발전소에서는 핵을 이용해서 에너지를 만들죠. 그런데 또 문제가 있어요. 핵연료는 사용 후 뒤처리가 정말 문제예요. 바람이나 물이나 불 등은 자연 에너지 그대로인데 원자력은 인공 에너지이기 때문에 그래요. 첨단 과학 기술의 힘으로 자연을 가공하여 인공 에너지를 만들어냈고, 이게 바로 원자력이거든요. 이 점에서 '원자력'의 정확한 이름은 '핵력'이라고 할 수 있죠.

현재 인류의 과학 기술 수준으로는 핵연료 뒤처리를 감당할 수 없어요. 과학계에 따르면 핵연료는 사용 후에 몇 십만 년 동안을 꽁꽁 봉인해서 보관되어야 한대요 글쎄. 그런데 이게 가능할까요? 앞으로 홍수나 지진 등의 천재지변이 안 일어날까요? 또는 테러나 전쟁 따위가 이 땅에 앞으로 50년 또는 100년 내로 결코 일어나지 않는다고 누가 보장해줄까요? 당장의 편리함과 유능함과 이익 때문에 우리 후손들의 안녕이야 내 알 바 아니라는 이기적인 속셈이 원자력 발전소에서 악취처럼 솔솔 풍겨 나오는군요.

사정이 이런데도 그간의 우리 정부는 '당장 유능하게 보이고 폼 나는' 핵발전소 유지와 신설에 모든 관심과 예산을 쏟았으니 안타깝기 짝이 없었죠. '원자력발전소는 깨끗하고 안전하다'는 거짓 광고를 정부가 앞장서서 국민들에게 뿌려대는 건 또 어쩌고요? 국민의 안전과 국민의 재산을 지키는 게 정부의 존재 이유가 아닌가요? 불량 독재 국가 시대부터 정부 당국은 원자력 발전에 대해서 '무대책, 무책임, 무성의, 무관심, 무능력'으로 일관했어요. 정부 부처 관계자와 사업자 사이에 '핵마피아'라는 신종 직업까지 생겼다지 않아요? 원자력 발전에 관계된 부정과 비리가 뉴스 보도에 국한하더라도 그간 무척이나 많았는데요. 이건 정말 심각한 사회 문제가 아닐 수 없죠. 뇌물 먹은 불량 부품 하나가 원전 대재앙을 가져올 수 있거든요. 재난 영화에서 보는 그런 상황은 생각만 해도 끔찍해요. 그나저나 엄청난 액수의 국가 예산이 핵마피아의 검은 조직들에게 막 흘러들어간다죠? 마치 양수기로 퍼 올리는 저수지 물처럼 나랏돈이 검은 돈이 되어 불량 인간들 호주머니 속으로 콸콸 쏟아져 들어갔다는데요. 세금 도둑질을 눈을 번히 뜬 채로 당하니까 우리 국민들은 더 한결 가슴이 아프다고요.

2017년 현재 지구에는 핵발전소가 정확히 445개가 있다는데요. 지구에서 원자력발전소 밀집도 1위가 우리나라예요. 원전이 안전거리 없이 촘촘히 붙어 있다는 뜻이죠. 따라서 대재앙의 위험도가 굉장히 높아요. 우리나라가 하루바삐 핵발전소의 의존성에서 벗어났으면 좋겠어요. 생활이 많이 불편하더라도 원전 없이 안전하기만 하다면 그쪽을 선택하는 게 좋지 않을까요? 이 땅은 우리만 살다가 끝나는 게 아니고 우리 후손들에게 대대로 물려줘야 할 삶의 터전이 아닌가 말이에요. 4대강 사업 역시 이런 측면에서 다시 들여다봐야 하죠.

오늘날 인류의 탈핵 운동은 평화 운동의 시작이며 생명 운동의 최전선이에요. 다행스러운 점은 문재인 정부가 출범하면서 2017년 6월에 탈핵 시대를 공식적으로 선언했어요. 우선 고리 1호기를 영구 폐쇄하기로 했지요. 원전 해체 작업에 곧장 들어갔어요. 이를 계기로 해서 원전 해체 기술이 국내는 물론이고 국외까지 새로운 산업으로 각광 받는 시대가 곧 다가올 테죠. 지구 위에 각 나라를 방문하면서 원전을 해체하러 다니기만 해도 떼돈을 버는 시대가 곧 올지도 몰라요. 원전 해체 기술이 우리나라 신산업의 주인공이 될 수도 있는 일이죠. 우리가 먼저 그 준비를 하고 있다고 보면 좋아요. 게다가 우리가 원전 대신에 신재생 에너지 산업에 새로 눈을 돌린다면, 문재인 정부의 과감한 탈핵 선언이 블루 오션을 만들어 내는 획기적인 새 출발선이 될 수도 있어요. 신고리 원전 5호기와 6호기 건설도 곧 중단 예정이에요. 그러나 여기 탈핵 탈원전 사업에도 방해꾼이 있어요. 없을 수가 없겠죠. 원전 지속 여부에 따라 이해관계가 첨예하게 달라지는 사람들이 있겠지요? 이해가 돼요. 어쨌든 대한민국의 새 탈핵 정책은 정부와 국민이 동의하고 협의하는 과정을 거치며 느리더라도 꾸준히 실천해나갈 100년 국가대사가 아닐 수 없어요.

문재인 정부의 탈핵 정책과 선언을 계기로 해서 우리 한반도에 탈핵 운동이 좀 더 광범위하게 조직적으로 일어났으면 좋겠어요. 시민 단체나 종교 집단까지 더욱 적극적으로 나서주면 좋겠는데 말이에요. 새 정부에 힘을 보태주면 좋겠어요. 원전이 있는 한 지구 문명이 불안할 수밖에 없고 한국 사회 역시 불안 국가이며 위험 사회가 될 수밖에 없으니까요. 전력 공급에 당장은 차질이 생기더라도 국내에서 원전을 차차 없애는 쪽으로 가닥을 잘 잡아나갔으면 좋겠어요. 태양광 발전이나 재생 에너지 개발에 더 많은 관심과 지원이 필요한 실정입니다. 우리가 생활에 당장 조금은 불편하더라도 원전을 절대 멀리하여 안전한 삶이 일상에서 보장된다면 그것이 정말로 평화와 행복에 가까울 테죠. 원자력 발전소를 차차 없애 가면 전기세가 당분간 많이 더 올라가겠죠? 그러면 우리가 이걸 감당할 마음의 준비를 지금부터 단단히 해야겠죠? 국민의 시대 탈핵 정책은 하나의 놀라운 생활 혁명이고 한국 문명의 새로운 혁신입니다. 정부의 용기와 노력에 격려와 응원을 보냅니다. 새로운 대한민국 화이팅!

서양에는 서양 철학이 있어야 하고 한국에는 한국 철학이 있어야 한다

무릇 한 나라가 서서 한 민족이 국민 생활을 하려면 반드시 기초가 되는 철학이 있어야 하는 것이다. 민족 기초 철학이 없으면 국민 사상이 통일이 되지 못하여 더러는 이 나라 철학에 쏠리고, 더러는 저 민족 철학에 끌리어 사상과 정신의 독립을 유지하지 못한다. 그러면 남한테 의지하고 저희끼리는 부끄럽고 지저분하게 다투는 것이다.

백범 김구

세상을 살면서 누구나 자기 생각이 있지요. 자기 생각은 참 중요해요. 생각이 분명하고 조리가 서면 그게 '사상'이 되고요. 사상이 단정하고 체계적이면 그게 또 '철학'이 되지요. 말하자면 생각의 가장 큰 틀거지가 철학인 거죠. 그런데 생각의 밑바탕은 에누리 없는 현실이고 따라서 철학의 밑바탕 역시 현실일 수밖에 없는데요. 철학은 명백하게도 철저히 현실 속에서 태어나요. 까닭에 모든 철학은 시대의 산물이며 풍토와 환경의 산물이지요.

그래서 어쨌든 남의 땅에서 태어난 철학은 남의 철학이 맞거든요. 서양 철학은 서양의 철학인 거죠. 내 철학, 우리 철학이 아닌 것은 확실해요. 그것은 서구 유럽의 풍토와 기후와 사람과 지리와 시대와 삶의 법칙을 담았죠. 서양 철학은 분리와 대립의 철학, 곧 2철학(자연과 인간, 남자와 여자, 신과 피조물 등)이라고 할 수 있어요. 그러니 서양 철학이 우리 실정에 맞지 않는 게 정말 많거든요. 그런데도 우리는 그간 서양 철학을 떠받들고 서양 철학을 그저 베끼는 일에 열중했지요. 그래서일까요, 한국 사회의 지식층과 지배층은 교회 신앙인과 서양 숭배자들이 머릿수를 계속 늘리면서 채워 왔지요. 무엇이든 서양이나 미국과 관련되어야 그게 이 나라에서는 폼이 나는 거고 자체 발광이라도 되는 듯 여겼죠. 한국의 지배 계급은 자랑하듯이 '나는 예수교를 믿는다.' 내세우고 미국사대주의를 거리낌 없이 실천하기까지 하죠. 앞으로는 한국 사회에서 서양 숭배자들의 사회적 영향력을 대폭 깎고 또 낮추어야 〈새로운 한국 문명〉이 그곳 토양에서 움터날 거라고 믿습니다.

우리 땅에는 우리 역사가 있어요. 우리 삶이 있고 우리 현실이 있고 우리 철학이 있지요. 없는 듯 보여도 그것이 핏속으로 땅 밑으로 흐르고 있는 걸요. 우리 철학은 3철학입니다. 대립과 분리를 넘어 조화로운 공존을 꿈꾸는 철학이 한국의 3철학이지요. 홍익인간의 마음이 우리의 3철학입니다. 대자연을 부모님으로 바라보는 시선이 우리의 3철학입니다. 천지자연을 부모로 생각하는 마음(天地自然父母說 천지자연부모설)이 3철학입니다. 그것은 생명 철학이며 평화 철학입니다. 서양의 2철학을 넘어 한국의 3철학을 우리의 현대 철학으로 삼으면 어떨까요? 한국의 벗님들이시여, 바라건대 서양이 본래부터 교양 있는 문화 대국이고 국민 경제가 넉넉한 선진국이었다고 부러워 말고 또 쉽게 믿지 마세요. 그건 절대 오해예요. 잘못된 믿음이거든요. '민주주의'라는 건 또 어떤가요? 서양에서 만든 걸 우리가 지금 수입해서 사용하고 있다고 생각하잖아요? 게다가 지금의 민주주의라는 게 오늘날 가장 완벽한 정치의 틀이라고 알고 있잖아요? 그러나 생각해 보세요. 과연 그럴까요? 서양이 본디 훌륭한 선진국이었고 현재의 서양식 민주주의가 흠결 없는 이상적 제도라는 걸 지구인 모두가 도대체 왜 인정해야 하는 건가요?

얼마 전에 우리나라에서 현직 대통령이 탄핵 후 파면되었죠. 그 이후 국가 권력과 국민의 관계가 한껏 주목을 받았는데요. 정치와 사회 제도에 대한 관심이 전에 없이 부쩍 높아졌지요. 그런데 우리의 민주주의 역사가 서양보다 자못 더 아름다웠고 더 튼튼했고 더 뿌리 깊다는 사실을 여기서 꼭 지적하고 싶군요. 서양의 근대 시절보다 훨씬 오래 전에 국가 권력의 정당성에 관한 논의들이 우리나라에서 줄기차게 있어 왔는데요. 가령 조선시대 왕들이 필수적으로 공부한 '정관정요'라는 책이 있거든요. 당나라 태종이 재상들과 나눈 대화를 기록한 책인데, 조선시대에 이 책은 '왕학'의 교과서로 대접 받았어요. 이 '왕학'이라는 게 요즘으로 치면 '대통령학'쯤 되겠죠. 이 책에 이런 게 적혀 있어요.

임금은 배요 백성은 물이다. 물은 배를 띄우지만 뒤집을 수도 있다.

어때요? 맹자가 강조한 역성혁명론이 이곳서 꿈틀거리지 않나요? 이승만 정권 때 나온 "못 살겠다 갈아보자" 하하하 이 구호 기억하시죠? 곧 물이 배를 뒤집는다는 하늘의 경고였던 것 같은데요.

이처럼 유사 이래로 한반도에 민주 정신이 일매지게 이어져왔던 거죠. 단군 조선시대부터 한반도에서 국가 권력의 정당성은 국민과의 관계에서 가장 예민하게 작동했어요. 서양의 데모크라시, 곧 대중 민주주의보다 한국 전통의 민본주의가 훨씬 더 훌륭해요. 민주 정치의 본질을 더 명료히 짚었는데요. 국가와 국민의 관계를 '민본주의'가 명쾌하게 정리했어요. 여기서 민본주의를 강조하는 까닭은 정부의 존재 가치가 국민을 행복하게 하는 것이라는 고백을 하고 싶어서 그래요. 사실을 말하면 고려 시대와 조선시대가 21세기 현대 독재국가 한국 시대보다 더 민주적이고 더 민중 친화적이었고말고요.

　가령 유교 국가 조선에서는 권력의 정당성을 어디서 찾았을까요? 현대는 이것을 헌법에서 찾고 법전에서 찾고 그래요. 물론 서구 사회에서 내려온 걸로는 중세 때는 종교에서 찾고 신에게서 찾고 그랬겠죠? 서구 근대 초기에 등장한 '왕권신수설' 사상은 다 아시죠? 왕권은 신이 부여한다는 것. 이게 발전해서 왕권은 법이 부여한다는 것, 곧 '왕권법수설'이 돼요. 현대에 와서 이것은 국가의 권력은 국민들로부터 위임된 것이라는 이른바 '국권민수설(국민주권설)'이 되죠. 오늘날 국가 정체성의 대세는 민주국가이며 법치 국가예요. 오늘날 지구상 대다수의 나라가 서양의 민주주의 제도를 높이 받들고 또 실제로 그것을 채택하고 있죠. 그런데 이게 인류 문명을 생각할 때 과연 바람직한 문화 현상일까요? 각국의 지리나 풍토나 인간성이나 역사와 문화와 풍습이 다른 것처럼 지구상에서 정치 제도나 사회 구조가 서양식 '민주주의' 체제 하나로 통일되어서는 옳지 않다고 봐요. 오랜 역사가 그랬던 것처럼 각 나라에서는 지구 문명의 다채로운 색깔들을 제가끔 지키는 게 오히려 좋겠어요. 모든 나라가 '서양식'으로 하나의 정치 제도나 사회 구조로 통일되는 것은 바람직하지 못해요. 인류의 종교 역시 하나의 종교로 통일 되면 안 돼요. 이것은 전 지구에서 사람들의 의식주가 단 하나(서양식)로 통일되는 것을 절대적으로 피해야 하는 것과 똑같은 까닭입니다. 그럴 수도 없고 그래서도 안 돼요.

국가 권력과 국민의 관계 정립은 상당히 중요해요. 단순하게 말한다면 국가 정체성이 바로 여기에 달려 있죠. 공산주의 국가를 살아가는 국민의 삶을 상상해 보세요. 그리고 독재 국가에서의 삶을 상상해 보세요. 국가 권력과 국민의 관계는 정말 중요하거든요. 개인의 삶은 공동체의 삶에 어느 정도 매여 있잖아요. 사람은 어떤 사회 환경에서 사느냐가 정말 중요하거든요. 일제 식민지 시대의 국가 권력(조선총독부)은 국민(조선인, 대한국인)을 어떻게 대했던가요? 불의한 국가 권력은 국민에게 폭력으로 작용해요. 정당성을 잃은 권력은 국가 폭력이 되고 말죠. 박정희 유신 독재 등의 정부 시절이 딱 그랬지요. 조선총독부든 유신 정권이든 독재 정부에서는 국가 행위가 법의 이름으로 집행되지만 실제로는 그것이 국가 폭력인 경우가 굉장히 많거든요.

까닭에 국가 권력의 정당성 문제는 언제나 중요하죠. 지금 우리에게는 자랑스러운 헌법이 있어요. "제 1조. 대한민국은 민주공화국이다. 대한민국의 주권은 국민에게 있고, 모든 권력은 국민으로부터 나온다."

국가 권력과 국민의 관계가 이토록 명쾌하군요. 국민을 권력 정당성의 주체로 삼은 거죠. 헌법이 명시한 이 원칙은 항상 유효해요. 특히 나라가 오염과 부패로 혼탁하거나 대통령 파면 등으로 국가 기반이 심하게 흔들릴 때는, 오직 하나 이 헌법이 있어서 나라의 중심을 꽉 잡아주지요. 대한민국 헌법 만세!

오늘날 대한민국의 안보와 경제의 근원적 대책은 무엇일까요? 장기적으로 볼 때 그 답은 남북의 평화통일입니다. 걸핏하면 북한을 이용하고 북한을 탓하던 정치사회 권력이 누구이던가요? 한국 사회에서 집권 보수 세력의 역사적 뿌리를 더듬어본 적이 있나요? 그들은 반공 논리와 지역감정을 줄곧 정치 무기로 삼아 왔는데요. 거개가 일제 식민지 시대의 친일파 후손이거나 그들을 동조하는 기득권 후원 세력들이며, 20세기 군국 독재주의 일본국을 존경하고 흠모하는 매국노 세력들입니다. 그들은 실로 군국주의 일본을 좋아하고 국가주의 일본을 동경하며 독재 정부 조선총독부를 사랑하거든요. 왜냐 하면 그쪽이 폼이 나고 때깔 좋고 힘이 무지하게 세니까요. 독재 부역자들의 공통점은 막무가내 힘센 걸 사랑하고 존경하고 흠모하거든요.

이들 친일 독재파 한국인들은 일본이 옛날 식민지 시대에 우리에게 근대 문명을 전해주었다고 주장하는 자들이에요. 뉴라이트 족들이 대표적이죠. 친일 독재 부역자들은 지금도 한국 사회에서 스스로를 귀족 계급 또는 1등 국민으로 생각합니다. 그들 눈에 서민 대중들은 틀림없이 개돼지나 2등 국민으로 비춰지겠죠? 공공연하게 이것을 발설하는 경우도 있어 사회적 파장이 크게 일기도 하죠. 그런데 따져 보면 이것은 옛날 식민지 시절에 지배자 일본인들이 우리 조선인들을 개돼지 취급을 한 것과 다를 바가 없잖아요. 잘 생각해 보세요. 그렇다는 생각이 들지 않나요?

오늘날 대한민국 시대는 좀 독특해요. 5천만 국민 모두가 한 명도 예외 없이 양반의 후손으로 살아가지요. 현대에 들어 대한민국은 국민 모두가 양반의 후손으로 구성된 나라가 되었어요. 대단한 일이 아닐 수 없죠. 오늘의 족보를 들여다보면 한국에서 양반 아닌 집이 없는 거예요. 그렇다면 대한민국 이 시대는 모름지기 양반 정신, 선비 정신이 시대의 아이콘이 되어야 마땅하지 않을까요? 그런데도 그렇지 못한 형편이 우리 시대의 슬픈 자화상입니다.

대한민국에서 가장 똑똑한 사람을 들라치면 서울대 법대를 빼놓고는 말을 못 하죠. 그런데 한국 현대사의 불행 중 하나는 서울대 법대 출신들이 설령 고위직으로 출세를 했을지는 몰라도 존경받는 이들이 드물다는 거예요. 서울대학교를 가보면 법대 건물 안에 '정의의 종'이란 게 있어요. 거기에 이런 글귀가 적혀 있다죠.

하늘이 무너져도 정의는 세워라.

멋지죠? 하하하 상당수 이 나라 엘리트들이 여기서 공부를 했을 게 아니겠어요. 그러나 실제로는 하늘을 무너뜨리고 민심을 배반하고 불의를 일삼던 고위 관료들이 상당수 이곳 출신이라는 사실에 우리는 처연해요. 모골이 송연하고 뼈마디가 저려요. 왜냐 하면 친일 독재 부역자들 가운데는 서울대 출신이 굉장히 많아요. 출세자들이 많기 때문에 생긴 당연한 사회 현상이기는 하지요마는. 그러나 어쨌든 이것은 한국 현대사의 비극이 아닐 수 없습니다. 민주주의의 파괴자, 역사의 반역자, 정의의 배신자들이 서울대를 비롯한 한국의 주요 명문대에서 지금까지도 쏟아져 나오고 있어요. 아아 정녕 슬프고도 두렵고 위험하고 안타까운 시대의 풍경화가 아닐 수 없습니다.

대한 독립 운동은 오늘에 더욱 활기차고 더욱 중요하다

우리의 후손들이 오늘에 사는 우리 세대가 그들을 위해 무엇을 했고 조국을 위해 어떠한 일을 했느냐고 물을 때 우리는 서슴지 않고 조국 근대화의 신앙을 가지고 일하고 또 일했다고 떳떳하게 대답할 수 있게 합시다.

박정희 휘호

(2017년 현재, 서울 세종로 정부서울청사 본관 앞 대리석 비문)

오늘날 대한민국은 주권 국가입니다. 더 한층 우리 말글을 사랑하고 우리 힘으로 삶을 다잡으며 지금보다 훨씬 더 자주적으로 살았으면 해요. 우리나라에서 한국인으로 살면서 미국 식민지처럼 지내는 삶의 방식은 제발 그만두었으면 좋겠어요. 8·15 광복 직후부터 미국을 번역하고 미국을 동경하며 미국을 이식하며 우리 사회 구석구석에 마구잡이로 서양을 뿌려대던 오랜 관행을 이제는 끝장내자고요.

아니 그게 아니군요. 어쩌면 우리나라가 독립 국가이면서도 예전부터 일본의 메이지 시대를 살고 있었는지도 몰라요. 100년 전에 일본이 조국 근대화를 부르짖으며 서양 제국주의를 온통 모방하고 동경하고 복사하고 이식한 것처럼 말이죠. 우리가 지금 그 옛날의 일본을 흉내 내고 따라하고 있는 걸 보세요. 메이지 유신 시대는 1868년에 일왕이 천황으로 신격화되어 1912년에 그가 죽을 때까지 계속되었죠. 그때는 일본 사회가 서양을 모방하고 추종해서 일본의 근대화가 다각도로 추구되었는데, 그것은 한마디로 일본 사회의 대규모 서양 번역 작업이고 유럽 근대화 과정의 완전한 이식이었는데요. 일본이 걸어온 근대화의 여정을 오늘날 우리가 고스란히 따라하고 있는 듯해요. 실로 안타까워요. 왜 우리가 하필이면 일본을 따라해야 하나요? 가슴이 아픕니다.

1961년 5·16 쿠데타 성공 후에 박정희가 일본을 방문했어요. 그때 그는 만주국 시절의 일본 인맥을 두루 만났는데요. 후후훗, 만주군 장교 출신의 친일파답군요. 그는 그곳에서 기시 노부스케(만주국 설계자, 훗날 일본 총리가 됨, 현 아베 총리의 외조부)를 만나 자신의 5·16 쿠데타는 일본국 메이지 유신의 정신을 본받은 것이라고 유창한 일본말로 설명했다죠. 한편 박정희가 만주군관학교 생도 시절에 당시 교장이던 나구모 신이치로 일본군 중장을 찾아가 그에게 큰절을 올린 일화는 아주 유명해요. 박정희에게 만주국은 잘 설계된 하나의 이상국일 수도 있었다는 점을 잊지 말아야 해요. 1972년 유신 쿠데타는 일본이 주조한 괴뢰 만주국을 밑그림으로 삼았으며 일본의 명치유신을 그대로 본뜬 것이 아닐까 하는 생각이 들거든요.

곰곰 생각해 보세요. 대한민국의 현대사에서 우리의 근대화를 도대체 누가 주도했나요? 박정희 군사 정권이 주인공이 아니었나요? 1972년에는 '10월 유신'이라는 국적불명의 쿠데타가 또 터져 나왔죠. 이게 일본을 100% 모방한 거고 메이지 유신을 동경하고 따라했다는 걸, 아는 이는 진작부터 알고 모르는 이는 지금도 영 몰라요. 유신 쿠데타가 성공한 직후 대한민국 군부 독재 정부가 가장 먼저 한 일은 무엇이었을까요? 군부 독재자는 발 빠르게 유신 헌법을 만들었죠. 이 유신 헌법의 목표라는 게 전혀 엉뚱한 게 아니에요. 대한민국이라는 독립 국가를 절대 권력자 박정희 오직 1인을 위한 나라로 만든 거죠. 이것은 일본 군부 메이지 유신 세력이 일왕을 천황으로 떠받든 것과 비슷해요. 민주공화국의 정권을 찬탈한 박정희 군부 세력은 조국 근대화를 국정 지표로 내세울 수밖에요. 그 밑바탕은 미국의 환심을 사기 위해서라도 철저한 반공 신앙에 중심축을 두고 있었음은 자명한 일이겠죠?

까닭에 박정희 군부 독재 세력은 반공정신을 절대 선으로 내걸었어요. 유신 반대 세력을 압살하면서 유신 정부는 조국 근대화 정책을 강력히 시행했는데요. 경부 고속도로를 건설하고 수출 위주의 경제 전략을 짜는 한편 중화학공업을 국가 중점 사업으로 육성하려 이를 강력히 시행했죠. 사실 여기에는 미국의 도움이 절대적으로 뒷받침이 되었어요. 당시 미국은 우리나라를 아시아 반공 전선의 최전선 교두보로 삼고자 했거든요. 그때 1960년대와 1970년대는 지구 문명에서 미국과 소련의 체제 경쟁이 아주 치열하게 벌어진 때라서 그래요. 그러니까 미국의 후원 아래 유신 정부는 조국 근대화를 이마 꼭대기에 써 붙이고 각종 국가사업을 밀어붙였는데요. 정부 정책을 반대하는 자는 감시와 박해와 폭력으로 요절을 내고, 권력자 측근과 친정부 성향의 대기업에는 국가 차원에서 대대적인 혜택을 주었죠. 조선총독부를 꼭 닮고 싶어 하던 유신 정부는 새마을 운동이라는 걸 또 조직해 냅니다. 부랴부랴 중앙 정부에 꾸려진 새마을 운동 본부는 일본 독재 시절의 식민 정책을 그대로 계승한 듯했어요. 계획적이고 냉정한 방법으로 박정희 국가주의 독재 정부는 우리 전통의 문화와 한민족 살림살이의 원형을 마구잡이로 파괴하고 난도질하기 시작했는데요.

이 같은 국가사업에 정부는 조직과 제도를 만들고 예산과 인력을 집중했습니다. 가령 초가집을 죄다 없애고 거기에 슬레이트 지붕을 얹고 아이들이 굽이굽이 놀던 고샅길도 죄 없앴어요. 무당집을 차례차례 없애고 교회 뾰족 탑을 여기저기 마구 올리며, 전래의 정교한 관개수로 방식을 허물고 커다란 저수지들을 덩실 만들었죠. 1970년대부터 전국 각지에 기계와 자본과 권력의 힘으로 대형 댐을 다복다복 만들어 가더니 급기야 2009년에는 낙동강 등에 4대 강 물길 사업이라는 것을 독재 정부에서 개시하기까지 했는데요. 누천년을 두고 흐르던 유려한 곡선의 푸르던 낙동강과 금강 등 우리 겨레의 보배로운 젖줄이 직선 길로 바뀌더니 공사 시작 불과 몇 년 만에 발암물질이 둥둥 떠다니는 죽음의 강으로 변하고 말았죠. 이것을 볼 때 옛날에 일본 놈들이 식민지 시절에 우리 국토에 말 뚝을 박고 명당을 쪼개고 하는 패륜보다 더한 행패와 국토 유린이 4대강 사업장에서 저질러졌다고 여기거든요. 4대강 국토 파괴 행위는 대한민국을 전복하려는 국가 내란 행위에 해당하는 중대 범죄가 아닐까 하는 생각조차 들어요.

당시 이명박 대통령을 비롯해서 한국의 지배계층은 엄청난 속도전으로 우리 국토(우리 부모님)를 유린하고 폭행하고 학대하는 일에 나랏돈과 인력을 집중했습니다. 경제 성장이 뭐가 그리 중요할까요? 휴일 날 강변의 자전거 데이트가 뭐가 그리 좋을까요? 그 정도의 예산을 한꺼번에 쏟아 붓는다면 누가 어디서 무언들 빛나는 국가사업을 못할까요? 다 할 수 있죠. 요트장도 만들 수 있어요. 그러나 우리 국민들이 국민소득이 조금 딸려서 강에서 요트놀이를 좀 못하고 살면 어때요? 어쨌든 당시에 정권의 위세와 인공의 힘에 눌려 우리의 산하가 꼼짝없이 4대강 공사를 당했는데요. 가령 낙동강은 영문도 모른 채 강제 실험을 당하여 푸른 강은 시궁창이 되고 포름알데히드의 공간으로 변했죠. 경상도의 젖줄이 죽음의 강물이 되고 말았어요. 게다가 망가지고 학살된 4대강에 책임지는 자가 지금 아무도 없다는 게 가장 큰 문제점이에요. 이 순간도 천천히 죽어가는 대한의 강들이 장차 어찌 되려는지 정말 모르겠어요. 가슴이 터질 듯해요. 분노와 한숨을 멈출 수가 없어요. 어릴 적에 천둥벌거숭이로 뛰어놀던 낙동강 내성천의 금모래, 은모래가 사무치게 그립군요. 그 시절이 아득한 꿈속 같기만 해요. 얼마 전에 직접 가서 만나본 낙동강 내성천은 억센 풀들이 함부로 자라나는 거칠고 황량한 자갈밭이 되어 있었습니다. 소중한 겨레의 천연자산이 박살이 났습니다. 자식들 볼 낯이 없어요. 우리 시대에 국가 지도자를 잘못 만나 이렇게 생명의 강을 망쳐 놓았으니 말이죠. 눈물이 나더군요.

사람들은 대체로 선진국은 힘도 세고 돈도 많을 거라고 생각하지요. 그래서 서양 선진국을 따라하면 우리도 부자가 될까, 선진국이 될까 하는 마음으로 우리가 몇 십 년을 살아왔거든요. 서양과 일본을 막무가내로 흉내 내다 보니까 우리나라가 여기까지 왔어요. 그런데 지금 우리 처지는 어떤가요? 산과 강이 회복이 안 될 정도로 병신같이 망가지고 사람들의 인성이 무너지고 민족정기가 빛을 잃고 정의와 상식과 인정이 말라붙고…. 나라가 나라다움을 잃었어요. 사람이 사람다움을 잃었어요. 생명이 생명다움을 잃었어요. 그러나 우리가 지금 누구를 원망할 수 있겠어요? 아무도 원망할 수 없어요. 우리가 다 잘못한 일이니까요. 그래도 앞으로는 우리가 하나둘 고쳐 가면 돼요. 우리 실정에 맞지 않는 제도나 법률이나 규칙이나 관행을 하나둘 착실히 다듬고 고쳐나가면 될 일이 아니겠어요?

그러자면 우리 보통 사람들은 일단은 투표를 잘해야 합니다. 보세요, 지금 세상이 바뀌었잖아요? 새 대통령이 큰 그림을 보여주며 새로운 세상을 만들어 가고 있잖아요. 그래요, 사람을 보고 정책을 보고 바르게 투표를 하면, 우리가 그리고 우리나라가 별로 잘못 될 일이 없어요. 투표 후 민주 복지 세상이 조만간 틀림없이 찾아올 거예요. 돈보다 사람이 먼저인 세상이 바로 민주주의 국가입니다. 함께 새 나라를 만들어가요. 새로운 한국 문명을 도담도담 만들어가요. 꿈의 나라를 우리가 같이 만들어가 보자고요. 동시대 벗님들이시여, 같이 가실 거죠? 함께해요. 응원합니다.

보수 어른들은 어린아이와 같다

한국 사회의 보수층은 대다수가 밑바닥의 민중들로 구성되어 있죠. 그들은 스스로를 아이로 생각하고서 지배층 권력 자리의 어른을 추종하고 따르지요. 그들에게 어른은 강한 사람이에요. 영어로 하면 스트롱맨 같은 사람이 어른인 거죠. 박정희 같은 강한 독재자를 그들은 존경해요. 그들은 스트롱맨을 강력한 지도자라고 생각해요. 영어를 잘 몰라서 그렇게 해석한 걸 받아들이죠. 사실은 스트롱맨이 '독재자'란 뜻이거든요. 그러나 그들이 볼 때는 박정희나 전두환이 딱 스트롱맨 스타일에 속하나 봐요. 대한민국 초기의 이승만 대통령이나 조선총독부 시절의 일본 총독을 떠올리는 거겠죠. 한 마디로 그들은 독재자를 우러르고 존경하는 거죠.

그들의 놀라운 점은 또 있어요. 정치 경제에 대한 생각은 우리 사회의 기득권자들이 가진 생각과 딱 일치해요. 왜 그런가 하고 따져보면 이해가 가요. 자신은 돈도 없고 많이 배우지는 못했지만 그래도 마음만은 늘 출세하고 싶었고 한국 사회에서 누구보다 잘살고 싶었던 거죠. 그러니까 자기가 동일시하고 싶은 대상은 많이 배운 사람들과 출세한 높은 나리들인데, 그 꼭대기에 박정희라는 인물이 있다고 생각하는 거예요. 지지리도 가난했던 식민지 백성 박정희, 그러나 출세 욕망에 내내 불탔던 조선 청년. 일본군 장교와 한국군 장교를 거쳐 마침내 군사 반란을 일으켜 대한민국 대통령이 된 가난한 농부의 아들 박정희. 그 박정희가 자신들의 절대 우상이 될 수밖에 없었겠죠.

그러니까 박정희교 신앙인들은 자기와 동고동락하는 벗들인 민중을 사랑하는 대신에 박정희를 비롯한 힘센 사회 지배자 계급을 좋아하고 숭배하고 존경해요. 박정희 지지자들은 한국 사회 지배 세력과 수시로 친밀감을 표시하고 그들과 친하게 지내려고 애써 노력하죠. 실제로 그들은 지배계급의 시각을 자신의 집단 정체성으로 받아들인 것을 자랑스럽게 여기는 눈치예요. 그들은 '반공국가'라는 대한민국의 정체성을 지킨다는 자부심과 사명감, 그리고 지배계급이 갖고 있는 높은 특권 의식을 공유하고 있어요. 그래서일까요, 그들은 특권 의식과 자부심과 사명감 때문에 한국 사회 한복판에서 언제나 목소리가 크고 젠체하며 나서기를 좋아하고 어깨가 뻣뻣한 게 특징입니다. 또 집회 현장에서는 어김없이 태극기를 들고 나타나는 게 특징이지요. 이때 태극기가 상징하는 의미가 있어요. 우리나라에서 가장 중요한 것은 '반공정신'이며 '대한민국은 반공국가'라는 의사를 강하게 표시하는 거죠. 그래서 이 태극기와 함께 드는 미국 성조기가 '우리나라가 이렇게 반공정신이 투철한 반공 국가다. 미국이여, 반공국가 대한민국을 보호하고 도와주고 알아 달라.' 이런 뜻을 전하고 있는 거예요. 독재 친일 보수 우파 세력들이 집회를 할 때면 태극기와 미국 국기가 함께 펄럭여요. 하하하 이제 그 이유를 아시겠죠?

이 나라의 지배층 인사들은 비유하면 어른들이죠. 물론 죄송합니다마는 국민들은 아이에 비유하면 돼요. 아이들은 어른의 일거수일투족을 늘 지켜보고 있어요. 국민들도 마찬가지예요. 안 보려고 해도 각종 뉴스가 전해주니 안 볼 수가 없는 거죠. 이 나라 정치인과 고위 공무원의 무책임과 몰염치, 그리고 사회 곳곳에서 불

거지는 불의와 부패가 불과 1년 전만 하더라도 신문 방송에서 매일처럼 쏟아져 나왔지 않나요? 그런데 대한민국에서 몇 십 년 동안 사회 공동체가 이런 식으로 흘러왔다면 우리나라가 현재 어떻게 되어 있을 것 같은가요? '권력이 있고 돈이 있고 힘이 세면 무슨 짓을 다해도 된다.'는 망국적인 국민 정서가 전염병처럼 퍼져 있지 않을까 염려스럽죠. 그런데 기적적으로 2017년에 장미 대선을 통해 새로운 대통령이 탄생하고 새 민주 정부가 들어섰잖아요? 바야흐로 푸르른 꿈속에서 멋진 대한민국이 출발했는데요. 우리는 지금 새로운 정신, 새로운 문명이 필요해요. 국민 모두가 한마음이 되어 한국 문명의 빛나는 퍼즐 조각들을 하나하나 새롭게 맞추어 가면 어떨까요? 오늘부터 당장 같이 한 번 해 보시죠? 새로운 대한민국을 위하여!

4차 산업 혁명은
지구가 한층 빠르게 인공의 세상이 되어간다는 뜻이다

눈앞에 다가온 4차 산업혁명은 말 그대로 혁명적일 테죠. 앞으로 우리의 일상생활이 엄청난 변화의 소용돌이에 빠진다는 건 분명해요. 그러나 아직은 그 실체가 불분명하고 실감이 잘 나지 않아요. 그곳에서는 놀랍게도 일상을 움직이는 힘이 천연 연료가 아니라 인공 연료에서 나온다는데요. 왜냐 하면 지구 문명에서 인공성이 더욱 강화되고 강조되는 쪽으로 발전하는 게 4차 산업 시대라서 그렇다는 데요. 예전의 천연 자원이 하는 역할을 인간의 상상력과 창조성이 대신하게 된대요. 어느 시대보다 인간의 힘과 인공의 능력이 지구 문명을 강력하게 이끌어가는 시대가 곧 찾아와요. 인간의 능력이 극한에 도달한 상태를 일러 새롭게 '4차 산업혁명 시대'라고 규정하면 되겠죠? 한 마디로 디지털의 전면적 현실화 시대가 그것일 테죠. 0과 1의 세상, 흑백 이분법의 세상, 승자 독식의 세상, 서구 문명의 본질인 흑백 2분법의 완전한 재현이 4차 산업혁명의 본질이 아닐까 하는데요.

인공의 능력의 확장과 극한의 상상력을 앞세운 거대한 혁신—이게 바로 4차 혁명의 정체라고 할 수 있어요. 쉽게 말해 도깨비 같은 세상이 온다는 거. 그곳에서 현실 세계와 가상 세계는 하나로 혼융되고 뒤섞여요. 아아 인공 문명, 인조 세상이 세차게 거센 밀물처럼 닥쳐옵니다. 시나브로 세계의 융합 또는 경계의 붕괴를 통해 새로운 현실이 끝없이 창조되지요. 그렇다면 4차 혁명의 아이콘을 '창조'라고도 말할 수 있겠어요. 가령 로봇공학, 사물인터넷, 빅데이터, 인공지능, 3D 프린팅 등등. 예측불가능의 새로운 세상이 곧 현실에서 우리를 맞이할 것입니다.

그러나 불행한 것은 새로운 세상은 승자독식이 한결 가속화되는 사회라는 거지요. 지금까지 그랬던 것처럼 힘 있는 나라가 자본과 권력을 더욱 독점하겠죠. 사정이 그러하다면 새 시대는 개인보다는 정부의 기능이 더없이 중요해요. 정부에서 해야 할 일이 정말 많아요. 왜냐 하면 개인은 이런 외부의 변화와 도전을 제대로 감당해낼 수가 없거든요.

서구 문명의 확산, 곧 지구 문명의 개화 이래로 국가 정부의 역할이 장차 가장 중요하고 가장 핵심적인 시대가 바로 오늘입니다. 작지만 강한 정부가 필수예요. 우리 오천 만 국민들은 정말로 좋은 정부를 찾아내고 이를 구성하고 활용해야 해요. 이 시대에 대한민국 국민이 할 수 있는 최고 최대의 창조가 바로 이것입니다. '어떤 정부를 구성할 것인가?' 이전과 같은 친일 독재 보수파 정부는 절대 안 돼요. 그들은 시대 흐름에 역행하는 반역 조직입니다. 그러자면 우리가 어떻게 해야 할까요? 답이 나왔죠. 우리 국민들이 각종 투표를 잘하고 선거를 잘해야 해요. 좋은 정부를 좋은 국민들이 창조해야 하지요. 다행스럽게도 우리가 지금 새 정부를 만들고 새 대통령을 잘 뽑아서 안심이 되고 참 기대가 커요. 문재인 정부는 4차 산업혁명이라는 거칠고 험한 파도를 잘 이겨낼 것 같거든요.

한국 문명의 르네상스를 꿈꾸는 이때, 새로운 한국 정부는 할 일이 정말 많거든요. 우선적으로 청년들과 노년들의 일자리를 마련해야 하고, 국민 복지를 위해 부를 균등하게 배분하는 일을 해야 하고, 그러자면 기본 소득제를 필수적으로 도입해야 하고 한편으로 로봇 기계에 세금을 물리는 등의 법과 제도를 만들어서 빠르게 변화하는 노동 조건과 사회 구조에 능동적으로 잘 대처해야 하지요. 무한 경쟁이 일상화된 오늘의 지구 환경에서는 좋은 정부를 가지는 게 한 국가의 국민 개개인이 행복하게 잘 사는 비결입니다.

서양의 자본주의 체제가 오늘 지구 문명을 대표해요. 지구 전체의 운명을 쥐락펴락하는 문명의 독점 시대가 열린 거죠. 그러나 현대의 지구 살림살이 유형에서는 문명이 곧 야만이에요. 그 문명이란 게 사람과 자연에게 갖은 횡포를 부리는 거니까요. 그런 까닭에 오늘의 자본 문명은 거대한 폭력과 다를 바가 없어요. 사람들은 개인적으로 기계 문명 앞에서 무기력할 뿐이죠. 문명 그 자체가 야만인데 한 개인이 이를 어떻게 감당하겠어요? 오늘날의 지구 살림을 살펴보세요. 야만의 실상이 똑똑히 보입니다. 자본 문명은 조직화된 폭력과 같아요. 한때 지구 역사에서 '닥치고 사회주의'가 유행한 적이 있었잖아요? 자본주의 문명의 폭력성과 위선과 해악에 대항하려고 몇몇 실천적 지식인들이 사회주의라는 알약을 개발해서 자본 체제를 치료하려 나섰던 거죠. 그러나 1990년대에 들어 기세 등등하던 사회주의 세력이 급속으로 붕괴되었는데요. 동유럽이 무너지고 소련마저 해체되면서 사회주의와 공산주의는 인류 문명사에서 지금 철저히 실패한 문화유산으로 판정 받았죠.

그럼에도 불구하고 유네스코는 몇 년 전에 칼 마르크스의 공산당 관련 저작들을 '인류의 기록유산'으로 선정했는데요. 이것은 자본 문명의 해독제로 공산주의 사상을 나름 유효하게 인정한다는 의미가 아닐까 합니다마는. 어쨌든 오늘날 인류 공동체 문명에서 야만과 폭력은 더욱 광범위하게 더욱 세세한 곳까지 침투하고 있어요. 우리의 '홍익인간'이 위기에 처한 지구 문명을 구원할 영웅으로 즉각 나설 때가 되지 않았을까 생각하는데요. 한국인 벗님들이 일심으로 도와주기만 할라치면 금세 될 것 같기도 한데 말이죠. 우리 모두가 이 시대의 슈퍼맨 '홍익인간'을 사랑하고 존경하고 광고하고 전도하면 어떨까 합니다마는.

연은 역풍이 불어야 날아오르죠. 연 날리기는 순풍이 아니라 역풍에서 성공하거든요. 로봇이나 인공지능 같은 기계 전성시대에는 사람의 온기와 숨결이 한결 사무쳐져요. 이럴 때 기계 중심 사고가 순풍이라 치면, 사람 중심 사고는 역풍이 되겠죠? 이와 마찬가지로 난폭한 자본 문명이 역풍인 것처럼 우리가 이전에 겪은 몇 십 년 된 독재 불량 정부 시절의 기억도 역풍이 아닐까 하거든요. 그렇다면 우리가 역풍에 매몰되어 고통을 받을 게 아니라 역풍을 이용하여 연이 날아오르듯 시대의 위기를 슬기롭게 헤쳐 나가는 게 어떨까 합니다. 좋은 정부를 뽑아서 그 정부와 함께 의식을 공유하며 함께 실천하며 이 위기를 헤쳐 나가는 게 가장 효율적이고 합리적인 방법이 될 거라고 굳게 믿습니다. 문재인 정부와 새로운 시민들과 새로운 대한민국을 힘껏 응원합니다.

민주공화국은 사람이 사람답게 사는 세상을 말한다

빨갱이라는 말이 있어요. 한국 사회에서 혐오와 기피의 대명사죠. 빨갱이는 유엔이 분류한 헤이트 스피치예요. 혐오와 저주의 언어라는 거죠. 빨갱이라는 말은 '한국 사회가 반공 국가'라는 가장 강력한 상징이지요. 영화 '택시 운전사'에도 나와요. 우리는 이 말의 사용을 피해야 해요. 사용하면 안 돼요. 요즘에는 사회 일각에서 빨갱이를 대신하는 말도 나왔어요. '좌파'는 원래 있던 말이고, '종북'이라는 말. 북한을 추종하고 따른다는 뜻이죠. '종북'은 결국 북한의 지시대로 움직이는 빨갱이를 가리키지요. 한국 사회를 쥐락펴락하는 친일 독재 강경파들이 비판 세력을 공격할 때 사용하는 만년 독화살이 이것이죠. '종북'이라는 신무기, '좌좀'이라는 독화살. '좌빨'이라는 독침—독재 정부 방침을 비판하거나 박정희 신격화를 거부하거나 불복종하는 인물 또는 집단에게 한국 지배 보수 주류 세력은 '북한 추종자' 딱지를 냉큼 붙였죠. 그러면 친일 독재 부역자 언론들은 기다렸다는 듯이 이걸 악성 바이러스로 만들어 경향각지에 산지사방 뿌려대거든요. 그러니까 독재 정부 하에서는 사람들이 친일파를 욕해도 '종북' 딱지를 받을 확률이 높아요. 빨갱이 종북 세력으로 한 번 낙인찍히면 그것은 한국 사회에서 풀려날 수 없는 혐오와 저주의 틀에 꽁꽁 묶여 버리는 것과 같은 효과가 있는 게지요.

그러나 언젠가부터 사회 분위기가 조금씩 변하고 있어요. 가령 젊은 층들은 '종북놀이'라는 걸 만들어서 장난을 쳐요. 헤이트 스피치 '종북'을 가지고 노는 거죠. '종북 게임'이라는 게 있거든요. 아무데나 '종북' 딱지를 붙여서 상대를 굴복시키는 게임이죠. 가령 미국을 비판하면 '종북', 노동자의 인권을 주장하면 '종북' 북한 인권법 제정을 찬성하지 않으면 '종북', 이승만 대통령을 독재자라고 말하면 '종북', 아이들의 학교 급식을 무상으로 하자고 나서면 '종북'. 이런 식이죠. 빨갱이 딱지를 무지막지 제격 붙여요. 한국 사회에서 '종북' 딱지는 곧 '너는 빨갱이'라는 말과 같아요. 분단국가 한국에서는 '빨갱이'가 사탄보다 더 무섭고 더 혐오스러워요. 한국의 주류 세력이 대한민국을 더덜없이 반공국가로 딱 규정하고 있어서 그래요. 참, '빨갱이'는 그 어원이 '빨간 것', '빨간 사람'이라는 건 아시겠죠? 공산주의 사상에 물든 사람이라는 뜻입니다. 왜냐하면 공산주의 상징색이 빨간색(피=투쟁)이거든요. 자본주의 체제를 무찌르는데 맹렬히 투쟁한다는 뜻을 담은 거죠.

몇 해 전에 우리나라에서 이런 일이 있었다는데요. '종북', '종북' 하는 을러댐에 참다못해서 '나는 종북이 아니라 경북'이라고 누군가 외쳤다지요. 자신에게 붙은 '종북' 딱지를 가지고 말장난을 친 거죠. '종북'이라는 빨갱이 주술 언어를 물리칠 요량으로 말이에요. 신기한 점은 그가 방송 전문가인데도 자기 고백에 따르면 텔레비전을 좀체 잘 보지 않는다는데요. 대신에 그는 책읽기를 무척

즐긴다고 하데요. 하하하 그래서 그럴까요. 〈새로운 대한민국〉을 디자인하는 일에 깜냥의 힘을 그는 오래전부터 보태왔어요. 보세요. '종북'이라는 살인 무기가 그의 손에서 '경북'이라는 장난감으로 다시 태어났어요. 풍자의 힘이 느껴지나요? 그는 말을 잘해요. 재미있게 하고 또 정곡을 잘 찌르죠. 평소에 책을 많이 읽고 자기 생각을 총명하게 잘 정리해 두어서 그런 게 아닐까 하거든요. 그러고 보니 알겠군요. 책을 사랑하고 책을 잘 읽는 국민이 훌륭한 민주 시민이 될 여지가 가장 풍부하다는 걸 말입니다.

독재 사회는 특징이 또 있어요. 언어마저 권력의 입맛대로 고쳐 쓰죠. 가령 '대량해고'라는 말은 잘 안 쓰고 대신에 이것을 '구조조정'이라고 표현해요. '공산주의'라는 말을 '빨갱이'라고 고쳐 써요. '핵발전소'라는 이름을 '원자력발전소'라고 이름을 고쳐 짓죠. 그렇다면 가령 '비정규직 양산화'는 보수 우파 친일 독재 세력들이 어떻게 고쳐 쓸까요? '노동 시장 유연화'라고 고쳐 쓰지요. '노동자'는 당연히 '근로자'로 고쳐 써요. 왜냐 하면 '노동자'는 공산주의 북한 노동자를 연상시키니까 그런 거예요. '근로자'는 별다른 뜻이 아니에요. '근면한 노동자'라는 뜻이죠. 근로자는 근로자여야지 노동자가 되면 안 된다는 거예요. 왜냐 하면 우리나라 친일 독재 보수 정부와 사용자는 '노동자'를 싫어하니까요. 그들에 따르면 노동자는 북한 용어예요. 공산주의를 연상시켜요. 그래서 그들에게 전 세계적인 행사의 하나인 5월1일은 명칭이 '노동절'이 아니라 '근로자의 날'이 되는 거죠. 그렇기 때문에 친일 독재 보수 우파 세력은 근로자들에게 파업 외면과 근면 성실한 근무 태도를 강요할 뿐이죠. 보수 독재 사회는 '남북 교류'를 대뜸 '종북 내통'이라고 고쳐 써요. 자신과 반대되는 세력을 막무가내 공격하기 위해서죠. 그런데 가만 살펴보세요. 이것들은 일종의 언어 왜곡이며 협박 사기에다가 권력의 폭력 행위가 아닌가요? 극단의 이분법을 국민들에게 강요하는 일이기도 하고요. 한국 사회에서 이분법 흑백 사회를 철저하게 유지하고 굳게 지킴(북한과 강경 대립하고 공산주의를 박멸함)—이것이 '반공 국가' 대한민국 보수파의 한결 같은 절대 목표입니다.

  '말 바꾸어 쓰기'는 한국 사회에서 대북 강경파(친일 독재 보수 우파 세력)가 교묘하게 사용하는 집권 기술의 하나일 테죠. 종북 프레임이라고 하는 이것을 깨뜨려야 새로운 한국 문명이 눈을 떠요. 시민 한 명 한 명이 주인 정신을 가져야 해요. 세뇌의 실험실 침대 위에서 이제는 우리가 깨어나야 해요. 박정희 신화와 주술에서 벗어나야 해요. 종편(종일 편파 방송, 종일 편파 신문) 언론에서 벗어나야 해요. 그러자면 우선적으로 책을 열심히 읽는 게 중요해요. 분명하고 해맑은 자기 생각을 단정히 가다듬어야 해요. 문재인 정부의 우리 국민은 민주공화국의 주권자로서 나라 사랑과 주인 정신을 더불어 가져야 마땅해요. 그래서 '나라를 나라답게' '이 나라가 우리나라다' '이 나라에서 지금 우리 아이들이 산다' 하는 큰마음을 자못 절실하게 가져야 하지요. 오늘날에 대한 민주공화국은 자주 정신, 독립 정신이 오히려 절실해요. 8·15 광복 이후 쌓인 적폐가 산더미 같고 시국이 노상 험악하여, 그러니까 지금은 과거 그 어느 때보다 1919년 3·1 대혁명 독립 정신이 더욱 간절하거든요. 아아 단군 하느님이여, 나라를 나라답게, 시민을 시민답게 하소서~대한독립 만세!

민주주의의 적은 누굴까, 공산주의일까 독재주의일까

불법이나 위법을 합법으로 위장하는 데 꼭 필요한 장치가 있어요. 뭘까요? 바로 관료 공무원 조직의 동원이 아닐까 하는데요. 4대강 살리기 개발 사업이 지난 몇 년간 어떻게 진행되었을까 한번 상상해 보세요. 4대강 물길 사업이 처음 대운하 공사에서 국책사업 '4대강 살리기'로 용도 변경하는 전후에 온갖 편법과 꼼수와 불법이 막무가내 저질러진 게 맞거든요. 신기한 것은 여기에 언론이 뒷받침해주고 어용학자와 일부 지역민들이 지지해주고 정부 조직이 끼어들면 이게 합법이 되고 법치가 되고 한다는 거죠.

4대강 살리기 사업에 공무원들의 공로가 커요. 그러나 이들은 정권이 바뀌어도 특유의 변신으로 생명력을 이어가지요. 공무원의 변신이라는 게 별다른 게 있나요? 규격화된 규정을 따르고 조직이 정해놓은 목표를 달성하는 것에 매달리는 거죠. 공무 조직은 현실 대응력과 창의성과 문제 해결력이 한참 부족할 수밖에 없는 약점이 있어요. 우리가 실제로 일을 하다보면 그렇잖아요? 계획 때는 예기치 못한 변수가 실제에서는 발생할 수 있잖아요. 그러나 공무 조직은 이를 제어하고 관리하지 않아요. 능력도 없고 짐짓 관심도 애정도 없어요. 공무원들은 새 문제를 해결할 때 드는 위험을 잘 선택하지 않아요. 대신에 새로운 일을 회피할 때 누리는 안정감에 더 매달리죠. 민주공화국에서 정부라는 조직이 공공성을 대변하며 공적 가치를 지키고 있다고 믿는 건, 그래서 어쩌면 중대한 착각일 수 있어요. 공무원 조직은 그 자체가 거대한 이익 집단이며, 더구나 그 정부라는 게 독재 정부이고 불량 정부라면 그 정부가 도리어 앞장서서 공적 시스템을 깨뜨리고 공공성을 마구 훼손할 수도 있음은 더 말할 나위가 없지 않겠어요?

그래요, 그렇기 때문에 독재 세상이라면 담벼락에 대고 한바탕 욕이라도 해야 성풀이가 돼요. 그게 새로운 대한민국의 문을 여는 하나의 방법이 되거든요. 그러고 보면 일제 식민지 시대에 일본 놈들이 못 알아듣게끔 우리말로 욕설 한마당을 걸죽하게 한 상 차려내는 것도 괜찮았겠죠. 독립 운동에 뛰어들기까진 아니라 해도 이런 게 독재에 저항하는 방법 중의 하나임에 틀림없잖아요. 독재의 벽을 깨뜨리는 방법 중 하나로 우리가 일상에서 실천할 수 있는 재미난 게 있기는 해요. '언어유희'라는 게 있어요. 성풀이 말잔치 한마당이죠. 연전에 대학생들이 박근혜·최순실 사태로 '시국선언'을 하면서 이걸 '시굿선언'이라고 이름 지었는데요. 하하하 참 재미나지 않나요? 시굿선언'이라니? 청춘들의 발랄한 재치에 가슴이 벌렁벌렁, 시원 통쾌합니다. 좌파 딱지를 갖고 놀면서, '나는 종북이 아니라 경북이다.'했다는데, 하하하 이건 또 어떤가요? 이런 것이야말로 무한 긍정의 소유자로서 유쾌 통쾌 상쾌한 한국인이 보여주는 넉넉한 삶의 방정식이 아니던가요? 새 시대에는 엄숙한 권위주의 대신에 차라리 상큼한 유희 정신이 필요해요. 그럴 때라야 한국 사회가 지구상에서 제일가는 모범 국가가 되고 으뜸 문화 선진국이 될 수 있어요. 홍익인간의 나라답게 적어도 문재인 정부에서는 한국 사회가 통이 커지고 유쾌해지고 포용성이 넓어지고 유연해지기를 간절히 바라마지 않습니다.

동시대 벗님들이시여, 그동안 한국 사회를 쥐락펴락하는 친일 독재 부역자들이 만든 언어 논리를 꿰뚫어야 해요. 그 틀을 허물고 뒤집어야 해요. 그러자면 '언어유희' 전략 같은 게 꼭 필요하죠. 저주 언어, 혐오 언어 '종북'에서 '종북놀이'를 개발해내는 짜릿한 상상력이 필요해요. 이런 것이 새 세상을 만들죠. 대한민국이 여기서 새로워져요. 경천동지가 딴 게 아니에요. 이런 게 바로 새 문명 창조의 즐거움이 아닐까요? 한국 사회를 새롭게 만드는 문화의 결들이 곳곳에서 우리의 눈길과 손길을 기다려요. 빨갱이 혐오증을 무기로 사용하는 보수 우파 독재 친일 색깔론자들 앞에서 '나는 종북'이 아니라 '경북'이라고 누구든지 당당하게 외칠 수 있으면 좋겠어요. 우리의 올곧은 정체성 찾기—이것이 진정한 민주 시민 정신이 아닐까요? 대한민국을 보수 우파들의 희망처럼 반공국가의 틀에만 가두어서는 안 돼요. 대한민국은 민주공화국입니다. 반공국가이긴 해도 그게 우리의 절대 가치가 아니에요. 우리나라는 민주주의 국가예요. 여기에 신념과 확신을 가져야 해요.

민주주의는 깨인 사람들의 집합소이며 그 집단 지혜로 작동하는 시스템이지요. 그래서 민주주의는 갈 길이 멀고 끝이 없어요. 어렵고도 힘든 과정이 길 위에 펼쳐져 있죠. 사람의 일생과도 같아요. 그러나 참다운 민주주의는 이것 하나는 분명해요. 민주주의는 오직 사람에 주목해요. 사람 사람의 행복에 주목해요. 국민의 행복 돋움에 집중하지요. 단언컨대 민주주의는 그것을 가능케 하는 시스템이고요. 법치주의와 다수결 원리는 하나의 수단일 뿐이죠. 이것들이 정작은 크게 중요하지 않아요. 상황에 따라 잠시 벗어도 좋은 외피에 불과해요. 더덜없이 민주주의는 오직 사람을 생각합니다. 사람을 위합니다. 사람에 집중하고 국민을 생각합니다. 국민의 행복을 생각해요.

민주주의에서 보배로운 것은 과정이지 결과가 아니에요. 생각하면 행복은 과정 속에 있어요. 행복감은 결과물이 아닌 거죠. 이것은 우리가 인생을 살면서 결과보다 과정이 중요하다 여기는 것과 똑같아요. 산다는 것은 과정의 연속이 아니던가요? 민주주의는 유연하고 향기로운 시스템이죠. 따라서 우리가 살면서 성과물에 조급하게 매달리면 안 돼요. 경제 성장에 치우치고 그것을 닦달하면 안 돼요. 학력 향상을 몰아치면 안 돼요. 국민 모두가 천천히 여유롭게 손잡고 도란도란 얘기를 나누며 나붓이 걸어가는 게 민주주의 방식입니다. 결과에 조급해하고 경쟁적으로 성과에 집착한다면 그런 곳이 바로 불현듯 독재 세상이 되는 게 아니겠어요?

정답이 정해진 사회는 불량 사회이다

한국에서 가장 이해하기 힘든 것은 교육이 정반대로 가고 있다는 것이다. 한국 학생들은 하루 10시간 이상을 학교와 학원에서 자신들이 살아갈 미래에 필요하지 않을 지식을 배우기 위해, 그리고 존재하지도 않는 직업을 위해 아까운 시간을 허비하고 있다. 아침 일찍 시작해 밤늦게 끝나는 지금 한국의 교육제도는 산업화 시대의 인력을 만들어내기 위한 것이었다.

미래학자 앨빈 토플러(1928~2016)

우리나라 대학 입시의 성패는 기계적 암기와 반복 학습에 달려 있어요. 옛날부터 그랬는데 지금도 그래요. 4차 산업혁명 시대라는 세계적 흐름을 교육계에서 아직 모른 체하고 있어요. 그러나 어쨌든 아이들의 입시 문제풀이 신공은 가히 마술쇼 수준이죠. 영어 원어민조차 우리나라 수능 영어 문제를 푸는 한국 한생들의 실력에 감탄을 금치 못해요. 그 길고 복잡한 영어 지문을 읽고 1~2분 내로 문제를 푸는 건 거의 천재 수준이라는데요. 수능 시험은 정해진 시간에 '출제자의 의도'를 읽고 문제를 풀어내는 게 초점이에요. 까닭에 여기서 가장 중요한 것은 '정해진 시간 내'라는 것이죠. 그런데 제한된 시간 내에 문제를 풀려면 어떻게 해야 할까요? 다양한 접근법이나 실험 의식 같은 건 당연히 원천적으로 차단돼요. 공식대로 처리하거나 정답을 외워서 빨리 해결해야 하죠. 학생들은 자동 반응하는 정답 기계가 될 수밖에요. 그래야 문제 풀이 속도가 빨라지니까요.

입시 경쟁에서 자동 기계가 아니고서는 애초에 경쟁이 안 돼요. 한국의 학생들은 정답 기계가 되어야 살아남아요. 환경에 적응한다는 말이 이런 게 아닐까 싶은데요. 그렇다면 한국의 수능 시험은 문제를 해결하는 다양한 접근법을 근본적으로 차단하는 나쁜 제도가 될 수밖에 없잖아요? 가장 비교육적인 교육 시스템인 거죠. 그런 까닭에 학생들의 사고 틀에서 창의성이 빠른 속도로 메말라 가는 건 당연해요. 2020년대 세계문명의 핵심이 '창의성'이라는 사실이 그래서 더욱 뼈저리게 다가옵니다. 교육 현장에서조차 헛짓과 엉뚱 짓을 골라했던 기존의 우리나라 문명 시스템을 갖고서도 지구촌에서 그래도 우리가 이 정도 수준의 생활로 버틸 수 있는 건 거의 기적이에요. 이런 우리가 세계 경제 10위권을 오르내린다는 것은 그만큼 한국인들의 두뇌가 명석하고 또 부지런하고 기본 자질이 우수하다는 하나의 명쾌한 증거가 아닐까 싶은데요.

오늘날은 지식의 양보다 창의성이나 문제 해결 능력이 훨씬 더 중요해요. 그렇죠? 인정하시죠? 지식의 양과 질은 컴퓨터와 휴대폰에 다 들어 있어요. 점수 위주, 암기 중심의 교육은 폐기 처분됨이 마땅해요. 그렇지 않나요? 대한민국의 학교 시스템을 시험 중심이 아니라 교육 중심으로 바꾸어야 해요. 교육 공동체의 토대를 새롭게 다져야 해요. 학교 교육을 왜 시험 위주로 하나요? 잘못되었어요. 한참 잘못 되었죠. 교육 공동체를 왜 사설학원처럼 입시 준비 기관으로 변질시키는가요? 국가의 교육 시스템은 말 그대로 교육 시스템답게 운영해야 해요. 교육 시스템을 시험 준비 구조로 끌고 가면 절대 안 돼요. 지금 문재인 정부의 새 교육 정책을 응원하고 적극 지지합니다. 학교 현장을 경쟁 무대가 아니라 협력의 마당이 되게끔 잘 이끌어 가기를 기대합니다. 기존의 교원 평가와 학교 평가, 성과급 제도는 백해무익해요. 아니 독버섯이에요. 빨리 없애야 하죠. 그래야 선생님이 행복하고 학생이 행복하고 학부모가 행복하고 온 국민이 다 행복할 테니까요.

돌아보면 우리가 서양식 현대 교육을 시행한 지가 100년이 훌쩍 넘었죠. 그간에 교육 시설과 사람은 빠른 속도로 달라지고 발전하고 새로워지고 바뀌었어요. 그런데 교육 제도와 교육 방식은 별로 바뀐 게 없어요. 학교 교육에 변화가 없고 발전이 없고 새로움이 없어요. 수십 년 전의 옛날 교육과 지금 교육이 별반 다르지 않아요. 아니 어떻게 이런 일이 있을 수가 있는 거죠? 한국 교육이 왜 제자리걸음만 반복하며 이렇게 지지부진할까요? 원인은 단 하나, 입시 위주 교육 때문에 그렇죠. 하루바삐 학교를 진정한 교육 시스템으로 꾸며야 해요. 오직 이 방법 밖에 없어요. 학교가 대입 준비 기관이 되어서는 절대 안 돼요.

지금 시대정신은 다양성을 요구해요. 다양성이 생명입니다. 차이가 중요한 거죠. 개성이 존중되는 시대예요. 창의력은 다양성 속에서 움터나요. 창의력은 저절로 자꾸 혁신되죠. 따라서 하나의 정답만을 강요하는 사회는 불량 독재 국가가 틀림없거든요. 다양성을 무시하고 압살하고 단 하나만 숭배하고 받들라는 요구는 독재 언어입니다. 지구 문명에서 이런 나라는 그 국가 문명의 수명이 빠른 속도로 다해가고 있어요. 또 현대는 상상력이 중요해요. 상상력은 활발할수록 좋고요. 그래야 몸놀림이 가볍고 발걸음이 빨라지지요. 그러나 독재 국가, 불량 정부 체제는 시대의 빠른 걸음을 따라가지 않아요. 따라갈 수도 없어요. 세상이 어떻게 변하더라도 오로지 자기들의 이익과 권력과 패권에만 골몰하기 때문이죠. 국민들의 삶의 질의 향상, 보편 복지의 실현—독재 국가에서는 이런 게 정부 차원에서 절대 무관심이고 푸대접이에요. 그러니 이런 나라는 지구 문명을 선도하기는커녕 큰 흐름을 따라가기도 벅차요. 독재 국가에서는 정부와 사회 전체가 권위주의 체제로 굳어 있어요.

문재인 정부 이전 세상에서 다들 혹독히 경험하셨죠? 박근혜 정부와 이명박 정부를 지금 잠깐 돌아보세요. 그곳에서는 모든 게 차단이고 의혹이고 불통이었죠.

그리고 지금의 교원 평가 방식은 제발 그만두면 좋겠어요. 하루라도 빨리 그만두어야 해요. 학교를 더 이상 성과 경쟁의 장소로 만들면 안 돼요. 학생과 학부모가 내리는 교원 평가는 도대체 뭔가요? 교원 상호간의 평가도 그만두어요. 경쟁을 시키면 효율이 극대화되고 조직의 성과가 좋아질 거라는 생각을 누가 맨 처음 했을까요? 경쟁보다 협력이 더 훌륭한 가치이며 경쟁심이 아니라 협동과 배려가 인류 문명을 여기까지 발전시켜 왔음을 분명히 알아야 합니다. 지나친 경쟁 심리는 개인의 인성을 망가뜨리고 인간성을 파괴해요. 사회 공동체마저 병들게 하죠. 무엇이든 지나치면 안 돼요. 지나친 경쟁은 약이 아니라 독이에요.

우리나라 본래의 교육은 밥상머리 교육이었죠. 조부모와 부모님, 그리고 형제자매들이 함께 지내는 생활 공동체가 우리의 학교였는데요. 가정이라는 교육 공동체가 밥상머리 교육의 너른 교실이었죠. 저 옛날 아메리카 인디언들도 이런 우리와 별반 다를 바가 없었는데요. 19세기에 미국에서 서양식 현대 교육을 받은 인디언들이 처음 시험을 치를 때, 그들은 함께 모여 여럿이 머리를 맞대고 대화를 나누며 시험 문제를 풀었다죠. 그 장면에서 미국 백인 교사들의 당황한 모습이 상상이 가나요? '어려운 문제는 함께 지혜를 내어 푼다'는 인디언들의 미풍양속 실천에 백인들이 기절 초풍했다는데요. 사실은 우리도 아메리카 인디언처럼 그랬거든요. 한국의 옛 전통 교육에서는 개인의 성공보다는 인격의 완성을 가장 중요시했어요. 요즘말로 해서 인성교육이 핵심 가치였죠. 소유보다는 나눔을 실천했고요. 경쟁보다는 상생을 원칙으로 했었죠. 사익보다는 공익을 우선시했고요, 지배보다는 존중을 추구하는 교육을 실천했더랬지요.

지금부터 대한민국의 학교 교육에서 우리가 전통의 옛것을 되살려보면 어떨까요? 한국 교육의 르네상스가 정녕 기대되지 않나요? 서양이 지구 문명에 미치는 영향력이 요즘 들어 더욱 빠르게 그리고 더 한층 직접적으로 전달되고 있어요. 지구인들 전체가 그런 시대를 살아가고 있는 거죠. 우리나라가 경제적으로 부유해지고 국민들이 잘 살게 되니까 그런 느낌이 부쩍 더 들어요. 휴대폰이라든지 각종 문명의 이기가 빠른 속도로 변화하고 발전하고 있거든요. 그래 우리나라가 밥만 먹고 사는 나라가 아니라 문명적으로 꽤 잘 사는 부자나라가 된 듯도 해요. 사람들의 옷차림이나 외식 풍조나 취미 활동들을 살펴보세요. 골프를 치고 고기를 구워 먹고 해외여행을 가고 고급 자가용을 굴리고…. 너나없이 꾀죄죄하던 옛날과는 정말로 많이 달라졌죠. 적어도 우리가 아시아에서는 제법 잘 나가는 부자 나라가 된 게 틀림없어요. 세계인들이 인정하는 수준에까지 우리가 경제적으로 올라선 거죠. 그러나 물질적으로 부자라고 해서 우리 삶이 행복한 것이고 잘 사는 건가요? 나라 전체가 경제 수준이 높아지고 돈이 많다고 해서 모두가 다 행복한 건 아니잖아요.

좋은 세상이라야 모두가 잘 살아요. 시스템 속에서 모두가 행복할 수 있어요. 그런데 사회가 안정되고 질서가 수준 높게 잘 잡혀야 살기 좋은 세상이 되는 거잖아요? 좋은 세상이 되어야 진정 잘 사는 게 되죠. 그러나 사회의 안정과 질서가, 좋은 세상이 어찌 법으로만 만들어지고 법과 제도로만 유지될까요? 그건 아니잖아요. 국민들이 교양을 갖추고 제가끔 인성이 훌륭해야 아름답고 건강한 사회가 창조되고 유지될 게 아니겠어요? 고속으로 경제 발전을 이루면 뭘 하나요? 국민정신이 빈곤하고 불량하고 못났으면 그게 바로 못난 삶이고 못난 국민이고 못난 나라가 되는 거잖아요? 그런데 돌이켜보면 박정희 독재 정부가 우리를 이렇게 못난 국민으로 맨 처음 만들어 놓은 것 같아요. 대한민국이라는 이름을 걸고서 우리 국민들 보고 어쨌든 무조건 잘 살아보자고 충동질했으니까 말이죠. 그저 철저히 경제적으로, 물질적으로 잘 살아 보자고 닦달했던 거죠. 국민들의 인성이야 어떻든 인격이야 구정물에 삶아놓았든 간에. 이웃이나 동료들에게 피해를 끼치든 말든 개의치 않았어요. 나만 잘 먹고 잘 살면 그만이라는 못된 생각을 국가 차원에서 자국민들에게 꾸준히 심어주었는데요. 몇 십 년 동안 조국 근대화라는 근사한 이름표를 달고서 말이죠.

한번 주변을 살펴보세요. 한국 사회를 강타한 어제오늘의 사건 사고와 가십거리를 훑어보세요. 별의별 괴이한 범죄가 이목을 어지럽히고 살풍경한 패륜 풍조가 사회 곳곳에서 독버섯처럼 자라고 있음이 특별해요. 지금 우리나라가 경제적으로는 옛날보다 많이 잘살게 되었는지는 몰라도 사람들의 인성이나 공동체 의식은 형편없이 망가졌어요. 정의로운 마음과 공공성이 훼손되고 더러워져 있고 그래요. 나라 살림이 부유해지고 사회가 발전할수록 우리에게 더 필요한 것은 무엇일까요? 맞춤식으로 늘어나는 법규와 단속 체제일까요? 김영란법 같은 걸 자꾸 만들어내는 게 좋을까요? 대한민국의 국민들이 안전과 행복을 누리기 위해서는 무엇보다도 사회 공동체가 건강성을 회복하는 게 가장 중요합니다. 세대를 아우르는 소통과 공감 능력이 법률을 다량 생산하는 조치보다 더 귀하고 중요해요. 사회의 질서와 공동체의 규율은 법률에 매인 게 아니죠. 이것들은 사람들 간의 우호적인 관계에서 찾아져야 마땅합니다.

오늘날은 다시금 백가쟁명의 시대입니다. 세대별 간극이 아주 커요. 세대 간에 전쟁이 터져요. 이럴 때 노인 세대와 젊은 세대를 이어주는 공감의 세계가 절실히 필요한데요. 세대를 아울러서 이걸 가능하게 하는 것은 무엇일까요? 우리 전통과 우리 문화에 대한 따뜻한 관심과 사랑이 아닐까 합니다마는. 여기서 배달겨레 한국인이라는 사실이 공통분모가 되는 거죠. 공통분모를 디딤돌로 삼는 게 좋아요. 그런 까닭에 교육이 참 중요합니다. 언제나 그렇지만 교육이 가장 중요해요. 오늘의 4차 산업혁명도 교육 혁명에서 시작되어야 하지 않을까요? 그런 만큼 사회 교육 기관인 신문과 방송의 올바른 역할이 정말 중요해요. 언론을 매개체로 한 세대 공감이 아주 중요한 거죠. 간절히 호소하고 싶군요. 불량 독재 국가 시절처럼 우리나라가 영혼도 없이 목적도 없이 표류하는 나라로 남아 있어서는 더 이상 결코 안 돼요. 무엇보다도 신문 방송의 적극적이고 활기찬 긍정의 역할이 정말 필요하거든요. 나라를 나라답게 만들고 사회 공동체의 새 문명을 만드는 데는 신문과 방송의 역할과 도움이 절대적입니다. 바른 언론이 바른 나라를 제대로 만들기 때문이지요.

한국인은 이제 동양의 눈으로 서양을 새롭게 바라봐야 해요. 서양을 무조건 부러워하고 우상시하고 흉내 내고 할 것이 아니에요. 서양을 미워하고 멀리해서 될 일도 아니에요. 우리는 우리 자신을 근본으로 삼고 서양의 장점을 참고해야 하죠. 동양과 서양은 달라요. 남자와 여자가 다르듯이 말이죠. 한국과 미국은 달라요. 문제가 생기고 문제를 풀다보면 정답은 없어도 해답은 있거든요. 동양과 서양은 경쟁이 아니라 협동하는 자세로 미래 사회를 이끌어가는 게 바람직해요. 남자와 여자 역시 현대 시대는 새롭게 봐야 해요. 남자와 여자는 분명히 여러 측면에서 달라요. 그러나 남녀는 본디 경쟁 관계가 아니라 협력의 관계가 근본임을 알아야 해요. 남녀는 다르기 때문에 특별한 존재로 서로 존중받아야 마땅하지요. 서양과 동양도 그렇고, 그리고 정부와 국민의 관계 역시 남녀와 마찬가지예요. 억압과 복종이 아니라 섬김과 배려의 관계임을 알고 이를 정성껏 실천하면 좋겠어요.

그리고 무엇보다도 대한민국 우리 자신들이 마음의 문을 활짝 열어야 해요. 그래야 지금까지와는 전혀 다른, 새로운 문명 세계의 문이 열려요. 한국 문명의 새 패러다임을 우리가 주인공이 되어 주체적으로 만들어가야 해요. 새 세상이 스스럼없이 우리를 반겨 찾아올 때까지 말이죠. 사회주의와 공산주의, 그리고 복지국가라는 개념까지도 한 점의 두려움 없이 우리 국민들이 낱낱이 이것들을 눈으로 보고 귀로 듣고 손으로 만지고 냄새 맡고 체험하고 평가할 수 있어야 해요. 그런 정도가 되고서야 한국 사회에 새로운 세상이 활짝 열릴 게 아니겠어요? 정녕코 그때쯤 우리에게 새로운 문명 세계가 찬란한 빛을 뿌리며 도래할 테지요. 그날을 다만 기다릴 게 아니라 우리가 새로운 세상을 차근차근 만들어 가야죠. 배달겨레가 한마음으로 어깨동무하고 한 걸음씩 앞으로 나아가면 가능할 것도 같은데요. 어떤가요? 같이 가시죠?

2장

서양을 무조건 따라하면
우리가 선진국이 될까

남북 평화 교류는 경제 성장의 마르지 않는 샘이다

사람은 누구나 평화로운 삶을 원해요. 행복한 삶을 원하죠. 분단국가에 사는 우리도 그래요. 다들 행복한 삶을 바라죠. 그러자면 일상에 특별한 정성이 들어가야 해요. 남북 평화 통일을 늘 생각하고 조금씩 실천하면 돼요. 틈틈이 통일 생각을 하고 통일 말을 하고 통일 행동을 하는 게 필요합니다. 남북통일이라는 카드는 우리 사회의 여러 문제와 갈등의 원인을 찾는데 굉장히 유효해요. 게다가 그 해결책을 구하는데 직접적으로 많은 도움을 주거든요.

연전에 우리나라 국부의 보물창고가 되어줄 획기적인 해외 국책 사업들이 몇몇 있었어요. 그런데 이 대형 사업들이 유독 한국을 따돌리고 몽땅 중국과 일본으로 넘어갔었죠. 우리나라는 빈손 그대로였어요. 천재일우의 기회가 무심히 지나갔죠. 이게 뭐냐 하면 시베리아에서 천연가스 파이프라인을 연결하는 초대형사업이었는데요. 그런데 그때 이것이 당시 불량 독재 정부의 무관심과 냉대와 무대책 속에 우리 대한민국은 아무 소득도 올리지 못했거든요. 러시아와 함께 이 사업으로 이익을 나눈 나라는 우리를 제외하고 중국과 일본에 집중되었죠. 한국은 엄혹한 남북 대결 상황 때문에 국가 간 대형 경제 사업이라는 블루오션의 모든 걸 놓쳐버린 거예요. 경제와 외교에 관해 당시 우리나라의 처신은 바보도 이런 국제 바보가 없을 정도예요. 1년 국가 예산과 맞먹는 초대형 수익 사업을 나 몰라라 내팽개쳤어요. 정점의 경제 발전으로 도약하는 황금 사다리를 냉큼 걷어차 버린 거죠. 미쳤어요. 반공 국가 대한민국의 슬픔과 아픔인 거죠.

그즈음에 우리가 빼앗긴 대륙 사업이 또 있더군요. 대륙 간 연결 철도 사업이 그것인데요. 결과는 일본이 또 최대 수혜자가 되었어요. 사업 구상은 앞으로 일본 동경에서 기차를 타고 시베리아를 가로질러 유럽과 영국까지 일직선으로 진출하는 거죠. 이것은 슈퍼 아시아와 슈퍼아메리카를 연결하는 지상 최대의 사업이라는 평을 들은 건데요. 한 국가의 경제 성장이 명운이 걸릴 정도의 어마어마한 대형 국책 사업이지요. 그러나 우리는 그때 그 놈의 적대적인 남북 대결 분위기 때문에 이 사업에서 또 단연코 배제되었어요. 북한에 가로막혀(북한이 우리의 원수이며 주적이기 때문에) 우리는 대륙으로 진출할 수 없는 섬나라였던 거죠. 이웃나라들에게 우리나라는 소위 왕따가 되었어요. 이로 인한 경제적 손실과 정치 사회적 손해는 이루 말할 수 없을 정도로 어마어마하게 크다마다요.

그러거나 말거나 여태 그랬던 것처럼 우리는 남과 북이 한참을 원수처럼 싸우고 있었죠. 한반도를 둘러싸고 옆에서 미국과 러시아, 중국과 일본이 '아이 좋아, 아이 좋아라, 남북이 치고 박고 싸우니 너무 좋아. 한반도에서 남북끼리 피터지게 싸우니 나는 좋아라. 우리는 좋아라' 쾌재를 부르고 깨춤을 추고 그랬죠. 한반도에서 민간단체들이 남북 사이에 화해 분위기를 조성하고 상호 교류에 애를 쓰면 쓸수록 한국은 보수 우파 독재 불량 정부 탓에 문제가 더욱 꼬였어요. 왜냐 하면 기득권 대북 강경파들(친일 독재 보수 우파들)이 아주 못된 장난을 치면서 남북 대결 장면을 즉각적으로 자꾸 만들어내거든요. 그렇게 해야만 기존 권력자들이 걱정 없이 잘 사는가 봐요. 참으로 못난 정치, 못난 인간, 못난 철학, 못난 이념이 아닐 수 없는데요.

경제 문제 하나만 보더라도 '우리의 소원은 오직 통일'을 해야 마땅하죠. 앞으로 우리나라에서 추진하는 4차 산업의 완성은 남북의 평화통일이 그 길을 활짝 열어줄 것이라고 믿어 의심치 않습니다. 이러쿵저러쿵 셈속이 달라도 '우리의 소원은 통일'이 맞고말고요. 남북통일은 오늘날 지구 문명에서 제일가는 경제 고속도로를 단 한순간에 한반도 삼천리에 씽하니 건설하는 일과 마찬가지예요. 다른 나라는 하고 싶어도 할 수 없는 일이죠. 우리 같은 민족 분단국가만이 할 수 있는 고유 사업인 거죠. 그러니까 남북 교류는 우리나라에만 유난한, 경제 성장의 마르지 않는 샘터가 되는 거예요. 현재 한반도의 절대적인 장점은 오직 이것입니다. 남과 북의 경제 교류는 대한민국 경제 성장의 가장 풍성하고 넉넉한 젖줄임이 틀림없어요. 문재인 새 정부에서 실천하고자 하는 남북 교류의 일상화는 한반도 평화통일의 지름길이 될 것임을 믿어 의심치 않습니다. 친구들과 짝을 지어 우리가 개마고원을 등산할 날이 곧 오겠죠? 남북의 평화 교류를 절대적으로 응원합니다. 새로운 민주 정부, 새로운 대한민국 시대 만세~.

현재의 남북 분단 상황은 전쟁 상태의 지속을 뜻해요. 6·25전쟁은 아직도 끝나지 않았어요. 1953년 7월 27일에 미국과 북한 간에 휴전 협정이 체결된 상태 그대로인 거죠. 냉전을 종식하려면 남북 간에 휴전 협정을 평화 협정 또는 정전 협정으로 바꾸는 게 필요해요. 지금 우리에게 간절한 것은 남북의 평화 교류이며 통일 대통령의 출현이 아닐까요? 한국 사회는 눈을 크게 뜨고 새롭게 태어나야 합니다. 분단의 틀에 갇혀 옹졸하게 이념 싸움이나 하고 있을 때가 아니에요. 미국이 부정하고 반대하더라도 개성 공단 같은 남북 평화 협력 구심점들이 자꾸 만들어져야 해요. 미국은 우리의 우방이라고 해도 원래 자기 이익만 알뜰히 챙기거든요. 서양에서 물려받은 2원화 대립 사상 틀에서 우리가 빨리 빠져나와야 하죠. 통 큰 철학, 홍익인간 정신으로 한반도가 다시 하나가 되어야 해요.

이 문제를 가지고서 남북 최고 지도자가 담판을 지었으면 좋겠어요. 주변 강대국의 눈치를 볼 것도 없이 가장 중요한 이런 것들은 우리가 주체적으로 나서서 문제를 화끈하게 해결했으면 좋지 않을까요?

저 출산, 고령 사회는 한국의 현재 모습이다

미래를 예측하기는 어렵죠. 그러나 현재를 잘 살피면 미래 모습이 보여요. 저 출산 고령 시대가 지금 눈앞에 있어요. 그런데도 우리나라는 지금껏 정부에서 무엇을 해 왔는지 모르겠어요. 정권을 장악하려 정쟁에만 골몰한 채 기존의 보수 우파 정치권은 이 나라의 미래 그림을 옛날부터 포기하고 있었어요. 예산조차 깨작깨작 감질나게 쓰면서 저 출산에 대비하여 지금 무엇을 어떻게 할 것인지에 대한 방책이 전혀 없었죠. 문재인 정부가 들어서기 전에는 그저 세월만 가라는 식이었는데요. 정부의 육아 정책이 비전도 없고 방법도 없이 주먹구구에 머물고 있었죠. 이웃 일본은 오래 전부터 관련 부처(저출산 대책 담당 장관 임명, 2003년)까지 새로 만들어서 철저히 대비하고 있고, 중국은 최근 몇 십 년간의 1가 1인 정책을 폐기하고 진작 새로운 인구 정책을 시행하고 있다는데요. 적절한 인구가 지속 가능한 경제 성장의 디딤돌이 됨을 이웃나라들은 요령껏

퍼뜩 알아챈 거죠. 우리도 새 정부에서 획기적인 육아 정책을 펼쳤으면 좋겠어요. 결혼과 출산과 육아가 정부 도움을 많이 받고, 그래서 젊은이들이 희망 속에서 행복할 수 있도록 말이죠.

그런데 지금까지 우리의 현실은 어떤가요? 저 출산을 대비한 예산은 어느 정도 확보되어 있었다는데요. 그런데 말이죠, 돈은 돈대로 즉흥적으로 펑펑 쓰고 단기적인 땜질 처방에 급급했대요. 멀리 내다보지 않은 거죠. 어쩌면 불량 보수 정부가 일부러 시야를 좁혔는지도 몰라요. 장기 대책은 당장 생색도 못 내고 공연히 귀찮기만 하니까요. 시행이 곤란하고 불편하고 폼이 안 나는 건 그저 다음 정권으로 넘길 뿐이었어요. 그래 10년 후 20년 후를 내다보는 큰 그림을 도시 그릴 줄을 몰랐던 거죠. 아마도 우파 불량 정부가 나라의 청사진 그리는 법을 잊었나 봐요. 민간과 정부가 합심하여 문제를 해결하고자 하는 원초적 마음자리조차 없는 듯해요. 생뚱맞게도 문재인 정부 이전에 김영란법이란 게 시행되어서 공무원과 일반인의 접촉과 소통을 예전보다 확실하게 대폭 차단했죠. 이것은 세계적인 시대 흐름과는 딴판이에요. 오히려 정반대죠. 그래 우리나라에서는 민관 합동 연구와 협력 문제가 한층 어려운 처지에 빠졌는데요. 공무 조직과 민간이 힘을 합쳐 오늘의 시대 흐름에 즉각 대처해야 함에도 우리나라는 되레 뒷걸음치는 꼴이 되고 말았는데요.

문재인 새 정부 이전에 우리가 오랫동안 불량 정부, 못난 정부 시대를 겪었음이 틀림없군요. 이게 뭡니까? 차라리 조선시대에 활발했던 사랑방 문화가 절실해져요. 조선의 문화를 부활하는 게 좋겠어요. 옛날에는 전통적으로 사랑방에서 사대부와 사대부, 그리고 민간인과 선비들의 의사 교류가 활발했거든요. 일상에서 민·관·군의 소통 문화, 열린 행정이 베풀어졌던 거죠. 그러나 김영란법 때문에 오늘날 대한민국에서는 사랑방 연대 소통 문화가 더더욱 상상조차 할 수 없게 되었어요. 요즘은 전문가와 행정가, 행정가와 일반인이 만나는 길이 '김영란법' 때문에 원천봉쇄가 되었다고 하네요. 이유인즉슨 정부와 민간인 사이, 사람들 간의 잦은 교류와 접촉에서 곧 부정 청탁의 여지가 발생한다고 봐서 이곳에 김영란법이 즉각 작동하는 거죠. 이런 시각 탓에 공무의 세계와 전문가 집단, 그리고 일반 국민들의 상호 교섭과 토론 나눔과 아이디어 교환 같은 게 갈수록 더욱 어려울 수밖에요. 주요 선진국들의 정부 정책 진행 방향과 우리나라는 이렇게 해서 언제든지 거꾸로 가는 양상이 있어요. 이걸 어쩌죠? 새로운 다짐 속에 청사진을 들고서 새 출발하는 문재인 정부에게 거는 기대감이 이곳에서조차 높아지고 있음은 어쩔 수가 없군요.

옛날에 유럽 대륙에 공자 열풍이 몰아닥친 적이 있다고 했죠? 그때 계몽 지식인들은 공자철학과 성리학을 별개의 것으로 곧바로 분리했어요. 똑똑한 사람들인가 봐요. 성리학은 쏙 빼고 공자 철학과 공자 경전을 수입했다는데요. 왜냐 하면 자기들이 봤을 때 성리학은 고리타분한 스콜라주의와 너무 닮았거든요. 그래 성리학은 당대의 서양 계몽주의자들에게 오히려 비난 받고 비판되었어요. 말하자면 그들은 중국 성리학을 비판의 대상인 스콜라 철학과 같이 취급한 거죠.

조선시대 5백 년은 성리학이 지배한 사회였어요. 그러나 성리학에는 공자 본래의 정신이 실종되었죠. 대신에 형식주의와 형이상학이 난무했을 뿐. 현실 중심주의라는 공자 철학의 정수를 대체로 잃어버렸는데요. 조선 후기에 실용주의와 실학사상이 부각되면서 공자 본래의 유교 정신이 잠깐 되살아난 적이 있긴 했어요. 그러나 1905년에 일본이 통감부를 설치하여 나라는 완전히 패망했고 조선시대도 끝장이 나고 한반도 역사상 가장 치욕적인 날들이 이어졌죠. 식민지 시절에 일본의 군사 정부가 이 땅에 들어서게 되었어요. 사실을 말하자면 조선총독부는 이 땅에 들어선 우리나라 최초의 군사 독재 정권이 아닐까 합니다마는.

조선총독부 군사 정권은 식민지 백성을 다루는 계략을 많이 발명해 두었겠죠. 그 중 하나가 식민사관을 만들어 조선인에게 널리 보급한 게 있어요. 여기에 세뇌된 조선인이 하나둘 생겨나기 시작했겠죠? 그들은 곧장 이씨 조선 왕조를 부정하고 거부하고 욕했어요. 사회 분위기가 제법 이런 쪽으로 흐르다 보니 한국인들 사이에서도 전통 사상과 문화유산을 비난하고 천대하는 흐름이 천천히 생겨나고 말았는데요. 유교를 멸시하고 전통 유산을 무시하는 행위 등으로 한국 사회에서 놀랍게도 엉뚱한 정신 변혁이 발생한 거죠. 이것은 첫걸음 이후 100년에 걸쳐 2017년 지금까지도 멈춤 없이 이어졌는데요. 진심으로 욕되고 안타까운 일입니다.

그러나 지금 우리가 분명히 밝힐 게요. 본래의 유교, 곧 공자 사상은 유럽 근대화에 불을 지핀 선진 철학이었으며 서구 계몽사상의 원천이 되었음을 잊으면 안 돼요. 그러니까 우리가 공자 철학을 허투루 보거나 우습게 알면 안 되는 거예요. 유교 사상에 대한 오해와 편견에서 벗어나야 해요. 맑고 깨끗한 눈으로 한국의 유교 사상과 동양의 전통 철학을 찬찬히 다시 읽어야 합니다. 그러면 가시덤불 속에 장미꽃이 소담스레 피어있음이 눈에 들어올 거예요. 우리 한국 사상의 정수가 여기 유교 문명에서 반짝이거든요. 공자 철학은 오늘 이 시대에 가장 새롭고 가장 유효한 혁신 문명의 샘터가 아닐까 하는 생각이 들기도 하는데요. 서양에 비해 우리 것은 무조건 낡고 못난 것이라는 생각을 떨쳐야 해요. 그런 바보 같은 생각을 그만 두어요. 21세기를 선도하는 새로운 문명 철학은 동양에서 나와야 합니다. 그것도 동아시아, 특히 한국에서 나와야 해요. 현시대 인류 문명을 밝혀줄 새로운 비전이 공자 사상과 함께 한국의 홍익인간 철학에 가지런히 담겨 있거든요.

우리나라가 용기를 내어 21세기 인류 문명의 모범을 제시하는 쪽으로 각오를 다지면 좋겠어요. 자본주의 문명의 독식성과 폭력성을 제압할 철학은 한국 철학의 정수인 '홍익 정신' 외에 다른 게 없어요. '홍익인간' 정신을 잘 다듬고 실천하고 광고하여 세계 곳곳에 심어보자고요. '홍익' 정신을 대한민국의 근본 철학으로 삼아 우리가 잘 섬기고 먼저 받들어야 해요. 우리나라의 건국이념인 '홍익'정신을 지구 문명의 으뜸 철학으로 우뚝 세워 보자고요. 장담하건대 홍익인간 철학은 세계의 철학이 될 만한 조건을 완벽히 갖추고 있거든요.

바야흐로 지구 문명 시대에 생명 사랑, 인간사랑 풍조가 간절해요. 지구 위에 새로운 문명이 필요한 시점입니다. 자본 문명의 양극화 칼날이 지구촌 구석진 곳까지 침투해 들어갔어요. 자연 환경은 급속히 파괴되어 가고 있고 인간성 상실은 빛의 속도로 달려가요. 지구 위 인류의 생활 공동체가 빠르게 망가지고 있어요. 비서구권 나라는 오래 전부터 자기 나라를 서양 방식의 나라로 만들기 위해 안달이 났잖아요. 우리가 일찍이 그랬던 것처럼 말이죠. 특히 동아시아 국가 중에서 홍콩과 싱가포르는 사실상 이미 그곳은 서양이 되었거든요. 건축물이나 문명의 양식이 서양하고 똑같아요.

우리가 과거에 그랬던 것처럼 오늘의 개발도상국들에게 근대화는 곧 서구화와 동일한 거라고 할 수 있어요. "서양을 닮자."—개발도상국들은 나라 전체가 나서서 서양을 추종하고 서양을 이식하고 있어요. '잘 먹고 잘 살자'라는 우리나라 유신 시대와 같은 1차원적 사고에 붙들려 폭풍 같은 경제 성장을 어떻게든 꿈꾸며 살아가고 있어요. 아아 그런 소식을 접할 때마다 안타깝고도 슬픈 마음이 절로 이는 걸 어쩔 수가 없군요.

친일파와 4대강 사업

옛날이야기를 한번 해볼까요? 1893년에 전라도 땅에서 고부 군수 조병갑이 만석보 공사를 했거든요. 보 공사는 요즘으로 치면 댐 공사와 비슷해요. 대규모 토목 공사라서 주변의 만류와 반대가 굉장했다는데요. 그러나 조병갑은 대한민국 이모 대통령처럼 막무가내 공사를 강행했어요. 홍수를 예방한다는 억지와 함께 쏟아놓는 갖은 협박과 감언이설에 선비들도 백성들도 더는 어쩌지 못했대요 글쎄. 이듬해 1894년에는 이곳이 우리나라 동학농민혁명의 첫 발생지가 되는데요. 놀랍게도 만석보 강제 공사가 농민혁명의 첫 원인이 되었다죠. 그러나 갑오농민혁명 와중에도 조병갑은 정부로부터 별다른 처벌을 받지 않았어요. 놀랍게도 그는 벼슬이 오히려 더 높아졌는데요. 1898년에 법부의 민사국장으로 임명되었죠. 이것은 병든 국가 조선에게 그가 뇌물을 주고 벼슬을 산 게 틀림없을 듯해요. 당시 흔하던 매관매직이었죠. 그즈음 동학 2대 교주 최시형이 정부군에게 체포되었는데요. 동학 교주에게 사형 판결이 내려지는데 조병갑이 그 주요 담당자였다고 해요. 동학 혁명의 원인 제공자가 훗날 동학 교주에게 되레 사형을 선고하다니, 이런 기막힌 사례가 어느 역사에 다시 있을까 싶은데요. 어쨌든 친일파 조병갑의 일생이 우리 근대사의 악운과 불행을 상징적으로 보여주는 듯합니다.

갑오전쟁이 끝나고 20세기에 들자 대한제국은 날로 쇠약해져 망국의 길로 빠르게 기울어갔어요. 그러나 조병갑 같은 부류의 인물들에게 부와 권세가 더욱 집중되었는데요. 격동의 역사 현장에서 기회주의자들은 이를 오히려 일신의 영달과 출세를 꾀하는 절대 기회로 삼았겠죠? 조병갑 집안은 이후에 친일파 가문의 일생을 살아가지 않았을까 하는데요. 실제로 동학농민군과 조선 관료의 역사적 운명은 조병갑의 사례처럼 19세기와 20세기의 전환기에 더욱 혹심하게 구별되었어요. 1894년 농민전쟁 이후 한반도의 농군은 상당수가 학살되거나 유리걸식하게 되었고, 조선의 지배층 관료 나부랭이들은 상당수가 조선총독부 식민 사회의 공직에 진출하게 되었죠. 이로써 근대 한국 역사의 새 공식이 빚어졌는데요. 이때로부터 우리 한국의 사회 공동체에서는 누구보다도 친일파가 유난스레 잘 살게 된 세월을 누려왔다고 평할 수 있는 거죠.

만석보 사건 이후로 오늘까지 정확히 110년이 흘렀어요. 만석보 공사 규모를 100만 배 이상 뛰어넘는 엄청난 댐 공사가 2008년 12월 29일부터 2012년 4월 22일에 걸쳐 3년 남짓 진행되었는데요. 나라의 틀을 바꾸는 어마어마한 국토 대개조 사업이라 할 만 했죠. 그때 우리 강과 하천과 국토가 만신창이로 온통 난도질을 당했어요. 수천 년을 흐르던 푸른 강이 몇 년의 공사 끝에 대뜸 죽음의 강이 되고 말았죠. 대한민국 국민 세금 22조 원을 쓰레기처럼 강바닥에 내던졌어요. 그것은 단군 이래 한반도 최대의 토건공사로 소문이 났는데요. 정부에서 발표한 공사 목적은 뻔했어요. 가뭄을 막고 홍수를 대비한다는 명목. 조선시대 말에 한 차례 겪었던 조병갑의 만석보 사건 때와 똑같았죠. 4대강에 저질러진 대규모 토목 공사는 대다수 전문가들과 국민들이 극구 반대했음에도 독재 권력자 세력은 시침 뚝 떼고 국가 정책의 이름으로 일을 저지르고 말았어요.

알다시피 대한민국은 법치국가잖아요. 법치국가에서 공권력을 법대로 집행하겠다는데 이를 말리기가 쉽지 않아요. 이명박 포클레인 공화국의 난폭한 첫 삽질 후 3년이 채 못 되어 4대강 물길 공사가 종료되었죠. 정말 미친 듯한 속도전이었어요. 비단 강으로 불리던 금강의 물이 지금까지 하루가 다르게 시커멓게 썩어가고 있어요. 물고기가 죽고 버드나무가 죽고 모든 게 죽음 쪽으로 몰려가요. 낙동강이 저수지 물처럼 부글부글 고여 버렸어요. 강가에 서면 시궁창 냄새가 퀴퀴해요. 한반도 남쪽에는 시멘트 철근 구조물로 된 대형 보 수십 개가 거대한 짐승처럼 흉물스럽게 버티고 있죠. 시멘트 보는 강물의 흐름을 막고 뻑뻑이 고인 물을 구정물처럼 함부로 가두었어요. 공사가 끝난 강물은 천천히 썩은 시궁창이 되어 갔죠. 강들은 직선의 고속도로처럼 되어 곡선의 흐름을 잃고 푸름을 잃고 생기를 잃고 역사를 잃고 낭만을 잃고 생명을 잃었어요.

강의 수질은 실지렁이가 창궐하는 4급수로까지 떨어졌어요. 우리의 맑은 강들이 식수는커녕 농업용수나 공업용수로도 쓸 수 없는 지경까지 온 거죠. 그러나 4대강 정책 담담자 중에서 지금 여기에 책임지는 자가 아무도 없어요. 공사 강행의 정점인 대통령을 비롯하여 누구도 책임지지 않고 있어요. 재계와 관계의 사업 관련자들은 4대강 사업이 종료된 후 정부로부터 공로 훈장을 받고 우수 기업 표창을 받고 벼슬 승진을 하고 그랬다는데요.

강물이야 썩든 말든, 금모래 밭이 자갈밭이 되든 말든, 사람들이 생수를 사 먹든 말든 세월은 내처 흐르고 국민들의 삶은 그래도 이어져 가죠. 50년이 흐르고 100년이 흐르고. 그러나 우리 국토의 자랑이며 생태계의 보고이며 우리의 식용수이며 농공업 용수인 강물은 지금 이 시간에도 참담하게 썩어가고 있어요. 아름답던 생명의 강 낙동강과 금강 등은 언제부턴가 실지렁이가 꿈틀거리고 발암물질이 거품처럼 둥둥 떠다니는 죽음의 강이 되고 말았어요. 아아 이걸 어쩌지요? 이 시대를 사는 우리 모두가 고국산천과 역사에 큰 죄를 지은 게 아닐까요? 썩어버린 낙동강을 볼 때마다 자식들과 후손들의 생명과 재산을 다 떨어 먹고 도망쳐 가는 패륜 부모가 된 것 같아 가슴이 못내 아픕니다.

지난 박근혜 정부에서 다시 4대강에 정부가 어떻게든 손을 대려 했죠. 뒤늦게 수질을 개선한답시고 4대강에 2조원짜리 인공호흡기를 달려고 했어요. 시멘트 보를 몽땅 철거하여 강의 흐름을 예전으로 돌려주면 쉽게 될 것을 다시 국민 세금을 강바닥에 쏟아 부으려 했죠. 탄핵 전의 박근혜 정부에서는 '친환경 여과 시설'을 설치한다는 계획을 세웠다고 하데요. 그게 뭔고 하니 4대강 사업을 밀어붙이면서 습지를 없앴는데, 그 자리에 돈을 들여 다시 인공 습지를 만든다는 얘기인데요. 아아 참으로 기가 막힐 노릇이 아닌가요? 막대한 국가 예산을 다시 투입하여 여과 장치를 만들고 새로 저류지를 조성하고 인공 습지를 만들고…. 하하하 그러나 문제의 근본은 이게 아니잖아요? 4대강 사업할 때 만들어둔 보가 문제예요. 4대강의 자연스런 물길을 가로막는 거대 보를 철거하는 게 가장 우선입니다. 그러나 보를 철거하면 4대강 사업을 한 게 아무런 명분이 없어지니까 이제껏 독재 불량 정부에서는 보를 철거하지 않고 있었던 거죠.

4대강 공사 관련자들은 아마도 친일파 후손들이 아닐까 싶은데요. 우리 국토와 생명을 파괴하려는 일본의 스파이들 말이죠. 일제 강점기에 우리 민족의 정기를 끊기 위해 국토 곳곳에 말뚝을 박으며 하던 짓과 똑같아요. 아니 어쩌면 그때의 국토 파괴 행위보다

4대강 물길 공사가 더 규모가 크고 그래서 더 조직적이고 더 악질적이고 더 치명적이에요. 강심을 가로질러 국토 하천의 심장에 말뚝을 박아 우리 겨레의 목숨 줄을 끊으려는 4대강의 대형 보를 당장 철거할 것을 국민의 이름으로 명령합니다. 그러나 불행 중 다행으로 새롭게 들어선 문재인 정부가 잘 할 것 같아 마음이 편안하고 좋아요. 마음을 추스르고 힘을 내겠습니다. 새로운 대한민국 국민의 시대를 함께 열어가요. 화이팅!

스스로가 행복한 게 얍삽한 출세보다 낫다

오늘의 한국인들이 크게 오해하고 있는 게 있어요. '성공하려면 출세해야 한다.'는 거죠. 달리 말해서 출세해야 성공했다고 여긴다는 거예요. 그런가요? 돈과 권력을 잡으면 출세한 거고, 그게 성공한 인생인가요? 사회 분위기를 볼 때 출세를 해야 성공했다고 인정해 주니까 아마 그런가 봐요. 그래서인지 집안마다 개인마다 한국 사회에서는 너나없이 출세에 매달리지요. 유럽 외국에는 없는 사회 풍토가 틀림없어요. 독특한 문화지요.

한국 사회는 집단주의 전통이 강하죠. 좋게 말하면 공동체 의식이고요. 이 때문에 우리나라는 서구에 비해 출세의 욕망이 훨씬 강하게 비춰지죠. 출세를 해야 집안이 빛나고 부귀영화가 따라오고 그 힘으로 주변인들에게 강한 영향력을 행사할 수 있거든요. 한 마디로 출세를 해야 폼이 난다는 거죠. 그러나 개인주의 성향이 강한 서구 사회에서는 개인의 출세가 그다지 폼 나는 게 결코 아니에요. 서양에서 출세는 성공한 그 사람, 한 개인에게 그치고 말죠. 우리처럼 친인척이나 마을 사람이나 지역민에게까지 영향을 미치지 않아요. 그런 까닭에 우리가 볼 때 서양인들은 출세 욕망이 우리처럼 강하지 않죠. 출세해도 폼 잡지 않고 폼 잡을 데도 없어요. 한국 사회에서는 선거 때마다 특정 지역에서 '우리가 남이가' 하며 하나로 뭉칠 때가 많아요. 이것은 우리의 공동체 집단주의 정신이 가장 부정적인 방향으로 나타나는 대표적인 경우인데, 그러나 이것 역시 한국인의 막무가내 출세 지향성이 빚어내는 현상으로 해석할 수 있습니다. 우리 지역이 대통령을 만들었다는 자부심 같은 것 말이죠.

그런데 말이죠, 어제오늘의 한국에서 애오라지 출세에 자신의 전부를 바치는 사람들이 있거든요. 소위 출세주의자들이 그들이죠. 그들은 일제 강점기 때 자발적으로 신일본인이 되려고 발버둥치던 조선인의 그 피를 잇고 있어요. 탐욕스럽고 교활하고 계산적인 인물이죠. 대한 나라가 독립이 되고 세월이 흘러 우리가 사는 대한민국 사회가 거듭 탈바꿈을 해도 출세주의자들의 탐욕과 계산된 발걸음은 멈추지 않아요. 지금 분명히 말할 수 있는 확실한 사실이 있어요. 그간 재벌이나 고위 관료 등의 한국 사회 지배 계층의 머리와 가슴 속에는 국가와 민족이라는 개념이 잘 들어있지 않왔거든요. 그들은 국가와 민족을 절대로 사랑하지 않았어요. 돈과 권력을 무한대로 사랑했을 뿐이죠. 지금 2017년에 한국 사회에서 우리가 힘껏 물리쳐야 할 적폐세력이 바로 그들입니다.

오늘의 출세주의자들은 놀랍게도 조선의 '선비 정신'과 연관성이 있어요. 후후훗 다만 그들은 '선비 정신'을 정반대로 실천할 뿐이죠. 서양이 자랑으로 내세우는 '노블리스 오블리제'를 한국 지배 계층은 이 땅에서 '땅 불리스 돈 불리제'로 실천해요. 지위를 이용해서 땅을 불리고 돈을 불리고.. 돈과 권력에 모든 걸 걸어요. 특히 부의 축적에 그악스레 달려들죠. 그들은 부귀 출세와 이익에 악착 같아요. 민주공화국의 국가 정책과 제도의 공공성조차 그들의 이익 추구를 방해하지 못해요. 공화국이라는 공공의 가치 세계를 살면서도 애국 봉사는커녕 그들은 공공성이나 공익이라는 개념조차 싹 무시해요. 공적 가치를 아주 하찮게 여겨요. 그저 자기 재산을 불리고 권력과 위세를 불리는 일에 마음을 집중할 뿐이죠. 수천억 원 또는 수조 원의 국민 세금을 마치 제 것인 양 마음대로 쓰는 게 또한 그들의 인간성이에요. 대한민국에서 민주공화국이라는 기초가 이런 자들 때문에 여지없이 무너질 수밖에 없겠죠. 박근혜-최순실 게이트가 그런 대표적인 경우가 아닐까 하는데요.

국민들이 큰소리로 호통을 한 번씩 쳐야 해요. 잘못된 상층부를 크게 꾸짖어야 하지요. 한국 사회를 지금껏 지배해온 권력 집단은 친일 독재당, 재벌, 언론사, 정부 고위 관료, 검찰, 사법부 등에 여태 널리 분포되어 있어요. 독재 성향의 이승만주의자와 박정희 찬양자의 그림자가 현대 한국 사회를 오래 오래 어둡게 뒤덮고 있죠. 그 동안 독재 정부에서는 정부 말을 안 듣거나 정부에 비판적인 세력을 좌파니, 종북이니, 빨갱이니 매도하면서 국가 폭력을 은근슬쩍 또는 노골적으로 행사했어요. 정부 최고 요직에 있는 자가 '문화예술계의 좌파 책동에 투쟁적으로 대응하라'는 등의 지시를 직접 내려요. 블랙리스트를 만들어서 문화예술계 인사들의 밥줄을 끊고 숨통을 죄었죠. 국가 예산 지원이라는 돈줄을 풀거나 죄는 방식으로 문화예술계의 단체나 개인을 아주 철저히 길들였는데요. 자신들과 정치적 이념이 다르거나 불량 정부에 비판적인 이들을 좌파 또는 종북 빨갱이로 몰아서 사회적으로 매장하려고 했거든요. 그들은 자신을 반대하는 예술인의 명단을 작성하고 그들에게 아주 가혹한 보복을 가했어요.

불량 정부는 문화예술 지원금을 차단하고 직장에서 내쫓고 예술 작품을 사상적으로 검열하고 정부 행사에 참여를 배제하는 등의 치졸하고 잔인한 방법을 총동원했거든요. 이것은 옛날에 일본이 우리의 독립 운동가를 탄압하던 방식과 똑같아요. 누군가 독립 운동에 나서면 그 집안 전체가 몰락하도록 총독부에서 갖은 괴롭힘과 압박을 가하는 거죠. 민주공화국에서, 그것도 자주 독립 국가에서 자국민에게 이러다니, 정말 기가 막힐 노릇이 아닙니까? 이런 게 독재가 아니면 무엇이 독재일까요? 독재가 나쁘다는 건 다른 게 아니에요. 권력층을 빼고 나머지 국민 모두를 노예로 만드는 게 독재예요. 따지고 보면 이런 건 공산당이 하는 수법이잖아요. 우리가 공산당을 싫어하고 공산주의 국가를 거부하고 비난하는 게 바로 이런 이유 때문이 아닌가 말이에요. 그런데 민주공화국에서도 공산당 국가에서와 같은 독재 정치가 나타날 수가 있다는 거죠. 민주 국가나 공산 국가나 어느 것 없이 독재 정치는 그 해로움과 위험성이 다 똑같은 거예요.

현대사를 살펴보면 한국 사회 지도부는 대체로 공적 가치나 사회 정의를 무시하고 홀대했어요. 단지 경제 성장 같은 물질적인 가치를 숭배하는 풍조를 부추겨 왔던 거죠. '돈 잘 벌고 우리끼리 잘 먹고 잘 살자.'가 지배 문화가 되었던 거예요. 천민자본주의라 할까요, 많은 국민들이 지금껏 경제 성장이나 박정희 신화에 매몰되어 있어요. 나이든 기성세대들에게 박정희는 우리나라 근대화와 경제 발전의 영도자로 각인되었죠. 일부 지역에서는 숫제 신적 존재로 우상화가 되었는데요. 그러니 이런 사회 분위기에서 인권이나 도덕성이 제대로 대접을 받았겠어요? 남북통일의 이슈나 민주적 가치 등등까지 주변부로 밀려날 수밖에 없었겠죠. 상당수 국민들은 우리가 독재국가가 되건 말건 그건 내 알바 아니라는 태도로 일관했어요. 우리에게 독재 국가는 바로 일제 조선총독부 국가와 똑같다는 걸 모르나 봐요. 더구나 주요 언론이 독재 정권의 부역자로 힘껏 일하므로 독재의 위험성과 악취가 최대한 감춰지죠. 그래서 독재 공화국이 형식적으로는 법과 절차를 지키는 흉내를 내면서 민주공화국의 틀을 유지했던 거죠. '대한민국은 민주공화국이다.' 이렇게 입 발린 소리를 하면서 말이에요. 그러나 문재인 정부 이전의 불량 정부에서는 국가 정체성이 껍데기만 민주주의예요. 우리 모습이 양두구육과 같았죠. 양 머리를 한 늑대가 독재 정부의 참모습이 아닐까 하는 생각도 간혹 들었는데요.

어쨌든 한 번 생각해 보세요. 민주주의 정신을 정부가 앞장서서 근본부터 파괴하면 이걸 민주국가라고 할 수 있나요? 그 경우에 형식적 법치주의에 매달리는 건 하나의 범죄 행위예요. 일제 강점기 시대도 형식적으로는 우리가 법치 국가가 맞거든요. 이를테면 법치 독재가 아닌가요? 불의와 비리가 횡행하는 속에서 형식적 법치주의를 강조하는 것은 헌법 파괴 행위와 다를 바가 없잖아요? 그러니 독재 치하의 한국 사회는 갈데없이 사이비 민주국가가 될 수밖에요. 그때는 해외에서 우리나라가 실제로 그런 평가를 받았었죠. 공적 가치를 무시하고 이것을 푸대접하는, 이름뿐인 공화국은 실제로는 독재 국가가 틀림없거든요. 공공성이 살아 있어야 공화국이며 이것이 모든 생활 영역에 생생하게 살아 있어야 비로소 '민주공화국'이라는 아름다운 이름을 진정으로 얻을 수 있어요. 국가의 정체가 무엇이든 국가라는 건 모름지기 국민의 안전과 행복을 최우선으로 위해주고 챙겨줘야 옳지 않겠어요?

사람은 누구나 인생의 성공을 꿈꾸죠. 성공의 절대 법칙이 없는 게 아니에요. 있어요. 딱 한 줄로 해볼까요? "스스로가 행복하자." 딱 이 한 마디면 돼요. 행복이 출세보다 낫다마다요. 출세는 외부의 평가라는 프리즘을 통과해야 확인되는 가치예요. 그러나 행복은 오직 스스로의 느낌이 중요하거든요. 이를테면 출세는 남의 눈치를 보는 것이고 행복은 애오라지 스스로 느끼는 것이죠. 독하게 표현하면 출세주의는 노예 정신에서 나오는 것이고 행복주의는 주인 정신에서 나오는 거예요. 그렇다면 우리 국민들은 깜냥으로 주인 정신을 찾아 야물게 잡도리해서 이를 잘 챙겨야 하겠죠. 그렇게 할 때 비로소 우리나라가 진정한 복지 국가가 되고 문명국이 되고 독립 국가가 되는 게 아니겠어요?

독재 세상은 불량 정부, 불량 국민이 함께 만드는 불량 세상이다

나는 우리나라가 독재국가로 되지 않기를 바란다. 독재국가에서는 정권을 잡은 사람들을 뺀 다른 사람들을 노예로 만들기 때문이다.

백범 김구

현대에 들어 우리 한국은 서양식 근대 산업 문명 속으로 급속히 진입했어요. 식민 시대를 벗어나자마자 아주 빠르게 말이죠. 그런데 이것이 일사불란한 군사 조직을 꿈꾼 독재 권력 덕분이라는 찬양이 지금도 쏟아져요. 특정 계층과 특정 지역에서는 박정희가 조국 근대화의 영도자로 신격화되어 있죠. 그들에게 박정희는 반신반인인데요. 맹신자들에게 박정희 찬양은 하나의 종교 행사예요. 현대 한국에서 권력층의 농간으로 박정희 신화가 만들어졌다고 할 수 있죠. 신화 탄생의 역사를 한 번 살펴볼까요? 1970년대는 산업화와 근대화를 국가 정책의 목표로 삼았고 경제 성장 외에 다른 가치는 일체 배격했는데요. 한반도 반공 국가의 제일가는 정책을 그런 쪽으로 몰았거든요. 그러니 초기 대한민국에서 민주주의 가치는 애당초 추구된 적이 없었다고 보면 맞아요. 이승만 초대 대통령에서 박정희 정권 시대까지 30년을 그랬으니까요. 이후 전두환, 노태우의 군사 정권이 또 10년 이상 이어졌으니, 20세기 신생 독립국 대한민국 시대는 민주주의 세상과는 거리가 멀었던 게 사실이에요.

한국의 놀라운 경제 성장이 흔히 '한강의 기적'이라고 광고 되고 있죠. 그러나 한강의 기적은 칭찬 받을 그런 게 아니에요. 속내를 캐면 긍정적 의미의 기적이 결코 아닌 거죠. 군사 정부의 일방적인 경제 성장 정책 때문에 그때 부의 양극화 현상이 바로 생겨났어요. 지금도 고질병인 소득 불평등의 씨앗이 그때 뿌려진 거죠. 우리나라의 놀라운 경제 성장은 가혹한 노동 착취와 인권 탄압으로 쌓은 핏빛 제단이 아닐까 합니다마는. 서구식 근대화를 피상적으로 모방할 때 발생하는 국민 생활의 파탄이 그곳에 고스란해요. 그런 점에서 1970년대의 유신 공화국은 대한민국 국민 행복의 거대한 첫 번째 무덤이라고 해도 좋아요. 독재 세상은 민주주의 가치가 파괴되는 세상입니다. 불량 정부가 독재 국가예요. 국민을 약탈하는 국가가 독재 국가지요. 박정희의 유신 정부는 독재 공화국이다마다요.

한국 사회에서 노인 계층은 대체로 친정부 성향을 견지해요. 아마도 조국 근대화 시대의 향수 때문에 그렇겠죠? 박정희 시절에 경제성장 신화와 반공 국가안보를 내면화한 노인들은 대체로 흔들림 없는 보수꼴통 인물이 되었어요. 경제 신화와 반공 안보는 그들 인생 역정의 유일한 자부심이자 애국심의 원천이 아닐까 싶은데요. 그렇기 때문에 이들은 박정희 우상화에 종교적 신앙심을 갖고 매달려요. 박정희가 높은 평가를 받아야 자신들도 덩달아 값이 뛰거든요. 박정희가 한국의 영웅으로 우뚝해야 자신들도 나라 발전의 공로자로 평가받을 수 있을 테니까요. 그런 까닭에 이들에게 박정희는 구국의 영도자요 불세출의 영웅이 될 수밖에 없어요. 경제 지도자와 반공의 화신으로 이미지 처리된 박정희에게 노인 세대들은 그 자신의 성공 인생을 투영하는 거죠. 근대화의 영도자 박정희가 아니었으면 우리 국민들과 대한민국은 가난의 굴레를 벗어날 수 없었으며, 한반도 전체가 공산주의 국가로 적화되었을 거라고 믿고 또 믿는 거죠. 이들과 적폐 세력이 협력해서 인공적으로 만든 종교가 바로 박정희교라는 신흥 종교가 아닐까합니다마는.

박정희교 신자들에게 박정희는 교주이자 조국 근대화의 아버지로 추앙 받아요. 그런데 신자들은 대체로 가난하고 못 배운 사람들이죠. 그들은 군사 독재 정권을 겪어내면서 국가 권력에 절대적으로 복종하는 경험이 혈관 속에 빽빽이 들어차 있어요. 게다가 이들은 일제 식민지 시대의 억압과 박해의 기억과 6·25 전쟁의 상흔이 강하게 남아 있거든요. 오늘날 친일 독재 보수 세력의 가장 용감한 전사가 된 이들 노인들은 그래서일까요, 세상을 자기 눈으로 보지 않고 힘 있는 사람이 보여주는 대로 세상을 바라보고 평가하고 정리하는 게 습성이 되어버렸어요. 험하게 말한다면 이들은 국가 권력에 의해 가축처럼 사육되고 길들여진 거죠. 권력에 의해 스스로 식민지화된 국민이 바로 그들의 정체성입니다. 그래서 그들은 반공 국가 정부 정책에 무조건 찬성해요. 대신에 정부 비판 세력들은 좌파 종북 세력으로 몰아붙이는 일에 두 손 들고 환영하죠. 이들은 독재 정부와 시각이 정확히 일치해요. 이들은 독재 국가를 사랑하고 독재자를 무척이나 좋아합니다.

박정희교 신도들은, 곧 한국 사회의 극보수 지지자들은 힘센 사람, 잘난 사람을 동경하고 흠모해요. 그런 습성이 또렷해요. 그들은 자기보다 높은 사람, 자기보다 출세한 사람을 자기편으로 삼고 싶어 해요. 안달해요. 그들은 자기보다 훨씬 부유하고 훨씬 똑똑하고 훨씬 잘난 사람이 가진 시각과 처지를 자기 걸로 냉큼 받아들여요. 그들은 한국 사회의 힘세고 잘난 자의 세계를 자기 것으로 받아들이는데 조금도 주저하지 않아요. 그들은 주류 신문과 방송에 나오는 잘난 사람, 높은 사람, 출세한 사람의 생각과 시선을 자기 것으로 넙죽넙죽 잘도 받아먹어요. 학식이 높은 교수들, 권력을 가진 자들의 말을 모방하고 그들의 생각을 따라하고 그 의견과 사상을 전파하는데 열과 성을 다해요. 그래야 마음이 편하고 즐겁고 또 자신도 잘난 사람이 된 듯 여기나 봐요. 없는 자들이 가진 일종의 허세 부리기며 위선 의식이라고 할 수 있지 않을까요?

얼마 전까지만 해도 한국 사회의 공공성은 경제협력개발기구 주요 회원국 중에서 꼴찌예요. 불량 정부의 공공성 인식과 시민의 공공 의식이 그만큼 떨어진다는 얘기인 거죠. 문재인 정부 이전의 대한민국이 그렇다는 얘기입니다. 오해 없도록 해야겠죠. 어쨌거나 대한민국은 민주공화국입니다. 공화국이 뭔가요? 공적 시스템이 근간인 나라가 공화국이거든요. 시민들이 공적 담론에 일상적으로 참여하는 국가 공동체가 공화정 국가가 아닌가 말이에요. 그렇기 때문에 국민들이 군중 심리에 쉽게 휩쓸리고 툭하면 '영웅'을 찾는 사회는 민주공화국이라는 실체와 거리가 꽤 멀어요. 시민들이 애써 주인 정신을 가져야만 민주공화국이 유지돼요. 평범한 시민이 저마다 공공성을 실천하는 영웅이 되는 사회야말로 진정한 민주공화국이 아닐까 싶은데요. 그런데 각자도생이 생존 원리가 되는 나라에서야 민주공화국의 가치와 즐거움을 누리는 게 가당키나 할까요? 생존에 급급한데 시민의 권리와 책임과 의무를 어찌 따질까요? 이런 세상에서 인권을 공론화하기가 쉬울까요? 어쨌든 공화국의 주인은 국민입니다. 국민이 모여 공화국을 이루죠. 한국은 민주공화국입니다. 헌법 1조에 또렷이 박혀 있어요.

대한민국은 민주공화국이다. 모든 권력은 국민에게서 나온다.

대한국의 벗님들이시여, 이것을 언제라도 잘 기억하고 명심하자고요.

남북통일은 국가 통일에 앞서 국민 통일이 더 중요하다

남북통일은 중요해요. 한시도 잊어서는 안 되죠. 그러나 사실은 통일보다 더 중요한 게 있어요. 남북의 화해와 협력이에요. 이게 통일보다 몇 배 더 중요해요. 왜냐 하면 통일이라는 게 2가지가 있는데, 그 중 우리가 흔히 생각하는 통일은 국가 통일이이죠. 그러나 사실을 말하자면 국민 통일이 훨씬 더 중요해요. 남과 북 사이에 정서와 감정, 문화적 동일성과 연대 의식이 무척 중요하니까 그렇죠. 통일이라는 걸 국가 통일만 생각하면 안 돼요. 그러면 전쟁을 불사하거나 아니면 남북 사이가 틀어지거나 하는 데서 벗어나기가 어려워요. 아니면 붕괴론에 매달려 상대 쪽을 무너뜨리고 흡수하는 통일 방안이 고작이에요. 흡수통일론은 쌍방에게 갈등과 반목, 분열과 혼란과 분노와 적대감을 부추길 뿐이죠. 이것은 큰 것이 작은 것을 먹이로 삼아 집어삼키겠다는 정글의 법칙과 다를 바 없어요. 같은 민족끼리 우리가 이러면 안 되잖아요.

북한은 지금 핵무기로 무장되어 있어요. 여기에 우리까지 핵무기를 가지게 되면 어떻게 될까요? 당연히 핵전쟁이 일어나겠죠? 그러면 절대 안 돼요. 서로 타협하고 양보해서 한반도에서 핵을 하나하나 차근차근 없애나가는 쪽으로 가야 하는 게 맞아요. 문재인 정부의 탈핵 정책을 응원합니다.

서양에서 근대화 운동은 공자 사상의 전폭적인 지원을 받았다

서구의 본격적인 근대화 작업 동력은 유럽 그 자체에서 탄생하지 않았어요. 알다시피 18세기에 계몽주의자 볼테르가 관용 정신과 종교의 자유를 부르짖죠. 그런데 여기서 중요한 것은 볼테르의 그것이 헤브라이즘이라는 서구 전통 사상에서 생겨난 게 아니라는 거예요. 또는 헬레니즘에서 유래한 것도 아니죠. 볼테르의 관용 철학은 당대의 첨단 유행이었던 공자 철학과 유교 사상을 뒷배로 삼고 출현했어요. 믿지 못하겠지만 근대 유럽의 일면은 동양 사상을 열렬히 추종하고 이식하는 과정에서 탄생한 게 맞아요. 그런 이유 때문에 근대의 서양에서는 이전 중세시대와는 전혀 다른 문명이 빚어질 수 있었던 거죠. 18세기의 유럽은 이전에는 없던 온갖 새로움으로 잔뜩 채색되었는데요. 특히 공자 사상과 유교 경전이 속속 번역 유포되면서 공자 숭배와 중국 추종의 열풍이 삽시간에 몰아쳤어요. 새 문명의 향기와 모양과 색깔은 기독교와는 전혀 다른 아주 엄청난 새로움이었죠. 기독교 문명에서 근대화라는 혁신이 비로소 시작되었어요. 유럽 대륙 곳곳에서 고급스럽고 교양미 넘치는 동양 정신에 매료된 사람들이 하나둘 나타나기 시작했는데요.

당시 유럽의 한다하는 지식인들 상당수가 동양 사상에 매료되었겠죠? 광적인 추종자조차 생겨났어요. 그들은 기독교 문명과는 별개의 전혀 다른 세계를 접촉한 기쁨으로 열광했어요. 유럽 지식인들은 자신들에게는 전혀 없는 종교적 자유와 관용 정신이 충만한 동양 사상을 다투어 배우기 시작했죠. 이것은 마치 목마른 자가 급히 샘을 파는 모습과 다를 바 없었는데요. 서양 지식인들이 그때 가장 충격을 받은 게 뭐냐 하면, 아시아에서는 종교의 자유가 일상이라는 거였어요. 중세 천 년을 예수교에 신들려서 살던 서양인들에게, 그러니까 동아시아는 별세계가 아닐 수 없었겠죠. 종교의 자유라니요? 종교에 광분하고 종교 신앙에 목숨을 바치던 당대의 기독교 제국 유럽인들의 눈에, 따라서 동양의 모든 것은 신선하고 신기하게만 보였을 테죠. 그때 볼테르와 같은 가슴 뜨거운 계몽 지식인들은 신세계를 만난 기쁨에 몸을 떨었어요. 근대의 새 지식인들은 동아시아의 철학과 사상을 제 것으로 만들기 위해 불철주아 신명을 바쳤겠죠? 열심히 공부하고 연구했어요. 그들은 결국 관용 정신과 종교의 자유를 유럽 기독교 제국 한가운데로 끌어들였어요. 그리고 한 목소리로 외쳤죠. '지금 우리에게 꼭 필요한 가치는 바로 관용이고 톨레랑스'라고 말이에요. 동아시아의 선진 민주 문명에 매료된 서구인들이 소위 혁신적인 개화사상에 정신의 눈을 새롭게 번쩍 떴는데요.

아담 스미스와 데이비드 흄을 한번 들여다볼까요. 그들은 18세기 무렵에 나란히 중국을 '세계에서 가장 부자 나라'로 인정하고 칭송했어요. 가령 아담 스미스는 중국 문명에 대해 연구에 연구를 거듭했는데요. 그는 동양 철학의 '무위'개념과 기독교의 '신' 개념을 연결하여 '보이지 않는 손'을 언뜻 보았던 거예요. 스미스는 이를 토대로 마침내 자유시장 경제 이론을 유럽 대륙에서 최초로 만들었는데요. 아담 스미스의 저 유명한 『국부론』이라는 책이 그 결과물이죠. 이것은 동양의 관용 정신과 종교 자유주의가 서양으로 건너가서 서구 근대화를 앞당긴 멋진 신 개념을 낳았다고 할 수 있어요. 이를테면 원본보다 더 훌륭한 복제본이 탄생한 거죠. 그때 18세기의 서양은 곳곳에서 일어나는 종교 전쟁, 이념 전쟁 때문에 사회가 참혹했어요. 목숨을 건 치명적인 이단 논쟁과 이분법 싸움이 계속되었기에 유럽은 동양의 새 정신 '톨레랑스'에 접촉하자마자 일각에서 바로 그것을 자기의 종교 교리로 냉큼 삼았는데요. 이분법적 위험 사회였던 당대의 서구 유럽에 '관용 정신'이 그만큼 절박했던 거죠. 이후 '똘레랑스'는 유럽 근대화 역사의 격랑 속에서 우여곡절을 겪으며 서구 근대성을 대표하는 가치로 우뚝 서게 되었던 거예요.

그러나 또 한편 근대 이후 동양에는 유럽에서 생산된 가치들이 잔뜩 침투되었겠죠? 서양 문명의 원천인 헬레니즘과 헤브라이즘이 그 대표적인 거예요. 특히 동아시아에서는 이것들을 서양의 근대성과 합리성을 대표하는 것이라 철저히 믿었어요. 지금까지도 말이죠. 동양의 전통적인 관용 정신은 차차 잊혀지고, 대신에 자본주의 문명과 함께 서양에서 들여온 호전성과 흑백 논리와 정복주의 세계관이 뿌리를 내리고 말았는데요. 특히 동아시아 땅에서 자본주의와 공산주의라는 서구 전통의 이분법 논리가 현실화된 거죠. 한반도 북쪽과 중국 땅이 놀랍게도 서양 공산주의를 이식했거든요. 그래서 동아시아는 극단의 충돌과 적대감이 춤추는 카오스의 땅이 되고 말았는데요. 공산주의 전파를 위한 순교자가 나오고 이데올로기 열렬 전파자가 배출되고 삶의 터전 곳곳에서 서양 종교 교회 맹신자가 양산되었어요.

19세기와 20세기의 동아시아는 한 마디로 서양이라는 새로운 바다에 자진해서 풍덩 빠지고 말았던 거죠. 그곳은 물자가 풍부하고 춤추고 놀만한 곳이라고 착각했어요. 그런 까닭에 동양에서는 오랫동안 근대화와 서양화를 동일시한 거죠. 아시아에서는 근대화가 곧 서양화였던 것이죠. 그런 100년의 한 세월이 20세기에 참말로 순식간에 흘러갔어요. 2017년 오늘에 닿도록 동아시아 여러 나라는 서양을 추종하고 모방하고 동경하고 이식하는 일에 믿기 어려울 만큼 집중하고 열렬한 충성을 바쳤어요. 국가 차원에서도 거의 광분의 수준이었죠. 특히 대한민국은 1공화국 출범 이후부터 서양 숭배와 추종 분위기가 아시아 전체를 통틀어 단연코 우뚝했는데요.

서세동점의 열풍 속에서 20세기 아시아인들은 변화를 갈망했어요. 약속이나 한 것처럼 자신들의 전통을 못난 것으로 여겼어요. 자신의 정체성을 기꺼이 접고 서양 추종에 심신을 던져버렸죠. 자신의 정신 철학과 전통을 쓸모없고 낡은 것으로 폄하했어요. 아시아는 전통 사상과 문화유산을 병든 것으로, 못난 것으로 취급했어요. 대신에 서양 것들을 무조건 높이 받들고 찬양하고 모방했는데요. 한 마디로 18세기가 유럽이 동양을 존경하고 모방하는 시대였다고 정리한다면, 19세기는 전통의 동양과 근대화된 서양이 상호 충돌하는 시대였다고 할 수 있어요. 그러다가 20세기는 서양의 기세에 눌린 동아시아가 서구 유럽 문명을 동경하고 숭배하고 모방하는 시대였다고 정리할 수 있어요.

그렇다면 21세기는 동서양이 어떤 관계로 정리되는 게 바람직할까요? 뭐 별 게 있나요? 동양과 서양이 서로를 존중하며 살면 좋죠. 그런 마음으로 살아가면 좋겠어요. 21세기 지구 문명의 새로운 패러다임은 동서양이 함께 머리를 맞대는 순간 기적처럼 열리지 않을까요? 그러나 분명한 것은 이제부터는 동양이 세계 문명의 주도권을 가져야 한다는 거예요. 서구 문명의 철학으로는 지구의 위기와 인류의 위기를 구할 수가 없어요. 이건 분명해요. 숨길 수 없는 진실이지요. 앞으로는 동양, 그 중에서도 동아시아, 그 중에서도 우리 한국이 세계 문명의 중심이 되어야 해요. 우리의 큰 철학 '홍익인간' 정신이 세계를 이끄는 지도자 역할로 나서는 게 좋겠어요. 그러자면 우리가 먼저 홍익인간을 자랑하고 실천하고 사랑하는 게 중요해요. 우리가 한 번 그렇게 해 보죠. 할 수 있어요. 힘을 내서 한마음으로 해 보죠. 우리는 할 수 있어요. 배달겨레의 저력을 믿습니다. 맞춤가락으로 새로운 대통령과 새로운 시대, 새로운 대한민국이 열렸군요. 기분이 좋습니다. 힘을 내자고요. 화이팅~

한국이 세계의 글로벌 리더가 되는 단 하나의 방법

다들 알고 있지 않나요? 빛은 어둠 속에서 나온다는 사실을. 분단 조국의 현실에서 우리는 오랜 세월을 철저하게 이분법 생각에 갇혀 살았어요. 빨갱이와 파랭이로 갈려진 남과 북. 분단의 세월 80년. 증오와 적대감으로 같은 민족이 서로를 헐뜯으며 대립해 왔던 거죠. 남한 내부 사회는 이분법 틀에 갇혀 70년 세월을 보냈어요. 지금도 기본 패러다임은 변하지 않았어요. 이분법 양 극단의 대립 구도를 유지하여 사회 지배권을 지키려는 보수 우파 독재 친일파 세력들 때문에 그래요. 오늘의 대한민국에서 적폐 청산이 가장 중요하고 시급한 까닭이 바로 여기 있습니다.

남북통일은 우리 한민족의 절대 희망입니다. 평화 통일은 우리의 간절한 첫째 소원이지요. 한국이 세계 문명을 선도하는 글로벌 리더가 되는 단 하나의 방법은 〈남북의 평화통일〉입니다. 남북의 적극적인 화해 몸짓과 따뜻하고 지속적인 교류, 그리고 뒤따르는 평화로운 통일 한반도 시대가 바로 그것이죠.

동시대 한국인들이여, 부디 이것을 명심하세요. 남북이 빨리 통일이 되어야 독재가 사라져요. 남쪽에도 독재가 사라지고 북쪽에도 독재가 사라져요. 남북의 분단과 대립을 핑계로 해서 남쪽이든 북쪽이든 독재 행위가 아주 지독하고 철저했거든요. 참다운 민주주의를 쉬 꽃피울 수가 없었죠. 민주주의의 참다운 실현이 그간 힘겨웠어요. 북쪽은 김일성이 3대에 걸쳐 세습 왕조 김씨 독재 정치를 이어가고 있고 남쪽은 남쪽대로 독재 정치가 그 계보를 이어왔어요. 1대 이승만 대통령부터 대한민국이 독재공화국으로 이름나더니 박정희 군부독재를 거쳐 전두환, 노태우 신군부 독재 시대를 지나 다시금 이명박, 박근혜로 이어지는 반민주 독재 친일 우파 보수 세력들이 이 나라의 중심축이 되었는데요. 사정이 이러하매 남북 평화통일은 한반도 민주주의의 완성이자 진정한 독립국가 한반도의 첫걸음이 될 것입니다.

그러나 우리가 통일 전에 먼저 해야 할 게 있어요. 영남과 호남이라는 동서 지역감정—이걸 처음 누가 만들었을까요? 틀림없이 누군가가 이걸 의도적으로 만든 게 분명해요. 어쨌든 지금 이 문제가 굉장히 심각해요. 지역 대립의 골이 아주 깊어졌어요. 영호남 지역 대립이 없던 시절로 돌아가야 해요. 박정희 시대부터 지역감정이라는 게 천천히 눈덩이처럼 뭉쳐지더니 언제부턴가 지역감정(경상도에서 바라보는, 경상도와 전라도의 대결의식)이 망국의 고질병처럼 되고 말았는데요. 물론 이것은 광복 이후 기득권을 계속 유지하려는 친일 독재 정치 세력이 만들고 부역 집단인 언론계가 부지런히 부추겼어요. 악의적으로 조장된 지역감정을 깨부수어야 한국 사회가 진정으로 발전하며 국민들이 저마다 복지국가의 행복을 누릴 수 있지 않을까요?

돌아보면 이승만 시절에는 한국사회에 지역감정이랄 게 애당초 없었어요. 38선 이북 출신을 구분하는 정도에 그쳤죠. 그러나 박정희 시대에 들어 호남의 영웅 김대중(박정희의 정치 라이벌)을 제압하려고 경상도 권력층이 기득권 세력과 영남 지역의 단결을 자극한 게 지역감정 유발의 최초 싹이었죠. 그러나 그때만 해도 지역감정이라는 게 심각하지는 않았어요. 처음 시작이라서 그렇죠. 그러다가 영호남 지역감정이 크게 폭발하게 된 심각한 사태가 발생하고 말았어요. 1980년에 5·18 민주화운동이 광주에서 일어났는데요. 오늘날 경상도인들이 갖고 있는 지역감정(영남 패권주의+호남 빨갱이론)의 결정적 동기가 바로 이 때 이 지점에서 싹이 텄어요. 유신 박정희가 사라진 1980년 5월 봄날, 경상도 주동의 정치군인들이 총칼을 들고 다시금 민주 권력을 찬탈했었죠. 광주와 호남을 피로 진압한 신군부 정치군인 세력은 유신 시대와 조금도 다를 바 없는 군사 독재 공포 시대를 열었습니다.

전두환 시대에 경상도 보수 독재 친일 우파 세력들은 신문과 방송 그리고 각종 권력 기관과 매체 수단을 완전 지배하고 조종하고 이를 총동원하여 광주와 호남과 김대중을 대한민국에서 끈질기게 따돌리고 괴롭히고 조롱하고 천시하고 혐오하고 비아냥대고 괄시하는 전략을 펼쳤어요. 호남인들을 한국사회에서 마치 나치 시대의 유대인처럼 만들어버린 거죠. 대한민국에서 호남을 왕따 시키고 호남을 공공의 적으로 돌리면서 군부 독재 세력은 한국 사회를 결국 이념 전쟁의 싸움터로 만드는 데 성공했어요. 대한민국을 철저한 반공 국가로 우뚝 세운 거죠. 신문이나 방송 등의 강압적 보도 통제를 거치며, 말하자면 다른 지역에서 호남을 이상한 눈으로 보게끔 줄기차게 공작한 거죠. 그래서 가령 이런 것들이 생겨났어요. '호남은 왜 저렇게 김대중한테 몰표를 던지지. 김대중은 빨갱이라는데 절마들은 빨갱이가 틀림없어.' '호남은 왜 저리 건방져. 저거들이 뭔데 민주화의 성지네 마네, 하는 거지. 민주주의는 너들끼리 다 해쳐먹으라고 그래. 전라도 돌 쌍놈 빨갱이들이 참말로 말이 많구먼.' 후후훗, 이런 식으로 해서 전라도가 천천히 그러나 확실히 대한민국에서 고립무원의 신세가 되어갔죠.

1980년 맨 처음 신군부 계엄령이 처음부터 광주를 겨냥하고 광주를 콕 찍지 않았을까 하는 의심이 있어요. 80년 5월의 광주는 정권 획득의 목적 때문에 경상도 신군부 세력에 의해 희생양으로 선택되지 않았을까 하는 의심이 있거든요. 그때도 지금도 군부독재 세력은 국민들의 이런 의혹에서 자유롭지 못해요. 어쨌든 숱한 곡절을 겪으며 김대중과 호남은 엄동설한 같은 군사 독재 정부의 세월을 피눈물로 건너왔다고 할 수 있어요.

전라도 빨갱이 프레임은 대한민국 전체를 대상으로 하는 거대하고 치밀한 정치 선동 심리 공작이라고 할 만해요. 독재 군부 세력의 '빨갱이 호남 전략'은 정확히 1980년에 기획되고 추진된 듯해요. 시작은 미약했으나 결과는 창대했죠. 경상도 권력 주동의 지역감정 만들기 작전은 치밀했고 호남 고립과 국민 이간질 전략은 주효했어요. 그 결과가 곧장 나타나기 시작했거든요. 경상도 지역은 사실 영호남 지역 대결 구도로 볼 때 전혀 손해 볼 게 없어요. 그러니까 이건 대놓고 경상도 중심주의 세력이 대한민국을 통째로 차지하기 위해 광주 전라도를 고의적으로 차별하고 따돌린 거라고 할 수 있어요. 때는 1980년 5월. 한국 역사에서 최초로 지역감정을 본격적으로 유발하기 위해서 설계자가 도면을 즉시 그렸겠죠? 경상도의 영원한 권력 장악을 겨냥한 설계자의 예상은 정확히 맞아

떨어졌어요. 호남에서 오래전부터 김대중을 영웅으로 떠받들자 여기에 시샘을 하던 영남인들을 부추겨 경상도 주동의 독재 권력층은 박정희를 경상도의 영웅, 민족의 영웅으로 받들기 시작했던 거죠. 지금도 공공연한 박정희 신격화는 이때로부터 폭발적인 힘을 얻었다고 할 수 있어요.

박정희 신화는 한마디로 대한민국에서 박정희를 구국의 영웅으로 만드는 작업이었죠. 호남에서 김대중을 영웅으로 떠받드는 점에 시샘과 반감을 가지고 있던 사람들, 특히 경상도인의 가슴에 불을 활활 질러 맞불로 타오르도록 한 게 바로 '만들어진 신, 박정희 신화'예요. 사실상 이것은 친일독재 우파 세력이 내건 지역감정 유발 미끼를 경상도 지역민이 멋모르고 덥석 물었던 거라고 할 수 있죠. 경상도 지역은 1980년대 당대의 신문 방송 뉴스나 친일 독재 보수 우파들의 광고 내용이 전달되는 족족 이것을 곧이곧대로 믿은 거예요. 정부 발표를 몽땅 진실이라고 믿은 거죠. 사실상 전두환 정부는 전국의 언론을 통폐합하여 진작부터 신문사와 방송국에 획일적으로 보도지침을 내리고 했지요. 경상도 사람들이 순진한 건지 어리석은 건지 그건 잘 모르겠어요. 어쨌든 경상도가 국가와 정부를 신용한다는 것, 그리고 반공 국가로서의 대한민국 정체성을 믿는다는 걸 제대로 보여준 거죠.

그러나 생각해보세요. 호남에서는 80년대의 전두환 시절에 신문이나 방송이나 정부 발표를 있는 그대로 잘 믿지 않았겠죠? 전라도에서는 사사건건 신문 방송을 잘 믿지 않고 정부 반대편에 섰겠는데, 그렇지 않았을까요? '광주사태, 폭도, 빨갱이들'이라고 대놓고 발표하는데, 아주 당연한 사실이라고요? 그렇다면 바로 이 지점부터 대한민국에서 호남과 영남의 지역감정 악화가 본격화되었다고 말할 수 있지 않을까요? 1948년 대한민국 정부가 정식으로 출범한 이후 경상도가 호남 쪽을 빨갱이로 취급하여 무조건 나쁘게 보는 출발점이 여기서부터 비롯된 것이죠. 인정하시나요?

경상도 사람들이 볼 때는 그렇거든요. 저쪽 호남은 정부(전두환, 노태우 군사독재정부)를 막무가내 불신하고 나라에서 하는 모든 걸 반대만 하고 비판만 한다면서 전라도 사람들을 마구 욕하기 시작한 거예요. 정치권력과 기득권 유지를 위해 누군가가 만든 덫에 경상도가 아주 단단히 걸려든 거죠. 사실은 정권 안전 기획 설계자 측은 이런 정도를 다 예상했지 않았을까요? 이이제이 전법─경상도 민중으로 하여금 전라도 민중을 제압하게 하는 것.. 이후 역사가 실제 그대로 진행되었다고 봐요. 친일 독재 보수 우파의 세뇌 공작에 다른 지역은 몰라도 경상도는 전체가 얼씨구나 하며 '전라도 왕따 전략'에 즐거이 말려들기 시작했던 거죠. 광주와 전라도가 민주화의 성지네 뭐네 하는데, 그게 경상도인에게는 자존심이 상하고 기분이 나빴거든요. 게다가 그때 전두환. 노태우 정권 시절에 거짓 뉴스와 조작 정보와 엉터리 유언비어가 시중에 얼마나 많이 떠돌았겠어요? 지금까지 한국에서 주류 언론으로 활약하는 조중동 신문을 비롯하여 MBC, KBS 등의 대한민국 공영 방송조차 노골적으로 '독재 정부 시각의 뉴스'를 생산하고 전달하고 그랬으니까요.

예를 하나 들어볼까요? 1987년에 대통령 직접 선거가 오랜만에 있었는데요. 그때(김영삼, 김대중, 노태우, 3자 대결 구도)는 대구 사람들의 술자리에서 '호남의 김대중이 대통령 되면 5·18 광주사태가 대구에서 일어나고 전라도 군인이 대구 사람 다 죽인다' 라는 얘기가 공공연히 술안주로 돌았어요. '광주에 가면 김대중 선생 만세!' 이렇게 제창해야지. 그러지 않으면 차에 기름도 안 넣어주고 식당에서 밥도 안 주고 몰매 세례에 쫓겨난다는 말까지 나왔죠. 믿거나 말거나 간에 해외 토픽에 나올 법한 이야기들을 경상도 사람들은 끼리끼리 그때 스스럼없이 주고받고 그랬어요. 아마도 이런 건 누군가가 공작한 유언비어가 아닐까 하는데요. 이런 식으로 해서 말하자면 대한민국을 망치는 '지역감정'이라는 괴물이 1980년대 전두환 시대에 언론 방송과 각종 권력 기관의 사주를 받아 꿈틀거리며 태어나고 있었던 거죠.

아아 그래요. 이런 조작의 세월이 글쎄, 2년이나 3년도 아니고, 10년, 20년도 아니고 30년, 40년이 지나도록 계속된 거예요. 신문과 방송이 1980년 맨 처음 독재 부역자 그 성격 그대로였던 거죠. 아이가 커서 어른이 되고 중년이 되고 장년이 되고 할 때까지, 그러니까 경상도는 이런 환경과 분위기가 계속 이어졌는데요. 1980년 이후로 언제부턴가 경상도에서 웬만한 이는 적어도 선거 때는 '호남 사람들을 빨갱이'라고 여길 수밖에 없게 되었어요. 오랜 세월이 숙성해서 만든 이것은 경상도인들 생각에는 세뇌의 결과가 아닌 거예요. 사실 그대로인 거죠. '김대중 빨갱이와 전라도 빨갱이'는 적어도 경상도에서는 분명하고 당연한 사실이며 진실로 통용되거든요(왜냐 하면 이런 내용의 것들이 수십 년을 한결같이 신문에 나오고 방송에도 나오고, 정부 발표로도 광고되고 했으니까요). 1970년대 유신 시절부터 따진다면 경상도에서는 근 50년 동안이나 가짜 조작 뉴스와 왜곡된 정보들이 사람들의 눈과 귀를 계속 지배했어요. 50년 세월이면 참 어마어마하게 긴 시간이죠. 한 사람이 갓난아기로 태어나서 50대 아저씨, 아줌마가 되는 긴 세월이에요.

50년은 사람의 일생을 오롯이 담아내는 세월인 거죠. 그러니까 경상도에서는 1972년 10월 유신 발표 때나 1979년 12·12 군사 쿠데타부터 시작해서 2017년 오늘 아침까지, 근 50년 동안이나 친일독재 부역 신문이나 방송을 편파적으로 듣고 보고 보고 듣고 또 듣고 보고 보고 듣고 했던 거예요. 그런즉슨 집안 어른들이나 지역 인물이나 인근 마을 사람들에게서 또 이런 종류의 이야기를 줄곧 전해 듣고 나누고 했던 거죠(김대중은 빨갱이고 전라도는 빨갱이 몰표 지지자들이라는 생각). 경상도의 신문 방송은 독재 친일 부역자 보수 우파 세력이 완전 장악하여 자기 입맛대로의 뉴스를 생산하고 전달했으니, 경상도 사람들의 그 정신세계나 정치 지향성이 과연 어떻게 되겠어요? 경상도는 인구도 많고 힘도 세고 실력도 뛰어나고 훌륭하고 위대한 인물도 많은데다가 성격도 화끈하고 의리에 충실해서, 그래서 자유 반공 국가 대한민국을 어떻게든 우리가 움직이며 좌지우지한다고 스스로 믿은 거죠. 박정희와 전두환이 이렇게 해서 경상도에서 영웅이 되고 우상이 되고 했던 거죠. 위대하고 위대한 경상도가 이 나라 권력을 무조건 휘어잡아야 하고, 영남 패권주의에 딴죽 걸고 불평하고 시비 따지는 호남은 북한 추종자 빨갱이로 보일 수밖에 없었겠죠?

그러니까 말인데요, 다시 한 번 뒤를 돌아볼까요? 경상도 지역이 오늘까지 50년 동안 어떻게 살아왔겠어요? 박정희 시대 이후로 경상도가 어떻게 살았을까요? 종편('종일편파'의 준말로 사용) 언론이 만들어내는 가짜 뉴스와 왜곡된 정보에 장기간 노출된 경상도인들은 그만 가슴과 머리가 돌처럼 딱딱하게 굳어진 거예요. 영남에서는 호남(호남은 빨갱이다, 왜냐하면 구국의 영웅 박정희와 전두환을 싫어하고 반대하고 비판하니까)한테는 절대 표를 안 주고 무조건 영남당에 몰표를 던지는 거죠. 사실은 박정희 시대만 하더라도 대구와 부산이 야도(독재 정부 비판, 야성이 강한 도시)로 이름났거든요. 지금은 이게 꿈만 같아요. 전두환 시대(공작 정치, 종편 언론 활약) 이후로 경상도인들은 호남에 우호적인 정당이나 호남 인물에게는 절대로 표를 주지 않는 거죠. 하하하 왜냐고요? 호남에게 주는 표는 빨갱이한테 주는 표라고 생각하니까요. 다른 이유는 없어요. 이렇게 해서 대한민국 역사에서 처음으로 경상도에서 묻지 마 몰표가 쏟아져 나오기 시작했던 건데요(경상도가 대장이다, 졸때기 전라도한테 절대 질 수 없다는 승부의식 등장). 1970년대 박정희 유신 정부가 씨를 뿌리고 5공화국 전두환 군부 독재 정권이 기획한 대대적인 공작 정치가 역사의 격류를 거슬러 가자 민주주의 정착에 대성공을 거둔 셈이죠.

투표와 선거에 관한 한 지역감정이 어느 정도냐 하면, 가령 2020년을 바라보는 오늘에도 경상도 사람들은 세종대왕이나 이순신 장군이 대통령에 출마하더라도 그가 경상도 당적이 아니라면, 게다가 그가 호남 편을 들거나 호남에 우호적이거나 호남 당적이면 절대로 표를 안 줘요(경상도 출신의 문재인 대통령과 경상도 출신의 노무현 대통령이 딱 이런 경우에 해당됨. 이때 대다수 경상도 사람들에게 문재인과 노무현은, 그리고 그 소속 정당은 빨갱이임). 세월이 물굽이를 틀며 흐르고 흐르면서 속절없이 또 흘러가서 처음 유래된 속사정은 꿈속같이 다 날아가고, 지금은 어쨌든 (반공 국가) 대한민국을 사랑하는 경상도의 아주 독한 정치 근성과 철저한 애국 신념과 고집불통의 아주 대책 없는 빡쎈 자존심으로만 '경상도의 묻지 마 몰표 행위'가 남은 셈이 되었죠.

그래서일까요, 경상도 사람들과 이런저런 얘기를 할라치면 속에 천불이 나거든요. 대화가 전혀 안 돼요. 마음의 문을 꼭꼭 닫고 있으니까 그런 거죠. 50년 동안 그러고 살아왔으니 정치 이야기가 그냥 사람 그 자체, 인생 그 자체가 되어버린 거예요. 무조건 1번 찍기가 인성이 되고 인격이 되고 의리가 되고 지조가 되고 인생이 되고 역사가 된 거죠. 이건 앞으로도 절대 바뀌지 않아요. 박근혜, 최순실이 나라를 다 파먹고 국민 세금을 빼돌리고 역사를 다 내다버려도 경상도는 무조건 경상도 당을 찍어요. 그들은 경상도 사람을 찍고 박정희를 사모하는 인물에게 표를 몽땅 가져다 바칠 뿐이죠. 하하하 빨갱이 전라도가 선거에 유리해져서는 절대 안 되거든요. 그래서 경상도는 어제도 오늘도 4대강을 모조리 파 뒤집어서 똥물을 만들어 놓아도 외국에 자원과 에너지를 헐값에 팔고 국민 세금을 공짜로 갖다 바쳐도, 그리고 일본과 미국에 등신 외교를 하여 나라를 팔아먹더라도 그들은 꼭 경상도 당에만 표를, 그것도 몰표를 몰아주고 말지요. 그냥 그런 거예요. 다른 이유가 없어요. 전라도는 빨갱이고 전라도를 지지하는 쪽은 빨갱이고, 오로지 경상도는 빨갱이로부터 나라를 구하는 반공 자유 대한민국의 심장이 되겠다는 사명감과 자부심으로 충만할 뿐이죠.

투표 시 경상도에서 유독 강한 지역 차별과 지독한 호남 혐오 현상, 이게 왜 그런 건지 그 비밀스런 이유가 바로 여기에 있거든요. 유신 시절의 박정희 때부터 정적 김대중을 죽이려 하고 호남 차별 지역감정을 공작 정치로 슬슬 만들고 그랬으니까 이게 벌써 50년 세월을 훌쩍 넘었네요. 아아 이 정도면 경상도 지역이 통째로 박정희교 신자가 되거나 보수 친일 독재 우파의 막강한 지지 세력이 될 수밖에 없지 않겠어요? 경상도 후보가 친일 부역 독재 매국노일지라도 그가 영웅 박정희를 높이 받들면 경상도 사람들은 그를 지지하고 그에게 몰표를 던집니다. 경상도 후보가 김대중과 노무현(이 때 노무현은 호남 쪽에 붙었기에 경상도 배신자임)을 폄훼하고 호남과 날카롭게 대립각을 세우면 세울수록 더 열성적인 지지를 받죠. 이 기묘한 상황과 분위기를 똑똑한 경상도인들이 까닭을 알 듯도 한데 왜 여태 모른 체하는 건지 정말 모르겠어요. 하긴 경상도에서는 정치가 바로 생활이고 역사고 일상이고 그래요. 그러니까 어떤 아주 특별한 일이 발생해도(세월호 침몰 사건이나 메르스 사태, 국정 농단이나 사드 몰래 배치, 가습기 독성 피해나 대통령의 탄핵 파면 등) 경상도는 절대로 정치 지향점을 바꾸지 않을 거라고 믿습니다. 하하하 경상도는 오직 이 점에서 절대적으로 믿음을 주는 곳이죠. 그간의 잘못된 흐름을 깨닫고 시선을 바꾸려 해도 자기 혼자서는 안 되나 봐요. 경상도 사람들은 '우리가 남이가' 하면서 집단적으로 함께 움직이고 하는데 익숙해서 그런 게 아닐까 하는 것도 있거든요. 이곳에서는 모난 돌이 정 맞는다는 옛말을 지금도 철석같이 믿는 거죠.

경상도 사람들은 영남 지역 어떤 후보자가 친일 행위를 공공연히 저지르거나 헌법을 파괴하는 내란 행위를 하더라도, 무조건 그를 지지하고 옹호하고 그에게 몰표를 던져요. 호남 쪽에서 먼저 특정 정당 후보자에게 지역 몰표를 주었다고 삿대질하면서 말이에요. 전라도가 먼저 그랬으니까 우리도 영남지역 당에 묻지 마 방식의 몰표를 던져 맞불을 놓는 거라고 변명하지요. 아니 요즘에는 이런 변명도 귀찮아서 안 해요. 그냥 묻지 마 몰표를 대뜸 던져버리고 말죠. 한 가지 또 특징적인 것은 경상도 사람들은 선거 때 투표를 하고나면 그걸로 끝이에요. 뒤를 돌아보지 않죠. 당선자가 무얼 하는지 대한민국이 어떻게 변하는지 도통 아무 관심도 애정도 없어요. 선거 당일에 표를 한 표 주는 걸로 정치 끝, 생업 시작이죠. 그러고 보면 경상도가 의리 하나는 정말로 끝내 주는 것 같아요. 어떤 투표든지 꼭 참가하고 게다가 1번을 반드시 찍고 말죠. 하하하 이해합니다. 그래 그렇죠. 그 처지를 알다마다요. 무려 50년 세월을 그런 생각을 하고 그런 행동을 하고 그런 말들을 하고 듣고 그런 분위기 속에서 그런 투표를 하며 그렇게 살아온 걸요. 그간의 사정이 그러한 줄 알고 있어야 2020년을 코앞에 둔 오늘날에도 선진국 문턱에 선 일류 문명국가 한국의 투표 행위가 대한민국 역사상 첫 투표인 1948년 5·10 총선거 때보다 수준이 훨씬 떨어지고 품격이 바닥을 치는 걸 제대로 설명할 수 있게 되거든요. 우리나라 공화국 역사상 첫 투표인 1948년 5월 10일 총선에는 학교조차 다니지 않은 무식한 사람들이 우리 국민 유권자의 상당수를 차지했죠. 대부분의 유권자가 무학, 무식의 일반 국민들이었는데요. 그래도 그날의 투표는 공정하고 의미 있고 깨끗하고 보람 있고 정의롭고 가치 있고 자유롭고 그랬거든요.

1948년 옛날 그때와 2017년 요즘을 비교하여 대한민국 정치를 해석하면 이렇게 돼요. '아항, 정부와 신문 방송의 위력이 정말로 중요하고 대단하구나.' 하는 결론이 나오는 거죠. 경상도 사람들은 조중동 신문을 정말 열심히 봐 왔거든요. 식당이나 가게에 들어서면 거의 전부가 이들 신문을 펼쳐놓고 종편 방송을 열심히 틀어 놓고 있죠. 자 그렇다면 1970년대 이후 한국의 신문과 방송이 대체로 친일 독재 부역자 신분으로 전락하였는데요, 손님들이 가짜 정보와 왜곡된 뉴스를 많이도 전달받았겠구나 하는 추정이 가능한 거예요. 오늘날 경상도의 정치 지형도(박정희 신격화 정당이나 인물이 무조건 1위)가 이것을 가장 또렷이 보여주고 있잖아요. 이런 까닭에 낙동강이 썩은 똥물이 되고 발암 녹조가 가득 돋아도 경상도 사람들은 어제도 오늘도 특정 정당에 무조건 몰표를 던집니다. 절차를 무시하고 사드 배치를 강제하여도 그곳 사람들은 영남당(정확히 말해서 호남 빨갱이 당의 반대쪽)에 표를 무조건 몰아주어요. 그들은 호남 쪽에 표를 주면, 안 할 말로 우리나라가 빨갱이 나라가 되는 줄 알거든요. 대한민국이 공산국가가 되는 줄 알아요. 북한에 나라를 팔아먹는 줄 알아요. 경상도 인들은 진짜로 반공정신에 아주 투철하죠. 역사의 깊은 눈으로 볼 때 이런 어처구니없는 사태들은 남북 분단과 악마적인 이분법 대결이 가져다준, 시대의 통렬한 슬픔과 아픔이 아닐까 합니다마는.

박정희 시절에 씨앗을 심고 전두환 시절에 속성으로 재배한, 이 50년의 지역 차별 세월이 경상도를 망쳐버렸어요. 보세요. 항일 운동의 본고장 같은 지역도 '호남 빨갱이론'에 속수무책으로 당하고 마는걸요. 특이한 것은 영호남 이간질의 세월이 엉뚱하게도 경상도에서 애먼 자존심을 만들고 만 거죠. 이분법 흑백 대결(빨갱이냐 아니냐, 친북이냐 아니냐의 대결)이 경상도 안동의 항일독립 투쟁의 고귀한 정신마저 의미 없고 가치 없고 보람 없게 만들고 말았어요. 지금의 투표 성향으로 볼 때 안동이 한국 정신문화의 수도라고 그 누가 인정해 줄까요? 대한민국 독립 운동과 항일 정신의 성지가 왜곡된 지역감정에 이토록 훼손되다니요? 많이 아프고 많이 슬픕니다. 하하하 그러나 어쩌겠어요? 우리가 이걸 이겨내야겠죠. 극복해야 하고말고요. 바로 그렇기 때문에 우리 대한민국은 하루바삐 남과 북 사이의 냉전을 완전히 종식해야 하죠. 남북통일 이루어야 해요. 평화통일을 하루바삐 해야 하죠. 대한민국 민주주의의 건강한 발전과 경상도의 진취적인 성장을 위해서라도 남북통일(빨갱이 이분법 대결 종식)이 더욱 절실한 요즈막입니다.

한국인의 자치 능력과 민주 역량은 세계 1등 수준이다

민주 국가에서 개개의 국민은 단지 한 표의 투표권으로 자신의 지도자를 뽑아요. 그런데 섬뜩한 것이 지도자를 뽑는다 했는데 선거 결과를 보면 이게 지배자를 뽑은 경우가 많아요. 심하게는 독재자를 뽑은 걸로 바뀌어 있는 거죠. 선출된 독재자는 자신에게 주어진 권력을 무지막지 휘둘러요. 아니 그게 아니라 민중이 지도자를 뽑았는데 나중에야 지도자가 지배자 역할에만 온통 충실한 것인지도 모르죠. 어쨌거나 오늘날의 지도자는 민중에게 선택권이 있어요. 인류 역사상 공동체 사회에서 처음 있는 초유의 일이죠. 현대 국가에서 일반 국민들에게 주어진 투표 권력의 존재는 확실히 축하 받을 일이 맞아요. 왜냐 하면 민주공화국에서 모든 권력은 국민에게서 나오며 국민이 대통령과 기타의 권력 자리를 직접 뽑기 때문이죠.

러시아에 가면 연해주라는 곳이 있는데, 옛날부터 우리 교민들이 많이 살고 있어요. 1863년에 함경도 농민 13가구가 이곳에 처음 이주했다죠. 이후 연해주의 중심지 블라디보스톡에는 신한촌이 생겨날 정도로 한인의 거주 이전이 왕성했는데요. 한인들이 낯선 타국 이곳에 북적댔던 거죠. 1910년 일본의 국권 침탈 이후로 연해주에는 더욱 많은 한인들이 몰려왔어요. 그러다보니 이곳이 저절로 항일 독립 운동의 거점이 되었겠죠. 그래 그곳 블라디보스톡에는 '대한광복군정부'가 수립되기도 했는데요. 이처럼 당시 연해주에는 항일 독립의 기운이 한껏 충만했었죠. 그러나 1937년에 중일 전쟁이 일어나자 소련은 연해주의 한인들을 강제로 이주시켰어요. 일본과 한인들이 내통할 수 있다는 죄목을 달아서 말이죠. 남녀노소 17여 만 명의 한인들이 시베리아 열차에 태워져서 강제로 추방당했는데요. 반쯤 사막 지대인 카자흐스탄과 우즈베키스탄 근처 지역에 우리 한인들이 쓰레기처럼 버려졌던 거죠. 나라 잃고 고향 잃고 삶터 잃고 목숨마저 잃게 될 지경에 처했어요.

그러나 우리 배달겨레 한인들은 여기서 기적적으로 오뚝이처럼 일어났어요. 불모지 황량한 땅에서 놀랍게도 농지를 일궈내고 수로를 만들고 거주지를 뚝딱 지었어요. 배달겨레 특유의 자생력과 불꽃같은 생활력이 폭발한 거죠. 핏속을 이어온 강인한 개척 정신이 고난 속에서 위력을 발휘했어요. 우리 한인들이 자체적으로 생활공동체를 만들고 집단으로 교육을 하고 각종 자치 행정을 펼쳤는데요. 얼마간의 세월이 흐른 후 이곳 고려인들의 거주지는 소비에트 최고의 모범 집단으로 연거푸 선정되었어요. 소련 내 다른 소수 민족들의 부러움과 찬탄을 동시에 받아낸 놀라운 성공이었죠. 소비에트 연방을 빛낸 공적 때문에 1993년에는 러시아에서 고려인 명예회복 법안이 깜짝 만들어졌어요. 그 덕분에 많은 한인들이 제 뜻대로 다시 연해주로 돌아와서 옛날처럼 생활할 수도 있게 되었죠. 2017년 지금 연해주에 거주하는 고려인들은 그야말로 아리랑 곡선과도 같은 삶을 살았어요. 처절한 생활 역사가 그들 고려인들의 몸짓과 표정 하나하나에 내밀히 간직되어 있는 거죠.

동시대 한국인 벗님들이시여, 연해주 고려인 이야기에서 우리가 꼭 챙겨야할 것이 있어요. 그것은 한국인의 똑똑함과 부지런함과 생활 개척 능력이 세계 최고의 수준이라는 겁니다. 한 걸음 더 나아가 배달겨레의 민주 역량이나 자치 능력이 세계에서 가장 으뜸가는 수준이라는 거죠. 그런 유전자가 5천 년 유구한 역사 속에 한

민족의 핏줄로 이어지고 있어요. 한국의 높은 문화 역량과 정치 역량은 정녕코 세계를 선도하고도 남을 정도예요.

1980년 광주민주화운동 때 광주시민들이 보여준 놀라운 공동체 의식과 공유 정신은 한민족 본래의 것을 에누리 없이 잘 보여주었는데요. 광주 항쟁의 실상을 잘 아는 세계인들이 감탄을 금치 못할 정도라고 하죠. 그곳에서 한국 민주주의의 원형이 펼쳐졌어요. 대동세상, 홍익인간의 세상이 눈부셨다지요. 그때의 광주 시민들께 존경과 감사의 마음을 뜨겁게 전합니다. 또 얼마 전에 세계를 깜짝 놀라게 한 촛불 민주주의 대혁명이 배달겨레의 그것을 증명하고 있어요.

우리가 우리 자신을 믿어야 해요. 한국인은 세계 민주주의 역사의 전설적 존재가 될 여지가 충분해요. 그런 역량과 자질을 갖췄어요. 그런 시간들을 지내왔어요. 연해주에 거주하는 고려인들의 160년 자치 역사가 그것을 너끈히 증명하고 있어요. 하하하 우리 국민들이 촛불 혁명으로 새 대통령과 새 정부를 만들어냈잖아요. 세계 민주주의 역사의 가장 통쾌한 사건이죠. 이것은 세계 민주주의 역사에 유례가 없는 파격적인 거예요. 우리가 자부심을 가져도 좋아요. 오늘을 사는 우리는 한국인이라는 정체성에 자긍심을 더욱 가져야 마땅해요. 우리는 조상 대대로 정말 훌륭하고 위대한 한국인이 맞다마다요.

서양을 무조건 따라하면 우리가 선진국이 될까

선진국을 무조건 따라하는 게 나라 발전에 도움이 될까요? 그것은 앞을 보지 않고 백미러만 보고 자기 차를 운전하는 것과 같아요. 자칫하면 큰 사고로 이어져요. 지구 위 많은 나라가 20세기에 근대화를 곧 서구화로 오해하면서 크고 작은 문제를 발생시켰는데요. 우라지게 충격적인 잘못을 정말 많이 저질렀거든요. 우리나라도 예외가 아니었죠. 아니 우리나라가 가장 혹심한 잘못을 저지른 게 아닌가 싶은데요. 대한민국의 오늘은 물론 내일까지 파괴하는 국토의 막개발과 난개발을 보세요. 지금 이 시간에도 썩어가는 낙동강을 보세요. 생명붙이들이 신음하는 금강을 보세요. 오염되고 망가진 우리의 젖줄 4대강들이 낮밤 없이 울고 있어요.

한국의 지극한 서양 숭배는 분단국 역사의 발걸음을 따라 미국 숭배로 나타날 수밖에 없었겠죠. 그래 우리는 언제부턴가 고유의 민족 문화를 관장 배설하고, 미국 문화와 서양 문명으로 일상의 삶을 세세히 꾸려가기 시작했는데요. 서양을 따라한다며 사형 제도를 무작정 폐지한 것은 잘못이 아닌가요? 악질 흉악범은 조선시대나 대한민국 출범 초기처럼 사형시켜야 마땅해요. 그게 정의예요. 우리 국민의 정서나 법 감정으로는 사형 제도가 꼭 필요하다고 보거든요(정치적 이유의 사형은 절대 반대). 또 보면 술 따위를 마시고 저지른 범죄 행위는 심신 미약 상태라 해서 감형시키는데, 대다수 우리 국민들은 여기에 도저히 수긍할 수 없어요. 음주나 약물 투여 상태의 범죄는 오히려 3배 4배 가중 처벌하여 예비 범죄자에게 경각심을 강하게 주는 게 옳지 않나요? 술 마시고 저지른 범죄 행위는 오히려 더 세게, 더 가혹하게 다스려야 마땅해요. 어제오늘에 서양에서 최상의 가치인 양 떠들어대는 '인권, 인권, 인권 타령'은 우리 실정에 맞게끔 사례마다 수정하면 좋을 테죠. 어쨌든 우리나라에 살면서도 우리와는 맞지 않는 제도나 정서나 관습이나 하는 것들이 꽤 많아요. 그런 까닭에 지금은 대한민국이라는 나라의 정체성이 희미해지고 생활 문화의 상당 부분이 혼돈과 혼란의 수렁에 빠지고 말았죠. 사람들은 가끔 이런 생각도 하는 것 같아요. 지금 우리의 살림살이 토양인 한국 문명은 좋은 건가 나쁜 건가, 오늘날 한국 문명은 그 기틀과 그 정체성이 도대체 뭘까 하고요. 우리는 독립국 대한민국일까, 미국 식민지 대한미국일까 하고 말이죠.

우리나라만큼 미국을 사랑하고 숭배하는 곳이 지구상에 또 있을까요? 미국 대학이나 대학원 입학 준비생이 우리 한국에 부지기수로 들끓어요. 동아시아에서도 한국인 응시생이 가장 많다는데요. 한국 수험생은 심지어 일본이나 필리핀에 몰래 가서 미국 유학 시험을 치르기도 한대요. 미국에서 공부하려는 욕심 때문에 편법과 불법을 가리지 않는 거죠. 그런데 미국이라는 나라는 한국을 최근 1등 커닝 국가로 등록했어요. 한국인들이 여러 차례 시험 부정을 저질러서 그렇다고 해요. 그래 미국에서 대입 관련 문제지를 한국으로 보낼 때는 특수 장치를 사용한대요 글쎄. 굵은 쇠사슬로 문제지 박스를 친친 동여 묶고 거기에 다시 비밀번호 자물쇠를 달아 보낸다는 거죠. 유독 한국에서 시험 부정행위가 워낙 많아서 내린 특단의 조치라고 해요. 물론 우리 한국을 제외한 다른 나라에는 예전 방식 그대로 배송해요. 종이 박스에 시험지를 넣고 봉해서 그냥 항공편으로 보내는 거죠. 집착에 가까운 미국 숭배 문화가 여기 시험 장면에서도 활짝 꽃피어났다고나 할까요?

미국이라면 사족을 못 쓰는 한국인의 정신세계가 예나 지금이나 어른이나 아이나 가릴 것 없어요. 나이 든 어른들이 광화문에서 애국 집회를 한다는데 보면, 대형 성조기가 눈을 아프게 찔러요. 태극기와 함께 미국 국기를 어김없이 흔들어대는 보수 단체들의 집회 현장이 눈에 선해요. 그들은 왜 미국과 한국을 아울러 사랑할까요? 아아 이 씁쓸한 기분을 어찌하면 좋지요.

우리나라가 산업화는 서구를 거의 따라잡았어요. 무역 규모로 봐서 세계 경제 대국에 속하기도 하고요. 현대의 한국은 평균적으로 잘 먹고 잘 살고 잘 여행 다니는 부국의 지위를 획득했죠. 그런데 왜 민주화는 서구를 따라갈 생각을 전혀 하지 않을까요? 알다가도 모를 일이죠. 이상하지 않나요? 그리고 이런 생각(산업화는 서양을 따라하고 민주화는 서양을 따라하지 않는 것)은 누구의 생각일까요? 우리 국민들일까요, 사회 지도 계층일까요? 서구를 본받되 산업화는 좋아해도 민주화는 싫어하는 누군가가 옛날에 아마도 그런 식으로 길머리를 잡지 않았을까요?

돌아보니 역사 지도가 정말 그렇게 그려져 있군요. 경이로운 경제 성장과 처절하고 장엄한 민주화 투쟁이 1970년대와 1980년대의 한국사회를 나란히 관통했어요. 왜 그랬을까요? 왜 그때 우리는 산업화와 민주화가 사사건건 충돌하고 대립했을까요? 이 둘이 조화를 이루어야 우리나라가 진짜 선진국이 되고 행복한 나라가 되었을 텐데 말이죠. 서양의 근대 역사 2백년은 산업화와 민주화가 쌍두마차처럼 나란히 굴러왔음을 아픈 가슴으로 느끼고 있어요. 우리가 어차피 서양을 따라한다면 서양의 좋은 걸 몽땅 다 따라해야 하지 않나요? 산업화든 민주화든 가리지 않고 말이에요.

한국은 유구한 민족 역사와 풍부한 문화유산이 있어요. 자긍심의 샘터가 참 많고 신선하죠. 새로운 대한민국이 갓 발걸음을 떼었어요. '정의로운 나라'가 걸음마에 갓 나섰어요. 그러나 〈새로운 한국〉은 오래된 것에 대한 관심과 존경에서 비롯됨을 잘 알고 있습니다. 보는 것과 관찰은 달라요. 우리가 앞으로 우리 전통 문화를 예사로 보지 말고 제대로 관찰해 보면 어떨까 하는데요. 구경꾼이 아니라 주인의 눈으로 우리 것을 보자는 말이죠. 한국의 고유 철학과 문화유산을 직접 우리가 정리하고 우리가 지켜야 하지 않나요? 매의 눈으로 본질을 직시하고 영감을 찾는 게 관찰이지요. 눈 부릅뜨고 오늘 우리 자신을 똑바로 봅시다. 현대 문명 시대에 우리 한국인의 정체성은 무엇인가요? 우리의 마음자리는 지금 어디에 깃들어 있나요?

이상한 엘리트의 나라 ─ 아무도 책임지지 않는 나라

정확하게 2009년 11월 10일에 4대강 '살리는 척 죽이기' 공사의 첫 삽질이 영산강에서 시작되었어요. 불량 정부의 공사 강행에 깜짝 놀란 시민들 8945명이 즉각 연대했죠. 부랴부랴 '하천공사시행계획 취소청구소송'을 법원에 제기했어요. 시민들은 본안 판단이 나올 때까지 공사를 중지해 달라는 가처분 소송도 동시에 같이 냈더랬죠. 그러나 독재 정부의 부역자 노릇에 충실한 법원은 법치의 이름으로 소송을 기각했어요. 하하하 법에 따라 처분했으니 우리나라가 법치국가가 틀림없다 하더군요. 4대강 사업을 막으려고 시민들이 낸 소송은 이후 어떻게 되었을까요? 법원과 검찰에는 막강한 법 기술자들이 근무하고 있죠. 그들은 법을 이용하여 당연히 정부 편을 들어주었지 뭐예요. 법원은 미적미적 시간을 끌며 '취소청구소송'의 판결을 계속 미루고 또 미루었어요. 법원 종사자가 불량 독재 정부의 눈치를 본 것이라고 해석할 수밖에 없는 대목이죠.

법원의 첫 판결은 시민들의 소송이 제기된 후 딱 365일이 지나서 나왔는데요. 판결의 요지를 한번 볼까요? 아주 가관입니다. 환경 영향 평가가 부실하다고 낸 시민들의 법적 소송에 법원은 이렇게 대응했어요. '환경 영향 평가서'라는 게 그래도 붙어 있으니 문제가 없다는 식으로 둘러댄 거죠. 독재 부역 집단인 법 기술자들이 잔머리를 한껏 굴려서 불량 정부의 손을 번쩍 들어준 거예요. '4대강 사업에 문제가 없다'는 법원의 판결이 내려지자 독재 불량 정부는 더욱 기가 살았어요. 가로거칠 것 없다는 듯 4대강 사업에 더욱 속도전으로 달려들었죠. 국가 공식 사업명은 '4대강 살리기 공사'가 채택되었어요. 법원의 판결이 나자마자 사업 공정의 90% 이상이 초고속으로 진행되었는데요. 정부와 토건 사업자들이 한 몸이 되어 전광석화처럼 해치웠던 게죠. 우리 국토를 강간하는 사건이 백주대낮에 중인환시 상태로 저질러졌어요.

수만 년을 이어온 역사 깊은 한국의 강이 고통 속에 신음하며 피눈물을 흘렸어요. 포클레인 삽날이 연한 속살을 파고들 때마다 우리 국토는 진저리를 쳤죠. 눈 뜨고 당한 무자비한 강간 사건입니다. 친일독재 부역자들은 건강한 강바닥을 긁어내고 반짝이는 은모래 밭을 포클레인으로 갈아엎었어요. 강물을 가로질러 수십 개의 대형 댐들이 괴물처럼 들어섰죠. 이것은 그대로가 강물의 흐름을 끊는 거대한 벽이 되었어요. 우리 생명의 젖줄인 강들이 국가 권력과 자본 권력이 합작한 속도전에 강간을 당한 거죠. 전국 주요 강들의 공사 진척이 90% 가까이 진행되었음을 확인하고 나서야 대한민국 친일독재 부역 법원이 판결에 스윽 나섭니다. 아주 얍삽하고 교활해요. 마치 법치주의 국가에서 자신들이야말로 정의의 사도라도 되는 양 법 기술자들이 그때쯤 얼굴을 내밀었겠지요? 아아 정말 그랬습니다. 법원에 기생하고 있는 법률 담당자들이 시기를 저울질하다가 이때다 싶어, 4대강 사업에 관계된 가장 중요한 판결을 후다닥 내리고야 말지요.

낙동강을 담당한 부산고등법원의 결정을 한번 볼까요? 그때 법원의 판결 요지는 다음과 같습니다.

예비타당성 조사를 거치지 않은 것은 국가재정법 위반이다. 그러나 대규모 국책사업인 이 사업은 대부분의 공정이 90% 이상 완료돼 이를 원상회복한다는 것은 사실상 불가능한 상태이며, 뒤늦게 이를 취소한다면 기존에 형성된 법률관계에 엄청난 혼란이 발생할 것이다.

하하하 참으로 법치주의에 합당한 멋진 판결이 아닌가요? 여기서 여담 하나. 이 판결을 내린 당시 부산고법의 부장 판사는 그 후 어떻게 되었을까요? 혹시 불량 독재정부로부터 큰 칭찬과 귀여움을 받지 않았을까 하는데요. 아니나 다를까 실제로 그런 일이 벌어졌답니다. 부산의 법 기술자인 이 재판의 담당자는 판결 후 얼마 안 있어 대한민국 최고의 법치 수호자인 '대법관'으로 승진했다고 하는 놀라운 이야기가 전해져요. 이승만 때로부터 한국 사회가 이런 방식으로 굴러왔다고 보면 틀림없거든요. 이런 해프닝들이 시간 순서대로 쌓이고 쌓여 요즘 우리가 '적폐'라고 하는 것들의 극히 작은 일부를 채우는 거죠. 고위 공직자들이나 전문가 프로페셔널 집단이, 단언컨대 대한민국 적폐의 심장부라고 지칭할 수 있는 대목이 아닐 수 없어요. 덧붙여 공수처(고위공직자비리수사처)가 꼭 필요한 대목이 아닐 수 없지요. 문재인 정부의 과감한 적폐 청산 활약을 두근두근 기대해 봅니다.

이른바 '4대강 살리기' 사업은 2012년에 공사를 종료했어요. 4대강 성형 대수술 공사를 3년 남짓 시간에 모두 끝내버린 거예요. 기가 막혀요. 북한의 천리마 운동을 훨씬 능가하는 속도전이었죠. 공기 단축을 위해 날림공사와 밤샘 작업도 예사로이 저질렀어요. 작업하던 현장 인부들이 강제 노동과 피곤에 찌들어 참 많이도 죽고 다치고 날밤을 거푸 새우고 했는데요. 한편 독재 친일 정부의 막장 처사에 분노한 시민들이 다시 힘을 모으기 시작했어요. 그래 마침내 2013년에 이르러 대한민국 시민 대표들은 이명박 대통령과 4대강 사업을 추진한 공무원 57명을 배임과 직권 남용 등의 혐의로 검찰에 형사고발했습니다. 그러나 독재 부역자 검찰은 역시 법원과 한통속이겠죠? 자신들도 정부의 지킴이 역할을 하는 법 기술자라는 걸 증명하는 일에 주저 없이 나섰지 뭐예요.

그래요, 맞습니다. 열혈 시민들이 제기한 4대강 책임자 형사 고발 건은 2년 동안 검찰의 책상 서랍 안에 고이 잠들어 있었어요. 검찰이 아무 대응 없이 가만히 덮어둔 거죠. 그 동안에도 대한민국의 강은 썩어 들어가고 공사 관련자들은 득의양양하고 세월은 일

없이 그러구러 흘러갔고요. 그러다가 마침내 결판이 났죠. 2년 후 2015년 11월에 대법원은 시민 제소 형사 고발 건을 무혐의 처분하고 12월 10일에 모든 법적 절차를 마무리했습니다. 애국 시민들이 애타는 마음으로 형사고발 판결을 기다리는 2년 동안에 4대강 사업 관련자들 대부분은 놀랍게도 정부에서 주는 큰 상들을 받았다고 하데요. 4대강 사업 관련 공무원들과 민간 사업자들 1152명이 대한민국 정부의 이름으로 훈장과 포장을 받았던 거죠. 그러나 생각할 때 우리가 당시 정상적인 민주공화국이었다면 이럴 수가 도저히 없는 거예요. 그때 대한민국 이명박 정부 시절은 이상한 엘리트의 나라—아무도 책임지지 않는, 이상한 엘리트가 득실대는 나라였던 거죠.

4·19 민주혁명과 5·16 군사 정변

양이(洋夷)라는 말. '서양 오랑캐'라는 뜻이죠. 19세기에 우리가 자주 사용했고요. 유교 국가 조선이 볼 때 서양은 아마도 오랑캐였을 테죠. 그때 동아시아의 시각이 대체로 이랬어요. 그러나 특이하게도 일본은 그러지 않았던 것 같아요. 일본은 서양의 총포 무력과 과학 기술을 재빠르게 모방하고 학습하기 시작했는데요. 그 결과 20세기에 들자마자 일본은 동아시아 최초로 과학 기술로 무장한 군사대국이 되어 있었죠. 그러더니 제국주의 서양을 흉내 내기 시작하는데 일본은 숫제 서양 이상으로 폼을 재고 젠체했어요. 조선을 비롯해 이웃 나라들에게 각종 전쟁과 분규를 속속 일으켰죠. 제국 일본의 막강한 군사력은 시나브로 약소국 정복의 발걸음을 재촉케 했는데요. 서양 제국주의가 일본식으로 완전히 변신하자마자 마침내 1910년 제국주의 일본국은 대한제국 조선의 숨통을 끊고 식민 지배를 시작했죠. 한반도 최초의 군부 독재자가 등장한 거예요. 불량 깡패 독재국가 일본은 조선총독부를 거점으로 하여 경찰과 군대의 힘으로 조선을 강압적으로 통치했었죠.

일제 강점기 35년 동안에 우리 민족이 겪은 고통과 설움은 상상을 초월해요. 친일파 문제와 종군위안부 문제 등등 일본의 식민 지배 망령은 지금도 현재 진행형입니다. 1945년에 조국 광복은 되었으나 일본 제국은 이 땅에 저들의 식민사관을 심어 놓고 떠났거든요. 그런 까닭에 일제의 유풍이 한국 사회 곳곳에 여태 남아 있는데요. 그러니까 우리가 오래 전에 조국 독립을 하였으나 식민지의 어두운 그림자를 완전히 떨쳐내지 못한 거죠. 그렇게 흘러온 세월이 벌써 70년이 넘었네요. 오늘까지 한국에는 친일파와 그 후손들이 권력과 부를 움켜쥐고서 이 땅의 지배 세력으로 행세하고 있어요. 친일파는 한마디로 말해 그 속성이 기회주의자들이죠. 그들 기회주의자들은 말 그대로 기회 포착을 잘해요. 시대가 어떻게 변하더라도 그들은 교묘하게 살아남고 말죠. 실제로 한국 현대사는 친일파의 변신과 사회적 성공을 통해 기회주의자들이 그 적나라한 실상을 우리에게 실시간 중계방송으로 보여주고 있지 않나요?

　노골적으로 친일파 세상을 만든 이승만 독재가 4·19 시민혁명으로 끝장났잖아요. 서기 1960년의 일이죠. 독재자 이승만은 하와이로 도망갔어요. 이때 4·19 한국인들은 기존의 친일파를 싹 처단하고 새로운 세상을 만들고 싶어 했어요. 한국인이 스스로 선택하고 함께 건설해갈 조화로운 생활 공동체, 곧 대한 민주공화국을 재건할 꿈에 부풀었죠. 그러나 1년 후 생각지도 못한 일이 벌어졌어요. 한국 현대사 최악의 불행한 사태가 발생한 거죠. 일본군 장교 출신이 군사 반란을 일으켜 새 나라의 꿈을 뒤엎었어요. 5·16 쿠데타의 총칼 앞에서 새 대한민국 건설이라는 희망이 산산조각 났어요. 새로운 한국 문명 건설이라는 공동체의 열정과 노력이 물거품이 되고 말았죠. 민주주의라는 예쁜 꽃이 채 꽃망울을 맺기 전에 총칼 앞에 무참히 꺾여 버렸어요.

　박정희 군사 정권은, 군인 출신들이 대개 그렇듯이 일사불란한 걸 좋아했어요. 조금 과장한다면 그들은 조선 총독부 시절을 그리워했을 것 같아요. 아니면 육군사관학교의 훈련 시절을 그리워했거나 간에 말이죠. 쿠데타 군인 출신들은 툭하면 '조센징은 몽둥이로 패야 돼.'하며 혼잣말을 중얼거렸다는데요. 그런데 이런 자들이 1961년 이후 한국의 모든 권력을 장악했잖아요. 일본 정신과 군인 정신이 우리의 정치, 경제, 스포츠, 문화, 교육, 언론, 경찰, 군대 등

사회 전 부문에 지배세력으로 침투해 들어갔죠. 군사 정권은 쿠데타 10년 후 1970년대에 이르자 '새마을 운동'이라는 국민생활개혁 운동을 전격적으로 실시했는데요. '까라면 까라'는 식의 단호한 군인 정신이 겁에 질린 국민의 영혼을 파고들었겠죠. 새마을 운동이 처음에는 농촌을 겨냥해 출발한 듯했으나 그것은 이내 국가 전체를 대상으로 한 계몽주의 전파와 사회 개혁 운동으로 나아갔어요.

1972년에는 '시월 유신'이라는 얼토당토않은 폭압 정치가 또 출현했어요. 이것 '유신'은 기존 헌법을 파괴한 제2의 쿠데타였죠. 한국 사회는 식민지 수준의 감시와 규제로 곧장 겨울 공화국이 되고 말았는데요. 국회의원 정원의 1/3을 대통령이 지명하는 이른바 유정회 국회라는 것도 등장했어요. 유신 헌법의 해악은 말도 못할 정도로 심했어요. 민주공화국을 파괴하는 각종의 해괴한 국헌문란 행위들이 유신 쿠데타를 통해 자행되었죠. 긴급조치법 때문에 수많은 사람들이 인권과 노동권을 부르짖다가 고문을 당하고 쇠창살에 갇히는 몸이 되고 말았어요. 심하게는 사형 집행까지 당하고 말았죠. 군국주의 일본 정신을 경배하던 자들이 절대 권력을 움켜쥐고서 한국 땅에서 '메이지 유신'의 꿈을 부활하려 했던 거예요.

돌아보면 1970년대 한국 정부의 으뜸가는 국가 시책은 '중공업 육성 정책'인데요, 이것 역시 일본의 메이지 유신을 철저히 흉내 낸 것이 아닐까 해요. 유신 1인 권력자는 일본의 강대국 됨을 못내 부러워하고 끊임없이 그를 동경해 왔거든요. 조선총독부 치하와

만주국 시절을 온몸으로 겪어낸 1970년대의 한국 지배세력들은 한국 사회를 일본처럼 만들고 싶어 안달했어요. 식민지 시절에 보고 배운 게 그런 것이다 보니 그들 입장에서는 그럴 수밖에 없었을지도 몰라요. 우리도 일본처럼 강한 나라가 되자고 염원하면서 말이죠.

그러나 한국은 여러 측면에서 일본과는 많이 다르겠죠? 대체로 자유로운 영혼을 가진 한국인들은 박정희 군부 독재 정권에 줄기차게 저항했어요. 맹종의 침묵밖에 모르는 일본인들과는 배달겨레가 국민 의식이 많이 다른 거죠. 맹자의 역성 혁명론을 직접 배우지 않아도 한국인들은 태생적으로 자유와 독립을 지향하는 유전자가 있는 것 같아요. 그래 군사 독재 시절에도 민주혁명의 기운이 사회 내부에서 용암처럼 노상 들끓고 있었던 거죠. 한국인 고유의 평화 사랑과 민주 정신이 독재 불량 정부에서 맑은 샘물처럼 퐁퐁퐁 일매지게 솟아났어요. 군부 독재가 악독한 위세를 부릴 때도 '홍익인간'의 정신은 겨레 가슴에 뜨겁게 살아 있었던 거죠. 배달겨레가 단군 할아비에게 전해 받은 원형 그대로 평화 정신과 '생명 사랑'의 정신이 고귀하게 보존되고 있었던 까닭이 아니었을까 하는데요.

3장

잘 노는 게
최고의 민주주의다

불량 국가의 뒷배는 불량 국민이다

　이런 말이 있죠. "정치의 질은 국민의 질을 능가할 수 없다." 국민의 수준이 정치의 질을 결정해요. 왜 아니겠어요? 수준 높은 국민이 수준 높은 민주주의를 꽃피울 수 있는 거죠. 광복 80년을 바라보면서 종북이니 빨갱이니 하는 색깔론이 여태 기세등등한 걸 보면 한국 정치의 질이 그렇다는 얘기에요. 그런데 국민의 수준이 그 정도에 그치니까 종북론이 위력을 또 발휘하게 되는 거죠. 우리 국민들이 먼저 의식이 깨여야 해요. 시민들마다 나라의 참다운 주인 정신을 되살려야 해요. 국민이 주인인 시대를 활짝 열어야 하지요.

　2017년에 문재인 새 대통령과 함께 새로운 국민의 시대가 열렸습니다. 그 때로부터 날마다 푸르른 희망이 새록새록 돋아나요. 학교 교실에서 아이들은 새롭고 독특한 질문을 많이 던질 준비가 되어 있어요. 교정 가득히 호기심과 생동감이 넘쳐나요. 삼천리 방방곡곡에 창조의 기운이 매일처럼 소쿠라져요. 새 나라 새 국민들이 새로운 일상을 새날마다 즐기고 있어요. 친일파와 독재 부역자들은 그 후손들까지 철저히 공직에서 배제하고 부당 증식 재산은 가차 없이 몰수했어요. 곳곳에서 적폐 청산이 쉼 없이 계속되었죠. 정의로운 나라가 힘차게 기지개를 켜요. 아하, 이런 게 바로 우리가 간절히 원했던 민주주의 세상이 아니었던가요? 날마다 행복하고 사람마다 행복합니다. 국민들이 북한을 더 이상 혐오하지 않아요. 어깨동무하고 통일 세상으로 함께 가는 동반자로 여기죠. 극단의 냉전이 끝났어요. 행복한 부탄 사람들을 더 이상 부러워하지 않아요. 왜냐 하면 대한민국이 행복하니까요. 하하하 지금 말하는 이 모든 게 꿈이 아니라 문재인 대한민국 시대에 빨리 현실이 되었으면 좋겠어요.

요컨대 민주 국가는 선거가 중요해요. 선거 국가에서 정부는 누가 만드나요? 그래요, 국민이 정부를 만들어요. 국민이 이런 저런 정부를 선택하는 거죠. 국민이 권력의 주체이며 나라의 주인이라서 그래요. 그렇다면 국민의 수준이 곧 정부의 수준이고 정부의 수준이 곧 국가의 수준이겠죠. 요즘 문재인 정부 시대는 국제적으로 나라의 위상이 많이 올라갔어요. 지난 시절보다 소위 국격이 엄청 높아졌죠. 외국에서도 우리나라 촛불 혁명 대통령을 알아주고 인정해 줘요. 이즈음 우리 대통령을 보면 우리가 절로 어깨가 으쓱해지는 장면들이 많아요. 그러나 어쨌든 교육과 언론이 올곧아야 나라가 바로 서요. 그건 틀림없어요. 교육과 언론이 바로 서야 기본이 튼튼한 나라가 되지요. 아아 그래서 이 나라 언론이여, 부탁합니다. 제발 덕분에 빌어요. 우리 국민들에게 올바른 소식을 전하소서. 바른 교육을 펼치소서. 아아 이 땅의 교육이여, 제발 덕분에 빌어요. 학생들에게 올바른 교육을 펼치소서. 아아 동시대 한국인 벗님네들이여, 참다운 민주 세상을 하루하루 함께 만들어가요. 응원합니다. 화이팅!

1972년 박정희의 유신 쿠데타 때문에 한국은 다시 일본의 식민지가 되었다

1970년대에 우리 한국은 조국 근대화의 깃발을 높이 들었어요. 박정희라는 전대미문의 강력한 새 유신이 등장했어요. 조국 근대화의 영도자로 불리기를 원했던 박정희는 당시 우리가 본받고 싶은 선진 국가로 일본과 미국을 대뜸 지명했겠죠. 특히 개화기 시절에 일본이 메이지 유신으로 근대화를 이루었는데, 유신 독재자 박정희는 이런 역사적 사실을 한국 땅에서 그대로 재현하려 했어요. 유명한 새마을 운동이라는 것도 그래서 나온 거예요. 유신 정권은 일본이 근대화 과정에서 전역에 세운 농촌개량 운동가 니노미야

손토쿠(1787~1856) 동상을 흉내 내기도 했는데요. '지게 지고 책 읽는' 박정희 동상을 만들었던 거죠. 지금 경상도 구미에 가면 그 동상이 있어요. 그걸로 독재 유신 정부의 국책 사업인 새마을 운동의 출발을 선언한 거죠. 그러나 이때의 조국 근대화가 무엇이냐 하면 사실은 대한민국이 맹목적으로 서구를 숭배하고 따르려는 풍조를 국가 차원에서 강제로 일으켜 세운 걸로 보면 돼요. 1970년대의 조국 근대화는 박정희와 같은 친일 독재 세력들이 조선총독부 시절의 강성 일본을 동경하고 흉내 냈다는 점에 문제의 심각성이 있었죠. 물론 그때는 이런 사실을 대다수 한국인들이 거의 눈치채지 못했어요.

유신 시대 원년인 1972년은 우리나라 조국 근대화의 시발점이라 해도 좋아요. 왜냐 하면 바로 이 시점에 박정희 군사 정권이 새롭게 유신 헌법이라는 걸 만들고, 그래서 국가주의 독재 정부의 강력한 힘으로 중화학 공업 정책을 옛날 근대 일본국이 그랬듯이 대한민국의 근간산업으로 밀고 나가기 시작했으니까요. 덧붙여 대기업을 중심으로 해서 철저히 수출 중심 정책을 펼쳤는데요. 박정희 정부의 능력을 과시하고 기적적인 경제 성장의 영광을 확실하게 국민 모두에게 광고하고 각인시키려 했던 게지요. 그러나 군사 독재 반공 국가의 노동 정책은 편파적일 수밖에 없었겠죠. 대기업 재벌들은 정부로부터 막대한 특혜와 지원을 받고 반면에 노동자는 가혹한 노동 착취와 인권 탄압을 받았어요. 국민 복지나 노동자의 인권은 당시 개념조차 잡혀있지 않았거든요.

한국 사회는 국가보안법의 통제 아래서 당시 노동조합은 빨갱이 단체로 간주되었죠. 게다가 기업 법인세는 깎아주고 국민들의 간접세는 늘리고 산업 현장의 노조 활동은 일체 탄압하고, 그래서 유신 독재 정부는 이 모든 걸 경제 성장의 가시적인 성과가 유난스레 돋보이게 하는 장치로 활용하는 걸 잊지 않았는데요. 경제 발전 위주의 국가 정책에 혹시라도 방해꾼이 나타날세라 필요한 조치를 취하는 걸 유신 정부는 결코 잊지 않았겠죠? 관치금융이나 정경유착이라는 단어가 이때 처음 우리 역사에 그 모습을 드러냈어요.

광복 이후에도 한국은 오랫동안 일본의 식민지로 지냈습니다. 왜냐고요? 일본 말을 잘 듣는 정부가 어제오늘의 한국 정부라서 그래요. 문재인 정부 이전, 그러니까 박근혜 정부, 이명박 정부에서는 일본과 한국이 관계가 참 좋았어요. 일본의 입맛에 맞게 우리 측이 굽실대며 일본의 비위를 맞추었으니까요. 그때는 정부 차원에서 박정희 신화를 숭배하며 막 그랬어요. 국정 역사 교과서도 개 발하고 말이죠. 게다가 국내에는 친일파 한국인이 아직도 수두룩하거든요. 특히 우리나라 상층부 지배 계층에는 친일파가 정말 많아요.

친일파들이 볼 때 옛날에 제국주의 일본이 정말 힘도 세고 폼도 아주 좋았거든요. 건설, 자동차, 무기 등 어느 분야든 겉으로 번쩍 번쩍 빛이 났다고 여겼어요. 여기에 반한 한국인들이 꽤 많았는데요. 이들이 바로 친일파 한국인이 되죠. 8·15 광복 이후에 친일 한국인들이 대한민국 지배층에 대거 편입되었어요. 그 후 일본은 친일 뿌리를 가진 한국인들을 매수하여 지금의 일본 정부와 협력 관계를 이끌어내려고 백방으로 노력했는데요. 가령 박근혜 한국 정부는 일본 정부로부터 받은 종군위안부 위로금을 '1인당 돈 얼마' 하는 식으로 돈으로 해결하려 했죠. 국민들의 세찬 반대에도 불구하고 한일 식민 지배 역사와 그 복잡한 속내를 몇 푼의 돈 거래로 봉합하려고 했던 거예요. 위안부 문제에서 그때 한국 정부가 일본에게 저자세로 굽실거리며 나오는 바람에 국내외적으로 한국의 위신이 많이 깎여버렸죠. 한일 지배 식민의 100년 역사에서 그때처럼 일본이 당당하고 우리가 일본의 뜻에 질질 끌려가던 경우가 없었잖아요? 일본이 역사적으로 범죄를 저질렀고 잘못한 걸 왜 우리 정부가 그랬던 것처럼 그렇게 비춰지게 되었을까요? 그건 말이죠, 당시 박근혜의 친일 보수 독재 우파 정부가 이끄는 대한민국의 정체성이 친일 쪽에 가까웠고, 게다가 한국 정부가 외교를 등신처럼 해서 그런 거라고 보면 돼요.

인간 존엄의 핵심은 무엇일까요? 자기 결정권이 아닌가요? 스스로의 판단과 행동, 그리고 책임과 의무, 이게 굉장히 중요하거든요. 그러나 박정희 유신 정부는 국민들의 자기 결정권을 빼앗아갔어요. 국민들이 애오라지 국가 지정 목표에 집중하게끔 몰고 갔지요. 그렇게 해서 '경제 성장'과 '반공정신'이라는 두 개의 깃발만이 한국 사회에 펄럭이게 했던 거죠. 새마을 운동을 대대적으로 펼쳐 국민들의 육체와 정신을 하나로 결속했고, 여기에 국가 예산과 인력을 집중 배치하였는데요. 그 시절에 유신 지배 세력이 볼 때 민주주의보다 중요한 것은 경제였고 반공이었어요. 북한과 날카롭게 대치하고 있으며 못 먹고 못 사는 나라에서 민주주의는 사치고 낭비라는 거죠. '경제 성장'이 중요했고 '오직 반공'이 중요했어요. 그리하여 한국은 짧은 기간에 경이적인 경제 성장을 정말로 이루고 말았죠. 벼락치기 공부가 국제무대에서 잠깐 통했다고 할까요?

그러나 만약에 말입니다, 그때 한국 사회가 유신 독재 치하가 아니었다면 어땠을까 하는 생각들이 있어요. 상상의 결과는 놀랍게도 '오직 돈이면 다 된다'는 식의 지금과 같은 천박한 한국 문명이 일상화되지는 않았다는 거죠. 1970년대의 한국이 민주공화국의 헌법적 가치가 일상화된 정상 국가였다면, 한국인들의 타고난 근면성과 도전 정신과 우수한 두뇌가 한층 더 위력을 발휘하지 않았을까 하거든요. 따지고 보면 세상일이 그렇잖아요? 공부도 그렇고 말이에요. 뭐든지 강제로 하는 것보다는 자발적으로 하는 게 더 행복하고 보람되고 게다가 의미가 있고 성과도 더 좋지 않나 말이에요.

오늘날 한국은 세계 10위권을 넘나드는 경제 선진국이 되었어요. 그러나 경제 대국이다 뿐이지 지구상에서 선뜻 선진국으로 인정받지는 못해요. 노상 이념 전쟁에 흑백 싸움이나 하는, 구저분하고 지질한 분단국가 나부랭이로 알려져 있을 뿐이죠. 정말 그래요.

국가 철학이 또렷한, 잘 나가는 문화 선진국이 우리는 결코 아니었는걸요. 가령 우리는 지금도 옛날과 다름없이 단기성과에 집착해요. 결과 조급증에 중독되어 있는 거죠. 정책 목표를 멀리 세울 수가 없어요. 높이 세울 수가 없어요. 이런 것 역시 독재 불량 국가에 오래 길들여진 탓이 아닐까 해요. 문재인 정부와 같이 모처럼 괜찮은 정부가 들어서서 긴 안목의 국가 정책을 제시하고 추진할라치면 사방팔방에서 방해와 비난과 조롱과 견제와 야유와 비판이 기득권 곳곳에서 쏟아져 나와요. 까닭에 교육계에서 떠드는 '교육백년대계'는 말에 그쳐요. 한갓 구호로 남게 되죠. 교육이 백년대계라는 건 구두선입니다. 그럴 수밖에 없어요. 노벨상 수상의 교육 풍토 만들기도 말뿐이에요. 국가 정책의 가시적인 성과물을 국민들 앞에서 한껏 자랑하려고 그 동안 '빨리 빨리'에 매달리기 때문에 될 일도 안 되었죠. 군사 정부가 행한 오랜 독재의 세월이 현대 한국 문화의 토양을 조성했다고 보면 돼요. 그게 뭐냐 하면 실적주의 전시 행정이라는 거죠. 결과에 집착하는 조급증은 한국 사회의 곳곳에서 '빨리빨리'라는 풍토병으로 굳어졌는데요. 1970년대에 발병한 '조국 근대화'라는 중병이 지금 우리 한국병의 뿌리가 아닐까 하고 가끔은 생각합니다마는.

그리고 또 하나 결정적인 게 있어요. 우리나라에서 권력자는 지배하고 군림할 뿐 그 결과에 결코 책임지지 않아요. 1972년 박정희의 유신 쿠데타가 성공한 이후 '권력자는 통치할 뿐 책임지지 않는다.'는 게 한국식 민주주의의 대원칙으로 통해요. 사실상 이런 건 껍데기만 법치주의인 사이비 민주주의가 그런 거죠. 가령 4대 강 국책 사업을 권력자가 독선적으로 결정하고 행정부와 사법부가 이를 합법적으로 집행하고 조력한 후에 지금은 누구도 그 결과에 책임지는 자가 없는 걸 보세요. 또 수백조 원 규모에 달하는 해양 조선 산업 문제도 정부 쪽 산업은행 관계자 몇 명과 정부 관리 몇 명이 밀실에서 만나 말을 맞추고 회의 기록도 남기지 않은 채 정책 결정 과정을 독점하고 예산 집행을 밀어 붙이는데요. 이게 민주 국 가가 맞나요? 불량 독재 공화국이 아닌가요?

공무 집행자가 나랏돈을 자기 돈 쓰듯 마음대로 해요. 아니 아니 그게 아니에요. 자기 돈이라면 절대 그런 식으로 돈을 함부로 사용 하지 않겠죠. 권력의 힘을 빌려 그저 국민들 세금으로 자기들 폼 재고 생색내고 위세를 부린다는 게 맞겠어요. 물론 잘못된 공무 집 행 때문에 국민 경제와 국민 복지가 받는 피해를 정부에서는 모르 쇠로 일관하는 게 또 특징이에요. 그렇겠죠 뭐. 불량 정부는 국가 정책에 대해 전권을 갖고 결정하고 시행하되 그 결과에 대해서는 일체 책임지지 않고 누구도 책임지지 않는 구조를 갖고 있어요. 책 임성의 완전 실종, 무책임의 결정판이라 할만 해요. 이 정도면 대 한민국이 국가 경영의 시스템이 어수룩한 미개 나라이거나 거의 무정부주의 상태에 처해 있다고 볼 수도 있지 않을까 하는데요. 그 러므로 지금 새로운 문재인 정부가 들어선 만큼 우리 방식의 민주주의 작동 시스템 짜기가 꼭 필요하다마다요. 그런데 대한민국의 오랜 기득권 세력들과 편파적 언론과 야당이 정부 정책에 그저 반대만을 일삼고 있으니까 참 걱정입니다. 적폐 세력들이 여름철 오폐수처럼 곳곳에서 부글부글 들끓어요. 지금 문재인 정부에 대한 우리 국민들의 도움과 응원이 절대적으로 필요한 까닭이 여기에 있어요.

민주주의의 꽃은 투표가 아니라 놀이다

민주주의의 최고 가치는 놀이에서 찾을 수 있어요. 국민의 삶이 놀이처럼 즐겁고 재미있을 때 그곳에서 민주주의가 최고의 가치로 꽃피는 거죠. 인간의 사회적 행위 중에서 오직 놀이만이 보람과 즐거움과 행복감을 안정적이고 지속적으로 보장해 주거든요. 그래요, 민주주의를 즐기는 인물은 놀이하는 인간이죠. 참된 민주주의란 게 그렇습니다. 국민들로 하여금 저마다 자기 결정권을 갖고 자기 행복을 제가끔 추구하게끔 도와주는 시스템이 바로 민주주의니까요.

욕망이나 쾌락을 쫓는 건 지속 가능한 행복과 거리가 멀어요. 그건 순간적이고 일시적이죠. 남녀 간의 사랑조차 진정한 행복과는 거리가 멀다고 할 수 있어요. 왜냐 하면 사랑이라는 바다에는 욕망과 쾌락, 안정과 배신, 집착과 질투 등의 감정들이 늘 파도치니까요. 돈과 권력, 명예가 그런 것처럼 사랑 역시 욕망 충족적 성격을 가졌거든요. 채워지지 않는 갈증처럼 이것들은 인간의 원초적 본능을 끊임없이 자극하지요.

참된 민주주의를 이루어야 모두가 행복할 수 있어요. 지속적이고 안정적인 행복감을 누구나 누릴 수가 있지요. 민주주의는 완성된 고정물이 아니라 늘 변하는 바람길 같은 거죠. 사람이 먼저인 세상―그곳이 바로 민주주의가 활짝 꽃피는 세상이 아닐까요?

18년의 악몽, 종교가 된 박정희 신화

유신 시대가 없었더라면 위대한 박정희 대통령은 없다. 박정희는 루스벨트 미국 대통령과 처칠 영국 총리 등과 같은 반열에 들어가는 것이 합리적이며, 20세기를 대표하는 10대 지도자 중의 한 명이다.

전 조선일보 언론인 조갑제

독재자의 딸은 박정희 사후 18년간 은둔 생활을 했어요. 그러다가 2013년에 대한민국 18대 대통령이 되었는데요. 우리 국민들은 불량 정부와 불량 대통령 때문에 그때부터 숫자 '18'을 숫제 입에 달고 살았다고 해요. 박근혜 정부 시절에 헌법이 파괴되고 법치주의의 근간이 무너졌거든요. 속절없이 추락하는 국가 위신과 낮은 삶의 질 때문에 국민들의 가슴속이 그때 막바지에 시커멓게 타고 말았다는데요. 그래서 그럴까요, 박근혜 정부는 이래저래 숫자 18과 인연이 많아요. 그녀는 18년 장기 집권한 유신 독재자의 딸로서 청와대를 자기 집처럼 알고 거기서 18년을 꼬박 살았어요. 1961년 박정희의 5·16 군사 쿠데타로부터 최근 박근혜 정부까지 한국 민주공화정의 역사가 박정희 18년의 첫 악몽 때문에 자주 가위눌렸는데요. 다행인 것은 박근혜 정부의 패악과 독재성 때문에 그 동안의 우리 민주주의가 가짜라는 게 들통이 나고 말았죠. 한국 보수파의 맨얼굴과 정체도 드러났고요. 덕분에 바야흐로 새로운 한국 문명이 찾아오고 있어요. 문재인 국민의 시대가 활짝 문을 열었어요. 그러나 새 문명의 봄을 우리가 맞으려만 하면 안 돼요. 우리 손으로 문화 선진국의 새봄을 직접 가꾸는 게 더욱 좋겠죠.

박정희 종교의 탄생을 살펴볼까요? 1961년 5월 16일 새벽, 대한민국 최초의 군사 쿠데타 발생. 박정희 육군 소장과 몇몇 군인들이 국가 권력을 단박에 접수했어요. 신생 대한민국을 통짜배기로 꿀꺽 삼킨 거죠. 이후 박정희 1인 시대가 장장 18년간 이어졌는데요, 1972년에 유신 쿠데타를 새로 거치면서 박정희교가 살그니 한국 사회에서 탄생 준비를 마치게 된 거죠. 1인 천하 유신 독재자가 제거된 직후인 1979년에는 '하나회' 소속 정치군인들이 민간 정권을 다시 탈취했어요. 신군부의 12·12 군사 쿠데타가 발생한 거죠.

대한민국 현대사에서 5·16 군사 쿠데타가 첫 길을 닦아둔 바람에 전두환의 두 번째 군사 쿠데타는 아주 손쉬웠을 테죠. 군대 내에서 사조직 '하나회'를 만들 정도였으니까요. 그래 군부 독재 정부가 다시 이어지면서 박정희 신격화 종교가 대한민국에 뿌리를 완전히 내리도록 갖은 조치를 다 취하는 걸 그들은 잊지 않았어요. 박정희 가 우상이 되고 영웅이 되고 빛나야 후계자로 자처하는 신군부 세 력인 자신들도 빛이 난다는 걸 잘 알고 있었기 때문이죠.

군사 독재자 전두환 세력은 1980년에 전국의 신문 방송을 하나 로 통폐합하여 국내 여론을 자신들의 뜻대로 조작하는 일에 사력 을 다했어요. 그 결과로 5·18 광주 민주화 운동의 실상이 안개 속 에 가려졌고 게다가 거기에 거짓 조작과 속임수까지 덧붙여졌던 거죠. (2017년 영화 '택시 운전사'를 보세요) 독재 정부의 이런 조치에 뿌 리를 두고 생겨난 중요한 2가지가 있어요. 그 첫째는 신문 방송 의 여론 조작 편파 행위의 일상화이고, 둘째는 경상도의 전라도에 대한 차별과 대립감정의 공고화입니다. 일방적으로 정부 편을 드 는 신문과 방송을 통해 박정희와 전두환이 나라를 구한 위대한 지 도자이며 영웅임을 끝없이 읊어댔어요. 하루 이틀 사흘, 1년, 2년, 3년, 4년, 6년, 7년, 10년, 15년, 30년, 세월은 속절없이 흘러갔죠.

'박정희는 조국 근대화의 위도한 지도자이며, 전두환은 좌파 빨 갱이로부터 나라를 구한 영웅'이라는 광고 말이 전 국민에게 날마 다, 달마다, 해마다 귓속으로 파고들었어요. 그렇기 때문에 박정희와 전두환을 비판하고 반대하고 비난하는 김대중과 광주 전라도인들은 경상도 지역민들로부터 어느 순간 진짜로 빨갱이가 되었고 혐오와 증오의 대상이 되기 시작했던 거지요. '김대중은 빨갱이고 광주 전라도는 빨갱이다.' 이런 말들이 바람인 양 경상도를 떠돌게 되었던 게지요. 그런데 심각한 것은 그곳 사람들이 정말로 이걸 믿었다는 거죠. 그래도 서울 경기 쪽은 그렇지 않았어요. 서울과 경상도의 다른 점이 이런 것이죠. 지금껏 경상도 측에서 지역감정 운운하는 게 여기서부터 생겨났음을 분명히 알아야 해요. 그래야 망국의 지역 병이 깨뜨려질 수 있을 테지요. 지역감정은 경상도와 경상도 권력 측에서 만든 것이지, 광주 전라도 쪽에서 만든 게 결코 아니거든요. 지역감정과 지역 대립을 이용해서 이득을 보는 쪽은 경상도 쪽이지 전라도 쪽이 아니잖아요. 오히려 전라도 쪽은 철저히 손해를 보고 피해를 받는 형편이지요. 어떤 돌발적인 사회 현상(지역감정 등)이 나타났을 때 이것을 평가하는 기준은 누가 이것으로 이득을 보는지에 달려 있어요. 명심하세요. 전두환 정권 이후로 투표할 때 묻지 마 방식의 투표 행위가 처음으로 나타났습니다. 이 사실을 결코 잊어서는 안 돼요. 현재의 지역감정이나 지역 대립은 1980년대 경상도 정치 지배 세력이 설계하고 조작하고 조종했다는 점을 명심 명심 또 명심하세요. 그리고 또 하나 전라도의 몰표 현상과 경상도의 몰표 현상은 그 성격을 전혀 달리하는 것이거든요. 완전히 반대되는 것인데요, 말하자면 전라도는 자신들이 살기 위해서 몰표를 던지는 것이고 경상도는 누군가를 죽이기 위해 막무가내 몰표를 던진다고 보면 돼요.

그렇기 때문에 박정희라는 거짓 신화가 철저히 깨뜨려질 때, 그때 비로소 한국 사회가 새로운 문명과 새로운 역사 속으로 냉큼 진입할 수 있어요. 지금 떠도는 말들처럼 경상도가 달라지면 한국이 달라지는 게 맞거든요. 어쨌든 대한민국의 모든 것은 경상도한테 달려있어요. 특히 한국의 민주주의가 오직 경상도한테 달려 있어요. 서울도 아니고 전라도 아니에요. 경상도가 한국의 민주주의를 쥐락펴락해요. 경상도가 최고예요. 대한민국의 혁신은 애오라지 경상도의 손에 달려있어요. "경상도가 바뀌면 대한민국이 바뀝니다." 시쳇말로 경상도가 갑인 게 맞아요. 이 일에도 혹시 '18년'이 걸린다면 우리가 그것을 기꺼이 감내할 수밖에요.

지랄용천이로구나, 돈지랄 권력 지랄

꼬리가 길면 잡혀요. 만고불변의 진리지요. 재벌과 권력층의 돈장난이 어제오늘의 일이 아니었죠. 연전에 어느 한국의 권력자가 독일의 한 호텔을 통째로 다 빌렸어요. 자녀의 유학 생활 몇 달을 위해서라는데요. 방만 해도 20개가 넘어요. 가족은 달랑 3명뿐. 돈을 마구 펑펑 써요. 믿을 수 없을 만큼 써대요. 물론 자기 돈이 절대 아니겠지만 말이에요. 이런 게 꼴값 돈지랄입니다. 돈지랄은 분수에 맞지 않게 돈을 마구잡이로 쓴다는 뜻이죠. 솔직히 말해서 보통 사람들도 생애 한 번쯤은 돈지랄을 하고 싶어 해요. 사람 마음이 다 거기서 거기지 뭐 어때요. 인지상정이죠. 그런데 보통은 돈이 없으니까 돈지랄은 못하고 그냥 지랄을 한 번씩 해요. 술 주사 부리는 것이나 또는 갑질이랄까 뭐 그런 것 말이죠. 그래서일까요, 한국 사회가 요즘 들어 몇 겹 더 천박해진 것 같아요. 독재자의 딸이 탄핵 받은 이후에도 대한민국에서 친박들이 날뛰어서 그런 것도 조금은 영향이 있겠죠. 한국에서 친박과 천박은 아주 가까운 사이인 것 같아요. 친박 쪽들은 대체로 천박하거든요.

불량 인간들이 권력을 잡으면 빠뜨리지 않고 꼭 저지르는 게 있어요. 특히 출세주의자들은 누구나 이 놀이에 쉬 빠져들죠. 권력지랄이 그것이에요. 의전에 과도하게 매달리고 권력으로 사람을 농락하고 목돈을 챙기고 하는 짓 말이죠. 그런데 권력층의 상당수가 돈지랄은 다른 계층에게 맡기고 자신은 권력지랄을 즐겨요. 한국 전통의 스마트한 선비 정신은 개에게 줘버렸어요. 노블레스 오블리주 전통은 서양에만 존재하는 거라고 국민을 진작 속여먹었죠. 그들은 민족 문화와 전통 유산을 모조리 관장 배설했어요. 텅 빈 머리와 허전한 창자 속에 서양 종교와 일본 정신을 잔뜩 채워 넣었죠. 거기서 권력자의 교만함과 뻔뻔함과 교활함이 오물덩이처럼 때 없이 콸콸 쏟아져 나와요.

후안무치가 그의 맨얼굴이에요. 파렴치가 그의 염치예요. 그는 친일파이거나 친일파의 후손이거나 그도 아니면 친일파를 부러워하고 동경하여 친일파가 막 되려 하거나 예전부터 친일파를 칭송하고 있는 자예요. 소위 뉴라이트가 그의 동조자들이죠. 이런 자가 오늘에도 한국 사회를 구석구석 속속들이 지배하고 있어요. 그들끼리 연합하여 지배 계층을 진작 형성한 거예요. 생각해 보세요. 기회주의자들에게 인생은 기회의 연속이 아닐까요? 그에게는 나라가 독재 국가가 될수록 자신의 출세 길이 훤해지고 빠르게 열린다는 걸 누구보다 잘 알아요. 독재 정권일수록 출세의 문이 더 활짝 잘 열린다고 굳게 믿는 거죠. 그래 친일 독재의 정부 치하에서 출세주의자들은 곧 기회주의자들과 동일인입니다. 그들은 붕어빵처럼 서로가 꼭 닮아 있어요.

이디 아민이라는 유명한 독재자가 있었어요. 아프리카 우간다 대통령을 오래 지냈죠. 그런데 그가 우리나라 누군가와 꼭 닮아 있어서 '아하, 독재자는 인간 성향이 서로 비슷하구나.'하는 생각이 들게 해요. 아민 독재자는 우간다가 영국 식민지가 되었을 때 영국군 장교로 근무한 사람이에요. 우리나라도 이와 비슷한 인물이 있지요 아마. 한반도가 일본 식민지로 있을 때 일본군 장교로 복무한 사람 말이에요. 이디 아민은 우간다가 영국으로부터 독립된 후에 군사쿠데타를 일으켜 민간 정권을 탈취했는데요. 아민은 철권 통치자가 되어 우간다에서 오래 오래 공포의 독재 정치를 자행했어요. 나라가 아프리카이다 보니까 아마도 우리나라보다 통치 행위가 더 원시적이고 몽매하고 악독한 게 더 많았을 거예요. 모르긴 해도 잔혹한 인종 말살 행위와 반인권 행위와 지독한 정치 폭력과 각종 부정부패가 끝 간 데 없이 쏟아져 나왔겠지요.

공포 대마왕 이디 아민 대통령은 1977년에 자신을 '왕관을 쓰지 않은 스코틀랜드의 왕'이라 선언해요. 이것은 자신의 출세 배경이 된 영국이 우간다와 외교 관계를 완전히 단절하자 나온 첫 공식 반응이었죠. 그리고 곧장 독재자 아민은 자신에게 수많은 칭호를 붙여 위엄과 권위를 과시하는 조치를 취했어요. 상식의 눈으로 볼 때 그는 과대망상증 환자가 틀림없을 듯해요. 모든 독재자가 그렇겠지만. 그 증거를 한번 볼까요? "종신 대통령 각하, 야전 사령관 이디 아민 박사, 승리의 십자가, 탁월한 공적의 기사, 군대의 십자가, 물의 모든 짐승과 바다의 모든 물고기의 주인이자 아프리카의 대영제국, 그 중에서도 우간다의 대영제국의 정복자" 이것이 독재자 이디 아민의 공식 호칭입니다. 우스꽝스러운 이런 것들이 실제의 행위와 정책으로 표면화된다면 그것은 얼마나 무시무시할까요?

우간다에서 얼마나 많은 정치인들과 국민들이 공포와 비명 속에 죽어나갔을까요? 실제로 역사는 그렇게 진행되었다죠. 외국인이 볼 때는 이런 게 단지 재미난 기행이고 엉뚱한 괴담으로 조롱 거리가 될 수 있어요. 그러나 아프리카 우간다 국내에서 그의 마수 아래 놓인 우간다 국민들은 지옥보다 더한 고통과 공포를 맛보았을 게 분명해요. 유신 독재 시절의 한국 사회 역시 그렇지 않았을까요? 일본이나 미국 사람들이 봤을 때는 한국의 긴급조치법 상황이 웃기겠죠? 그러나 독재에 저항하다가 목숨을 잃거나 모진 박해와 압박에 시달린 사람들이 그때 그 시절에 정말 많아요. 가령 유신 독재와 박정희가 싫어서 붓을 꺾고 일본으로 아예 이민을 간 소설가도 있더군요. 얼마나 괴롭고 힘들었으면 그랬을까요? 어떤 시대이든 우리나라에서 독재의 공포는 조선총독부 시절의 그것과 똑같다고 생각하면 실감이 날 거예요.

이디 아민 대통령은 자신의 출세 배경이 된 영국을 어쩌면 숭배하고 동경했을 거예요. 이런 경향은 식민 지배를 경험한 출세주의자의 공통점이 아닐까 하는데요. 일제 식민 시대를 겪은 박정희 대통령이 군국주의 일본을 동경하고 숭배하고 모방하려 했던 것과 이것은 꼭 닮은꼴입니다. 이디 아민 역시 박정희 대통령처럼 자신의 식민 지배 국가인 영국을 숭배하고 동경하고 혹은 미워하고 배반하고 그랬죠. 여기서 재미 삼아 우간다의 식민 시절을 관통한 영국의 엘리자베스 여왕 2세의 공식 호칭을 한 번 볼까요? '신의 은총으로, 그레이트브리튼 및 북아일랜드, 그 밖의 왕국과 영토의 여왕, 영국 연방의 수장, 신앙의 수호자이신 엘리자베스 2세 폐하' 하하하 어때요? 놀랍지 않나요? 앞에서 본 이디 아민의 호칭과 이게 비슷하지 않나요? 우간다의 독재자가 식민지의 본토 영국을 숭배한 나머지 그를 모방했다고 볼 수밖에요. 별 것 아닌 것 같지만 이런 게 굉장히 중요하거든요. 식민지 독재자의 과대망상증이 이로 부터 비롯되니까 말이에요. 우간다 독재 국가나 한국의 유신 독재 국가나 탄생 배경이 이런 것이거든요. 다른 나라가 볼 때는 우스꽝 스럽고 기괴한 이야기에 불과할지라도 독재의 실제 세계는 극한의 고통이며 극한의 공포 그 자체입니다. 거두절미할게요. 지상 세계 에서 지옥이 따로 있지 않아요. 무소불위의 권력을 움켜쥔 인간 독 재자가 바로 악마예요. 그가 절대 권력을 휘두르는 곳, 그곳이 바 로 지옥이지요.

사이코 총독과 사이코패스 독재공화국

먼저 조선 사람들이 자신의 일, 역사, 전통을 알지 못하게 하라. 그럼 으로써 민족혼, 민족 문화를 상실하게 하고 그들이 선조와 선인들의 무위, 무능, 악행 등을 들추어내, 그것을 과장하여 조선인 후손들에게 가르쳐라. 조선인 청소년들이 그들의 부조(父祖)들을 경시하고 멸시하 는 감정을 일으키게 하여 그것을 하나의 기풍으로 만들어라. 그러면 조선인 청소년들이 자국의 모든 인물과 사적에 관하여 부정적인 지식 을 얻게 될 것이며, 반드시 실망과 허무감에 빠지게 될 것이다. 그 때 일본 사적, 일본의 문화, 일본의 위대한 인물들을 소개하면 그 동화의 효과가 지대할 것이다. 이것이 제국 일본이 조선인을 반 일본인으로 만드는 요결인 것이다.

1922년, 조선총독부 3대 총독 사이코 마코토

이 땅에 첫 독재 정부는 언제 탄생했을까요? 단도직입으로 말하죠. 1910년에 군부 일본이 한반도에 세운 조선총독부가 근대 한국의 첫 독재 정권입니다. 조선총독부의 역대 총독들이 우리 땅의 첫 독재자들이죠. 일제 강점기 35년은 독재의 시대, 독재자의 전성시대였어요. 일본이 총칼로 통치하는 동안 한반도 전체는 해마다 365일 내내 독재의 공포로 얼어붙었죠. 1945년에 일본이 패망하고 우리나라가 광복이 되었잖아요. 그러나 처음 닥친 문제는 다른 게 아니라 3.8선이 그어진 거죠. 미군이 3.8선 이남을 다스리고 소련군이 3.8선 이북을 다스리는 걸로 약속이 되었어요. 북위 38도에 해당하는 한반도의 38선은 미 국방부 소속 존 러스키 대위가 컴퍼스로 남북 경계를 편의상 급하게 분할한 거예요.

1945년 여름에 소련의 급작스런 대일본 선전포고와 참전 때문에 미국이 깜짝 놀랐거든요. 부랴부랴 한반도 일본 땅에 38선을 그어 소련과 협상한 거죠. 패전국 일본군의 무장을 해제하고 반도의 국가 시설을 접수하려고 말이죠. 38선 이북은 소련군이 진주하고 38선 이남은 미군이 진주하는 걸로 합의를 봤어요. 임시로 그어진 38선은 이후 한반도 분할로 그대로 굳어졌죠. 이것은 광복 후 남북 분단의 첫 출발점이 되었는데요. 결정적으로는 1948년 8월 15일,

38선 이남에서 남한만의 단독 정부가 수립된 거죠. 초대 대통령은 교회 장로 출신 이승만. 한국인들은 금발의 서양 여인 프란체스카를 청와대의 안주인으로 맞아들였어요. 미국인보다 더 미국인 같았던 이승만과 오스트리아 여자 프란체스카─대통령제를 채택한 신생국가 대한민국의 당대 성격을 이보다 더 잘 보여줄 수가 있을까요?

그래요, 대한민국은 민주공화정으로 출발했습니다. 그러나 대한민국의 불행은 공화국에서 이승만이 왕정을 하고 싶어 했다는 거예요. 그것도 조선의 왕이 가진 권력 정도는 말고, 서양의 절대 군주가 가진 절대 권력을 그는 갖고 싶어 했지요. 국제정치학 박사인 이승만은 공부를 많이 해서 그런지는 몰라도, 그 당시 한국인 누구도 잘 모르던 프랑스의 루이 14세 같은 절대 권력자가 되고 싶어 했죠. 독재자 이승만은 한반도를 통괄하는 유일무이한 민족의 영도자가 되고 싶어 안달했어요. 북쪽의 김일성과 지도자 자리를 놓고 경쟁하는 관계가 자존심 상하고 불편하고 싫었던 거죠. 그 서슬에 김구, 송진우, 여운형, 장덕수 등의 민족 지도자들이 비명에 숨겨갔죠. 한반도에는 오직 단 한 명의 영도자만 존재해야 한다는 누군가의 이념에 희생된 게 아닐까 싶은데요.

어쨌든 대한민국의 초대 대통령 이승만은 국부(國父)인 양 국가의 모든 일에 앞장섰어요. 당시 그의 직함 중 몇몇 중요한 것을 들어볼까요. 이승만─대한민국 대통령, 대한독립촉성국민회 총재, 대한청년단 총재, 학도호국단 총재, 대한노총 총재, 대한농총 총재, 대한어민회 총재, 대한체육회 총재, 대한민국 제대장병보도회 총본부 총재, 대한소년단 중앙본부 명예총재, 대한참전전우회 총재 등등. 후후훗, 이건 먼 훗날 아프리카의 독재자 이디 아민과 비슷하지 않나요? 부인 프란체스카 여사가 대한부인회 총재를 맡았음은 말할 나위가 없겠죠.

1948년 5월31일, 대한민국 총선 결과로 첫 국회가 열렸어요. 여기서 내각제 헌법을 만들었죠. 그러나 초대 대통령 이승만은 이를 받아들이지 않았어요. 내각제가 맘에 안 드는 거죠. 자신은 절대 권력자가 되고 싶은데 말이에요. 그래 이승만은 의원들을 겁박하여 내각제를 다시 대통령 중심제 헌법으로 고치게 했어요. 자신은 불과 조금 전에 국회에서 선출된 대통령이면서 말이에요. 이승만의 대통령제에 대한 집착은 국가 영도자 개념을 빼놓고는 설명할 수 없어요. 북쪽에서 김일성이 그랬던 것처럼 대한민국에서는 자신이 단 하나뿐인 민족의 태양, 민족의 유일한 영도자가 되어야 했던 것이죠. 이런 배경을 가지고서 1948년 8월 15일에 백악관(또는 백아관=조선총독부 건물)에서 대한민국 정부 수립 선포식을 가짐으로써 대한민국은 민족의 영도자 이승만이 이끌어가는 민주공화국임을 전 세계에 널리 알리게 되었어요.

안타깝게도 한국의 초대 대통령은 권력욕이 대단했어요. 권력 독점의 유혹을 떨쳐내지 못했죠. 그는 미국 1대 대통령 워싱턴과는 전혀 달랐어요. 코스타리카의 피게레스 대통령과도 완전히 달랐어요. 이승만의 권력욕은 무한대에 가까웠죠. 대통령의 첫 임기가 끝나자마자 그는 헌법을 바로 고치려 했어요. 그러나 정족수 미달로 개헌이 무산되자 '사사오입'이라는 기상천외한 무기를 들고 국회를 공격했어요. 신종 무기(사사오입) 사용 때문에 대한민국에서 대통령의 단임 제한은 철폐되고 제헌헌법이 곧장 개정되고 말았죠. 이렇게 해서 그는 법치주의 민주국가에서 놀랍게도 법에 따라 다시 대통령이 되었어요. 그러나 두 번째로 다시 대통령이 된 그는 더 이상 그냥 대통령이 아니었어요. 보통의 대통령이 아니었죠. 이승만은 절대 권력자가 되어 있었어요. 치졸한 독재자 이승만은 조선시대 왕보다 100배 이상 더 강력한 권력을 한 손에 움켜쥐었죠. 민주공화국은 허울뿐이고 민주주의는 간판뿐이었어요.

간신배와 출세주의자들이 권력 중심부에 출몰을 거듭했는데요. 대한민국의 수도 '서울'을 이승만 박사의 호 '우남'으로 고치자며 이를 시도한 적도 있어요. 하하하 웃겨요. 그때의 대한민국은 이승만 독재공화국이었던 거죠. 민주공화국은 허명으로 남고 민주주의는 진작 껍데기가 되었어요. 알맹이는 지독한 독재 정권입니다. 해를 거듭할수록 독재의 칼바람은 한국 사회를 지옥으로 내몰아갔는데요. 사회 일각에서는 독재 정권을 비판하는 집회와 현수막이 등장했고요. 자유당의 지독한 독재 탓에 국민들의 인성은 거푸 파괴되고 살림은 나날이 피폐해지고 경향각지에는 탈법과 불의와 부패가 여름철 장맛비처럼 넘쳐났어요.

무한대의 절대 권력은 어느 순간 민주국가의 경계선을 넘고 말지요. 그게 세상의 이치—지구 위 신생 독립국가 대한민국에서 독재 세상이 우당탕 열린 거죠. 국가 권력이 대놓고 백주대낮에 부정 선거를 자행했어요(3·15 부정선거). 그러나 이것에 속수무책으로 당할 한국인들이 아니겠지요? 배달겨레의 인성 밑바탕이 지극히 민주적이잖아요. 조선총독부 시절 3·1 만세 독립 운동이 역사적 맥락 없이 그냥 터져 나왔겠어요? 중국인에게도 없고 인도인에게도 없는, 이런 용감무쌍하고 독립 지향적인 성향이 우리의 민족적 특성인 거고 동이족의 기질인 거잖아요. 어느 민족도 쉬 할 수 없는 것을 우리 한민족은 한다면 하거든요. 오천 년 역사에서 국난 극복의 다채로운 역사적 사례들이 훌륭한 증거들이죠. 그렇다면 1960년 3·15 부정선거를 그냥 못 본 체하고 지나쳐갈 한국인들이 아니겠지요? 마산에서 촉발된 3·15 부정 선거 저항 운동은 결국 4·19 민주대혁명의 도화선이 되었던 거죠.

동양의 전통에서 혁명은 정당성을 부여받고 있어요. 맹자가 특히 이를 강조했죠. '왕은 가볍고 백성은 귀한 존재'라는 대원칙. 이것이 배달겨레 사람들의 핏속에 언제나 살아 있었죠. 1960년 4·19 민주대혁명이 독재왕국을 갈아엎었어요. 분노의 거친 파도가 독재자 이승만과 자유당 정권을 삼켜버렸죠. 4·19 혁명위원회가 정부 조직을 가다듬고 당장에 선거를 새로 실시했어요. 그렇게 해서 새로운 정부가 곧장 들어섰는데요. 이게 바로 대한민국 제2공화국의 탄생이지요. 국민들의 힘이 민주공화국 대한을 내각제 국가로 새로 건설한 거죠. 국민들이 맨몸으로 독재의 칼바람에 맞서서 이겼어요. 대한민국의 새봄이 활짝 열렸죠. 자유의 봄바람이 4월의 꽃향기처럼 휘돌아들며, 민주 국가의 봄날이 포근포근 찾아왔어요.

그러나 안타깝게도 민주의 봄날은 오래가지 못했어요. 그 이듬해 1961년에 군사 반란이 일어났잖아요? 독재공화국을 허물고 국민이 힘을 모아 세운 민주 정권이 속절없이 흐너졌어요. 정치군인들이 총칼로 국민의 권력을 낚아챈 거죠. 첫돌이 지나자마자 대한민국 내각제 민주공화국이 군인들 손에 죽임을 다했어요. 이승만 1인 독재 때문에 워낙 고생을 많이 한 탓에 2공화국은 내각제 정권을 독재 방지용으로 만들었거든요. 이승만 독재로부터 구출한 민주주의라는 파릇한 생명체를 이번에는 날선 일본도가 뼛속 깊이 칼질을 마구 했다고나 할까요? 대한민국 민주공화국이 단칼에 죽었어요. 박정희 군사 정권은 4·19 민주대혁명의 정신과 가치와 의미를 빠른 속도로 지워나갔죠. 정치군인들이 애오라지 군인 독재 세상을 만들기 위해서 그랬어요. 그래 이승만 독재보다 한층 지독한 군사 공포 독재가 대한민국에서 지옥문을 벌컥 열었어요. 경제 위기와 국가 안보를 평계로 대면서 한국 사회를 조선총독부 시절의 독재 국가로 다시금 몰고 갔어요. 내각제 민간 정부를 참살하고 들어선 군사 정권은 독재 세상을 은근슬쩍 꿈꾸기 시작했는데요. 이승만 때보다도 더욱 강력한 대통령제 국가를 건설하려 획책했죠. 군부 세력은 나중에 유신 쿠데타를 거쳐 한국형 민주주의라는 이름을 걸고 이것을 전격 현실화했어요. 대한민국에서 이른바 군사 공포 정치, 유신 독재가 시작된 거죠.

유신 쿠데타는 1972년에 발발했는데요. 쿠데타 당사자는 현직 대통령 신분의 박정희. 5·16 군사 쿠데타에 이어 유신 쿠데타까지, 박정희는 우리나라 헌법을 2번 파괴했어요. 신생 민주공화국에서 쿠데타를 거푸 두 번이나 일으켜 모두 성공한 인물은 아시아권에서 그가 유일해요. 박정희는 지구촌에서 안 할 말로 군사 쿠데타의 대단한 성공 모델이 되었죠. 5공화국을 세운 전두환과 하나회 군인들을 비롯해 세계 각국에서 그를 모방하고 추종하는 인물들이 우후죽순처럼 생겨났는데요. 그러나 개인 박정희의 놀라운 출세주의 성향과 쿠데타 작전 성공은 대한민국의 정의를 혼돈에 빠뜨렸고 박정희의 놀라운 대성공이 대한민국 민주주의의 처절한 실패를 가져왔음을 결코 잊어서는 안 돼요. 오늘도 대한민국에서 박정희교의 교리와 유신 독재의 세뇌 기술력이 많은 한국인의 체내 속을 독액처럼 휘돌아들고 있음을 아픈 눈으로 보고 있습니다.

특수 신분이라며 안심하고 살기는 오해다

사우디아라비아는 왕정 국가예요. 그러나 그곳도 법 앞에 만인이 평등해요. 법치 원리에 예외가 없어요. 법치주의 국가 시스템입니다. 법치주의가 바로 정의로운 사회의 기초가 되는 거죠. 공화정 체제만 법치주의를 채택하는 게 아니에요. 공산주의 국가나 왕정 국가에서도 법치주의를 택해요. 왜냐 하면 법치가 가장 원칙적이고 상식적인 시스템을 제공해주니까 그런 거죠. 그렇습니다. 법치주의는 국가 시스템의 가장 기본 골격이에요. 법치가 무너지면 국가가 무너져요. 박근혜 정부의 철저한 패망은 바로 이곳에 원인이 있어요.

사우디아라비아 현직 왕자가 몇 해 전에 사형을 당했다고 하네요. 말다툼 끝에 친구를 총으로 살해한 왕자 카비르에게 법에 따라 사형이 집행 되었다는데요. 이 소식을 접하고 세계인들 모두가 깜짝 놀랐대요. 아하, 왕조 국가도 법치국가이며 왕족에 대한 법률 집행이 아주 엄격하구나 하고 말이죠. 이게 아주 가까이, 지난 2016년 10월 어느 날에 있었던 일이라고 하는군요.

민주주의가 별건가, 사람이 사람답게 살아야 민주주의지

사람은 사회적 존재예요. 사회 속에서 함께 살지요. 까닭에 사람의 행복과 불행은 대체로 사회적 성격을 지녀요. 단 한 명만이 사는 지구라면 무슨 비교가 가능하며 그에게 권력과 지식과 감성이 다 무슨 소용이 있을까요? 자신이 행복하냐 아니냐는 인간이 공동체 안에서 느끼는 감정이라고 할 수 있죠. 그렇기 때문에 부족한 행복지수는 건강한 사회적 관계로 풀어나가는 게 바람직해요. 복지국가가 필요한 이유가 그런 것이고, 그러니까 개인이 건강하려면 사회가 먼저 건강해야 하는 거죠. 우리 국민들이 새로운 대한민국을 골똘히 그려보는 이유가 바로 여기에 있지 않나요?

현재 세대의 사회적 결정은 미래 세대의 삶에 영향을 끼쳐요. 어떤 경우에는 가장 결정적인 영향을 끼칠 수도 있어요. 나이든 분들이 선거 때 투표를 잘해야 하는 이유가 여기에 있죠. 그러니까 노인들도 젊은이를 위한 정책에 자기 표를 주는 게 좋아요. 젊은이가 잘 살아야 나라 전체가 잘 사는 게 되거든요. 국민들이 대통령 선거나 국회의원 선거에서 투표하는 행위는 사회 공동체라는 제2의 자연 환경을 인공적으로 조성하는 정치적 행위라고 할 수 있어요. 동식물에게 자연 환경이 절대적으로 중요한 만큼 인간에게는 사회 환경이 절대적으로 중요해요. 인간이라는 정치 동물에게는 사회가 곧 그의 자연입니다. 그러므로 민주 국가에서 투표 행위는 정말 중요해요. 민주공화국에서 선거 행위는 새 세상을 만드는 가장 직접적이고 가장 효과적이고 가장 혁명적인 사회 운동이라고 해도 과언이 아니에요.

지금까지 한국 사회는 로봇 사회의 성격이 강했어요. 사람이 아니라 로봇이 사는 사회. 이게 무슨 말이야 하면, 제 방식으로 살지 못하고 누군가의 손으로 조종되는 사회가 우리 사회였던 거죠. 무비판적인 서구 흉내 내기라는 삶의 방식이 그걸 가능하게 했어요. 친일 독재 부역자들의 전매특허인 좌파 욕하기와 빨갱이 혐오증이 한국 사회의 무조건적인 서구 베끼기에 힘을 보태준 측면도 있어요. 이런 까닭에 각종 사회 제도와 삶의 현장 곳곳에 우리 고유의 생각과 감성과 철학이 들어서질 못했어요. 일 처리의 대부분을 로봇으로 대신한 거라고나 할까요? 사람이 안 보이는 로봇 사회. 게다가 우리가 근대화를 곧 서구화로 착각해서 더욱 그랬을 테죠. 박정희 치하에서 우리가 조국 근대화의 구호를 외치면서 서구 문명을 마구잡이로 흉내 내고 또 일본의 군국주의 정신문화를 이식하면서 발생한 현상이 아닐까 하는데요. 제도와 삶의 양식이 괴상하게 비틀어져 있어도 '우리가 왜 이렇게 살아야 하지?'라는 근본 질문은 생략한 채 그저 속도에 떠밀려 살아왔던 거죠. 그래서 우리 국민들은 조선총독부 때와 마찬가지로 국가 권력이 정답을 주면 그것을 받들고 따르면서 그냥저냥 살아왔던 거예요.

그러나 유연성과 다양성을 잃어버린 사회는 죽은 사회거든요.

시험은 몰라도 인생에는 정작 정답이 없다는 걸 우리가 잘 알고 있잖아요. 그래서 그래요. 정부가 딱 하나만 집어서 국민들에게 강요하는 경우는 없어야 해요. 이 정도면 충분해요. 민주주의를 너무 어렵게 생각할 필요가 없어요. 국민들이 제가끔 행복하게 잘 살도록 하는 게 민주주의예요. 사람이 사람답게 살면 그곳이 바로 민주세상이고 복지국가가 아닌가 말이에요.

한국 사회여, 서양의 추종자 말고 새 문명의 개척자가 되자

반바지 입고 출근하면 성공한 혁신일까요? 혁신의 성공을 자신할 수 있나요? 물론 반바지 출근으로 권위주의 문화를 일부 허물수는 있어요. 그러나 어쩌면 이것이 요술을 부려, 혁신 반대 층을 한결 단단하게 결집시켜주는 역기능을 더 키울 수 있어요. 쉽게 말해 혼자만의 변화는 혁신이 아니에요. 변신 혹은 변장이죠. 사회라는 큰 판은 탈바꿈 정도의 혁명이 아니면 아무런 표가 안 나요. 판을 갈아야 해요. 판을 엎어야 해요. 새 판을 짜야 해요. 그래야 새로운 대한민국이 열리는 거죠. 문재인표 100대 국정과제 실현에 많은 기대를 걸고 있습니다. 특히 1과제 '적폐 청산'에 정부와 우리 국민들이 많은 공을 들였으면 좋겠어요.

유럽인들은 에둘러 말하지 않아요. 정확히 똑 부러지게 얘기를 잘해요. "한국 기업은 기술 혁신은 잘하는데 근본 혁신은 잘 안 된다."고 말하죠. 아마도 우리의 권위주의 문화를 지적하는 거겠죠? 우리 문화의 밑바탕을 이루고 있는 군대식 상명하복의 패러다임이 굳건해서가 아닐까 하는데요. 그래서 그럴까요, 보면 진짜로 기업 조직이 대체로 탄력적이지 않아요. 유연성이 없고 딱딱해요. 부드럽지 않고 뻣뻣해요. 새로운 변화에 창조적으로 대응하는 것이 늦거나 변혁을 피하거나 때로는 무시하거나 반대해요. 기업 조직의 구조가 최고 경영자의 눈치 아래 있어서 그런 게 아닐까 하는 생각도 있거든요. 결국 기층 중심 문화가 권위주의라서 그런 거죠.

그런데 권위주의 내부에서는 창의성이 움터나기 힘들잖아요. 조직 구성원이 눈치를 보지 않고 소신껏 행동할 수 있어야 혁신이 싹을 틔우고 꽃을 피울 수 있거든요. 창의성이 죽었는데 혁신의 성장 동력이 있기나 하려고요? 혁신이라는 게 사실상 기술이나 아이디어만으로 되는 게 아니잖아요? 최고 경영자의 질책 한 마디에 조직이 금세 얼어붙는 곳이라면, 이런 환경에서는 기업 문화의 혁신이 근본적으로 불가능할 수밖에 없어요. 이것은 나랏일도 마찬가지예요. 모든 걸 독재자 1인에게 초점을 맞추는 불량 국가에서는 민주주의가 실현 불가능할 수밖에 없어요.

혁명은 특수 상황에서 가능하고 혁신은 일상에서 가능해요. 까닭에 국가나 기업에서 혁신이 성공하려면 무엇보다 일상화가 가장 중요해요. 일상화 과정을 거쳐야 해요. 그러자면 일상화를 가능케 하는 제도와 시스템이 마련되어야 하겠죠. 물론 어떤 경우에도 사람이 가장 중요하다는 걸 잊어서는 안 돼요. 사람을 배려하고 사람을 챙겨야 해요. 사람이 먼저인 세상이 가장 좋은 세상입니다.

지금까지 한국의 놀라운 경제 성장과 기업의 급속 발전은 '빠른 추격자' 전략 때문이에요. 서구 문명국들을 놀라운 속도로 따라가는 우리의 페스트 팔로워 전략은 성공적인 듯해요. 페스트 팔로워 전략은 강력한 리더십과 군대식 조직력을 필수로 하지요. 한국의 30년 이상 묵은 군사 독재 정권이 이런 흐름을 주동적으로 처리한 까닭이 여기 있어요. 빠른 기술 발전과 급속한 사회 변화 속에서도 사업 기회는 그래도 앞으로 무궁무진 많아요. 가령 베이징에 처음 가서 자욱한 스모그를 목격하고는 이것을 곧바로 돈이 되는 사업으로 추진한 서양인들이 있어요. 발상의 전환이 새로운 상품을 개발했고 이것이 그들에게 돈벼락을 안겨 주었죠. 미국의 한 회사는 스모그 마스크라는 걸 만들었는데, 그 기업은 이것 하나만으로 연 10억 달러 이상을 벌어들인다고 알려졌어요. 창조적 사고가 혁신을 불러오고 혁신이 새 경제를 창조한 경우에 해당하지요. 유연성이 창의성의 원천임을 알아야 합니다. 한국 사회를 드리운 권위주의 문화, 군사 독재 문화를 청산하는 게 시급해요. 유연성이 살아 있는 말랑말랑한 창조 에너지를 맘껏 사용하는 사회가 민주 세상이 아닐까 합니다마는.

서양을 우상처럼 받들고 그를 따라다니는 못난 짓은 우리가 이제 그만두었으면 좋겠어요. 광복 이후 지금까지 우리가 서양에 바친 사랑과 존경과 숭배가 이만하면 충분하지 않았나요? 우리 철학을 만들고 우리 경제를 만들고 우리 문화를 만들고 우리 교육을 우리 힘으로 새롭게 가꾸어 가면 어떨까요? 서양 추종자 노릇일랑 그만두고 우리가 차라리 세계 문명을 이끄는 일류 국가가 되어보자는 결심을 해보면 어떨까요? 대한민국에 자신감과 자부심을 가집시다. 우리는 할 수 있어요. 그런 역량과 잠재력이 충분히 있거든요. 용기와 희망을 한 번 내보죠. 왜냐 하면 일류라고 알려진 서구 문명은 현재 커다란 문제점과 한계에 부닥쳤어요. 서양의 종교와 사상과 정신철학으로는 오늘의 지구 문명이 처한 이 위기 상황을 뚫고나갈 수가 없어요.

새로운 지구 문명 건설에 드디어 한국 철학이 이바지할 기회가 왔어요. '홍익인간' 철학으로 세계의 운명을 우리가 긍정적인 쪽으로 돌려놓을 수 있어요. 우리의 '홍익인간' 정신이야말로 자본주의 지구 문명의 해악을 누그러뜨릴 평화 철학이며 생명 철학이며 나눔 철학이며 상생 철학이에요. 지금부터 우리 한국인들이 나서서 세계 문명을 주도해야 합니다. 그럴 기회가 왔고, 우리에게는 그럴 힘과 지혜와 철학이 있어요. 우리 자신을 우리가 강하게 믿어야 해요. 도탄에 빠진 세계인에게 하루바삐 한국인의 높은 문화 역량과 정신 철학의 저력을 보여줍시다. 어때요? 지금 당장 우리가 바로 나서도 될 것 같은데요. 그렇지 않나요?

세뇌 탈출, 주술에서 빨리 벗어나자

우리 대한민국이 '엄청난 나라'가 된 데는 두 사람의 탁월한 지도자와 두 부류의 뛰어난 조직이 있어서이다. 두 사람의 지도자는 이승만과 박정희이고 두 부류의 조직은 기업과 군대다.

사회학자 송복

세뇌(브레인워싱)는 우리 생활 가까운 곳에 있어요. 그것은 신흥 종교의 맹신자들이 겪는 심리 과정과 유사하다죠. 한국 사회의 무수한 신흥 종교 집단과 김일성 교주 체제의 북한은 구성원을 철저히 세뇌한다는 점에서 공통점을 가져요.

한국인 본래의 토속 정신은 무속 신앙의 바탕이죠. 이것과 외래 정신을 엮으려는 노력이 신흥 종교를 만들어온 기반이 되었어요. 그래서 한국 사회는 신흥 종교의 천국이에요. 한때는 자고나면 대한민국에서 두세 개의 신흥 종교가 만들어지곤 했다는데요. 한국에서 태어난 신흥 기독교는 대부분 이렇게 해서 탄생했죠. 통일교, 구원파, 영생교, 신천지교, 영세교, 그리고 기타 크고 작은 교회 공동체 신앙이 다 그러해요. 우리의 무속 신앙과 외래의 기독교가 만남으로써 우리나라에서 신흥 종교가 저절로 만들어지는 거죠. 이걸 다른 말로 하면, 기독교의 한국식 변형이 바로 신흥 종교 탄생의 비밀이라고 할 수 있어요.

신앙인들은 어떻게 보면 종교 교리에 세뇌된 사람이라고 할 수 있어요. 세뇌된 사람들이 신앙인들인 거죠. '탈 세뇌'는 세뇌에서 벗어나는 것을 가리켜요. 그런데 탈 세뇌가 가능할까요? 가능하지 않겠어요? 세뇌가 가능한 것처럼 탈 세뇌도 가능한 게 아니겠어요? 물론 세뇌가 공을 많이 들여야 가능한 것처럼 탈 세뇌 역시 성공하려면 엄청난 주의와 노력이 뒤따라야 하겠죠. 다행스럽게도 사람의 뇌라는 게 정 반대 방향의 세뇌조차 감당하는 유연성과 탄력성을 지니고 있다고 하네요. 현대 한국 사회에서 민주화 운동에 열렬 투신하던 사람이 훗날 소위 보수골통 인사가 되는 걸 보면, 정말 그렇다는 생각이 들어요.

그런데 탈 세뇌는 어떻게 할까요? 방법이 뭐가 있죠? 이게 참 중요해요. 왜냐 하면 대한민국에는 지금 세뇌 당한 사람들이 무척 많거든요. 가령 일본에 나라를 팔아먹는다 해도 투표 때 특정 자기 지역 정당만 열심히 찍어대는 사람들 아시죠? 그 사람들이 무언가에 세뇌되었다는 생각이 들지 않나요? 도저히 제 정신으로는 그럴 수가 없는 거죠. 그러자면 탈 세뇌 방법을 알아야 하고 이것을 잘 실천하는 게 좋아요.

탈 세뇌의 방법은 의외로 상식에서 크게 벗어나지 않아요. 누구나 실천할 수 있어요. 탈 세뇌의 첫째 방법은 세뇌의 공간을 떠나는 거예요. 이를테면 그 동안 자기가 놀던 환경에서 냉큼 벗어나면 돼요. 새로운 분위기와 새로운 환경으로 탈출하는 거죠. 세뇌 권력자와 세뇌 바이러스가 득실대는 생활환경에서 빨리 벗어나는 게 중요해요. 가령 대구에서 살다가 갑자기 서울로 이사를 간다거나 하는 것도 하나의 방법이에요. 탈 세뇌의 둘째 방법은 책을 읽는 것입니다. 책을 자주 읽으면 더 좋고 더 적극적으로는 자신이 직접 책을 쓰는 방법도 있어요. 이것이 뜻하는 바는 자신의 평화로운 정신 상태를 고르게 유지하고 스스로 자존감을 최고로 높이는 작업들을 하라는 거죠. 마지막으로 탈 세뇌의 셋째 방법은 전혀 새로운 곳에서 전혀 새로운 사람과 자주 만나는 거예요. 이상 세 가지 방법을 요약 정리하자면, 탈 세뇌에는 새로운 환경과 새로운 사람과 새로운 분위기가 굉장히 중요하다는 거죠.

곰곰 생각해보세요. 탈 세뇌를 할 때 탈출하는 방법들이 무언가와 많이 닮아 있지 않나요? 그게 뭘까요? 하하하 우울증 탈출과 비슷하지 않나요? 그래요, 탈 세뇌 요령과 우울증 치료가 방법적으로 상당히 비슷하거든요. 그러면 여기서 우리가 하나 더 읽어낼 수 있는 게 있어요. 그게 뭐냐 하면 세뇌가 곧 우울증이라는 거죠. 그렇지 않나요? 현대 자본주의 기계 문명이라는 우울증을 치료하려고 오늘도 많은 한국인들이 교회로, 성당으로 몰려가고 있음을 봅니다.

세뇌는 참 무섭습니다.
얼마 전의 신문 기사 한 토막을 볼까요?

친박단체, 영화 '강철비' 촬영 현장 항의 소동

인공기, 북 상징물 설치 반발, 전화 100여통… 집회도 예정

남북 비밀 첩보를 다룬 영화 '강철비(가제)'가 대구시 달성군 국립대구과학관 일대에서 촬영에 들어가자 친박단체 등 일부 시민들이 항의하는 소동이 빚어졌다.

8일 대구과학관 등에 따르면 '강철비'는 지난 7일부터(오는 14일까지) 대구과학관 건물에 인공기와 각종 표어 등 북한을 상징하는 시설물을 설치해 촬영을 진행 중이다. 대구과학관 건물은 컴퓨터 그래픽을 통해 영화 속에서 개성공단으로 연출되며, 주연을 맡은 정우성은 9일부터 촬영에 임하는 것으로 알려졌다. 이 같은 사실이 알려지자 '박근혜 써포터즈' 회원과 일부 시민은 7~8일 이틀간 대구과학관과 달성군청에 전화를 걸어 영화 촬영에 대한 반대의 뜻을 전달했다. 이들의 주장은 '보수의 심장인 대구에서 좌파 세력의 영화 촬영을 결코 용납할 수 없다'는 것. 이 같은 항의 전화가 100여 차례 이상 폭주, 업무가 마비될 정도였다고 관계자들은 전했다.

김00 '박근혜 써포터즈' 중앙회장은 "촬영에 법적인 문제가 없다고 할지라도 영화 속에서 북한 인공기 사용은 현 시점에서 매우 부적절하다."고 주장했다. '박근혜 써포터즈' 회원 1천여 명은 10일 대구과학관 앞에서 '강철비' 촬영에 반대하는 대규모 집회를 연다. 이와 관련해 대구과학관 관계자는 "영화 촬영을 위한 장소만 제공해 줬을 뿐인데, 일

부 단체와 시민들이 정치적으로 해석하고 있다."며 "충분한 설명을 통해 오해를 풀 수 있도록 하겠다."고 밝혔다.

『영남일보』, 2017년 3월 9일, 강승규 기자

식민지 백성은 잘 살기는커녕 죽을 힘도 없구나

GDP는 삶을 가치 있게 만드는 것을 제외한 모든 것을 측정한다.
1968년 미국 대통령 후보 시절 인터뷰에서, 로버트 케네디

지디피가 높으면 잘 사는 나라가 맞나요? 지디피가 낮으면 못사는 나라고요? 돈이 많으면 행복하고 돈이 적으면 불행하고…. 정녕 세상이 그런 건가요? 옛날 못 살던 때의 우리나라는 누구나 불행했고 그때보다 돈이 몇 십 배나 더 많은 지금의 우리나라는 다들 행복한가요? 이건 누가 만든 거짓 철학인가요? 이거 속임수 숫자 철학 아닌가요?

우리나라에 요즘 지하철 사고가 잦습니다. 물론 옛날 지하철이 없을 때는 지하철 사고라는 게 아예 없었겠죠? 그러면 지하철이 없던 때는 불편해서 불행했고, 지하철이 있는 지금은 편리해서 행복하고, 그런가요? 지디피 문제로 국민 생활의 행불행을 따지는 시대는 지났어요. 그 말을 지금 여기서 하고 싶은 거예요. 다시 지하철 사고 문제를 생각해 볼까요? 잦은 지하철 사고가 정말 시민의 안전의식 불감증 때문에 발생하는 걸까요? 차라리 이것은 지하철 종사자의 인력이 절대적으로 부족해서 일어난 사고일 확률이 훨씬 더 높아요. 한국 사회의 천박한 자본주의 문명 그 자체가 문제의 원천이랄 수 있어요. 돈을 높이 떠받드는 돈 중심 사회가 문제의 처음 발생 지점이에요. 시민과 노동자의 안전보다 결국 비용 절감을 우선시하는 사회 풍조 때문에 그런 거죠.

지난 시절에 공공 정부가 소리 높여 부르짖는 성과주의, 실적주의가 부른 불행이에요. 이 문제의 초점은 무엇인가요? 비용 절감을 원칙으로 삼고 경쟁과 효율성만을 강조하는 사회 분위기가 문제의 근원이 아닌가요? 자꾸 이런 식으로 한국 사회가 흘러가면 나중에는 각자의 삶이 어떻게 될까요? 모르긴 해도 대다수 시민에게나 노동자에게나 우리나라는 살기 힘든 곳, 일상을 겪어내는 게 고통스럽고 불편한 곳으로 인식 되고 말 것이 아니겠어요?

그래요. 일의 특성에 따라 인력 배치와 예산 배정과 작업 강도가 구분되어야 하지요. 일률적으로 어떤 하나(예컨대 성과급 제도 등)를 강요하거나 규제하는 건 불량 사회의 모습입니다. 건강 사회, 안전 사회가 행복한 나라의 표본이 아닌가요? 철도와 지하철은 대표적인 네트워크 산업입니다. 많은 업무와 인력이 교차되며 시민의 안전과 편의를 담당하는 곳이죠. 그래 기관사와 승무원은 물론이고 정비와 관제 등 무려 15개 이상 직종 종사자들의 협업이 있어야 가능한데요. 그러자면 충분한 인력 지원이 절대적으로 필요하거든요. 왜냐 하면 인원이 부족하면 과도한 업무 집중이 불러오는 노동자들의 근무 스트레스가 엄청 높아질 수밖에요. 어제도 오늘도 한국 사회 곳곳 일터에서는 비용 절감 명목으로 인력 감축이 빠른 속도로 진행되어 왔는데요. 이것 참 위태롭기가 짝이 없어요. 위험 사회가 이런 것이죠. 작업 현장에는 부족한 인원보다 더 무섭고 위험한 게 있어요. 성과 연봉제라는 게 그것이지요. 지난 정부에서 개인끼리 그리고 부서끼리 극한의 경쟁을 부추기는 성과 연봉제가 공기업 전체에 전격적으로 도입될 예정이었다죠? 철도나 지하철 노동자의 근무 조건은 그야말로 최악이 되겠죠. 이렇게 되면 시민의 안전은 어디서도 보장할 수 없게 돼요. 저절로 우리나라가 위험 국가, 불량 국가가 될 수밖에요.

새로운 대한민국 시대가 열렸습니다. 지금이라도 늦지 않았어요. 성과 연봉제는 폐지되어야 마땅해요. 탈핵 정책은 시대의 부름입니다. 대한민국 정부의 정책은 경제 성장보다 국민 행복에 주안점을 두어야 할 테죠. 국민이 주인인 시대를 기분 좋게 시작해요. 우리가 문명적으로 미국보다 부탄을 본받는 게 더 좋아요. 대한민국은 민주공화국이며 헌법의 가치 아래서 국민들은 누구나 행복을 추구하고 안전을 보장 받을 권리가 있어요. 왕정 시대를 벗어나 공화국에서 사는 행복이 바로 이런 게 아닌가 말이에요.

하하하 군인이 없는데 군사 쿠데타가 있기나 할까

중남미 국가 코스타리카는 군대가 없어요. 군대를 없앤 기원은 피게레스라는 인물에게 있다죠. 그는 1948년에 민병대를 만들어서 내전 성격의 쿠데타를 일으켜 바로 성공했어요. 당대 기존의 독재 권력을 타도한 거죠. 그 후 코스타리카는 1949년에 헌법 개정을 통해 군대를 없애버렸어요. 뒤따라 그곳에는 탈바꿈과도 같은 평화의 대혁명이 꼬리를 물고 이어졌겠죠? 지도자 피게레스는 시대를 앞서 나갔어요. 여자와 소수 흑인에게도 참정권을 주었고 모든 국민에게 10년 동안 100% 의무교육을 전격 시행했죠. 그러할 때 공석인 대통령 자리는 자동 그의 것이었으나 피게레스는 그것을 다른 사람에게 넘겨주거든요. 그는 정말 대단해요. 단 한 사람의 초기 국가 지도자가 우리와는 얼마나 다른 역사를 만들었는지! 군사반란도 피게레스 정도가 된다면 세세연년 찬양 받을 테죠.

코스타리카 국민의 지지와 존경이 피게레스 장군에게 쏟아졌겠죠? 그는 지금의 코스타리카를 만든 국가 영도자예요. 이런 인물이 정녕 국부(國父)가 아닌가요? 개정 헌법 이후 70년 가까운 세월이 지나는 동안 코스타리카는 타의 추종을 불허하는 민주국가로 우뚝 섰어요. 세계인의 주목을 받는 매력 국가가 되었지요. 행복지수 세계 1등 국가예요. 지금도 코스타리카는 대통령 임기 4년을 누구 하나 어긋남 없이 정확히 지키고 있어요. 참말로 대단한 국민성이고 대단한 전통이에요. 나비효과라고 할까요? 첫 출발의 중요성을 그 곳이 아프게 일깨워줘요. 신생 국가의 탄생에서도 첫출발이 얼마만큼이나 중요한가를 분명히 알려주고 있으니까요. 만약에 미합중국에서도 초대 대통령인 워싱턴 장군이 우리의 이승만 대통령처럼 권력에 집착하고 장기 집권하고 그랬더라면 지금 미국이라는 나라가 저렇게 존재했을까 싶은데 말이죠.

첫 대통령이라고 해서 아무나 국부가 되는 게 아니에요. 국부의 자리에 오를 수 있는 게 아니에요. 국민들이 먼저 동의해 줘야겠죠. 모름지기 국부는 역사의 엄중함을 알고 나라와 민족을 사랑하는 마음이 남달라야 하지 않겠어요? 단 한 명의 위대한 사람이 위대한 나라를 만들 수도 있다는 사실을 우리는 여기서 다시금 확인합니다. 존경할 만한 국부를 가지지 못한 대한민국의 불행은 급기야 박정희 군사 쿠데타라는 대재앙을 몰고 오고야 말았지요. 아아 생각할수록 그것은 우리 민족의 불행이며 한국 현대사의 뼈저린 아픔이었죠. 아쉽고 속상해도 옛날로 되돌아가 이를 고칠 수가 없어요. 그런 까닭에 우리는 오늘 우리 문명의 틀을 지금에야 새로 짤 수밖에 없어요. 민주공화국에 걸맞게 민주 가치의 실현에 힘쓰며 더불어 나아갈 수밖에 다른 길이 없잖아요. 새로운 한국 문명을 우리 손으로 하나둘 도담도담 만들어나 보자고요.

코스타리카는 나라에 군대가 없으니 별스런 게 참 많아요. 대신에 경찰들이 할 일이 좀 많겠죠? 코스타리카는 중남미에 흔하디흔한 군사 쿠데타나 군부 독재가 아예 없는 게 특징이에요. 그럴 수밖에요. 군대가 없는데 군사쿠데타가 있을 수가 있나요? 군부 독재라뇨? 이곳은 지금 공공연히 사회민주주의를 표방해요. 공산주의와 비슷한 거죠. 그래서 무상 교육과 무상 의료를 100% 시행한다는데요. 군인이 없는데 그래도 국방 경비는 누군가 담당하겠죠? 네, 맞아요. 경찰이 이 일을 도맡아 해요. 이 나라는 국방 예산 대신에 나랏돈을 보건 복지와 교육에 집중해요. 그래서 코스타리카에서 국방비 지출은 국가 예산 전체에서 고작 0.6%에 불과해요. 이러면 어느 나라든 금세 세계 1등 부자 나라처럼 살 수 있지 않을까요? 정말 그래요. 오늘날 코스타리카에 새 별명이 하나 생겼지 않겠어요? 네, 맞습니다. 추측한 그대로예요. 이 나라의 별명은 '중남미의 스위스'랍니다.

　세상에는 코스타리카 같은 나라가 생길 수 있다는 걸 깨닫는다면 현재 서구 추종 일변도의 세계 문명 기류가 기우뚱 뒤집어질 수도 있겠죠? 한반도 분단 세월에 오래 가위 눌려온 우리 한국인들도 시야가 사뭇 넓어지지 않겠어요? 남북의 분단과 대립이 그 동안 우리에게 꾀죄죄하고 지질한 정신세계를 강요했잖아요. 극단주의와 이분법 사고 틀 말이죠. 남북의 가혹한 대립 구조—이런 것을 빨리 우리가 벗어던져야 해요. 우리 앞에 닥친 여러 사회 문제와 경제 위기를 극복할 길이 여러 갈래로 있어요. 그러나 그 중의 최고는 대한민국이 북한과 교류하면서 하나하나 풀어나가는 게 최상의 방책이지요. 남북의 스포츠 교류와 문화 교류, 그리고 남북의 경제 교류와 정치 협력만이 우리의 살 길임을 우리가 굳게 믿어야 해요.

공산주의 국가에도 독재가 있고 민주주의 국가에도 독재가 있다

박정희가 권력을 잡은 이후부터, 단 하나의 담론이 모든 것의 우위에 있었다. 우리는 잘 살아야 하고 잘 살 수 있다. 그러나 거기에는 전제가 붙는다. 물질적으로 잘 산다는 것을, 그는 그냥 잘 산다고 표현한 것이다. 그러나 물질적으로 조금 부유해졌다고, 과연 잘 사는 것일까? 그는 물질을 올리고 정신. 신앙. 문화를 낮춘다. 정신적인 가치는 물질적인 가치에 종속된다. 언제까지? 다 피폐해져서 물질적 쾌락만 남을 때까지! 그는 상징적인 히로뽕 판매자였다.

문학평론가 김현의 저서 『행복한 책읽기-김현의 일기』 중에서

독재 정권이 나쁘다는 건 다른 게 아니에요. 불량 독재 정권은 언론을 완전히 장악해요. 언론을 자기 걸로 만들어요. 잘 모르겠으면 북한을 생각하면 돼요. 신문과 방송은 정권 찬양의 목소리만 들려줘요. 바로 이 지점에서 국민은 개돼지가 됩니다. 사람이 아니라

국민이 개돼지로 취급당해요. 왜냐 하면 국민이 무엇을 보아야 할지, 국민이 무엇을 들어야 할지를 권력이 결정하니까요. 독재가 무서운 점이 여기에 있어요. 국민 전체가 독재의 덫에 걸리면 빠져나오기가 쉽지 않죠. 독재자 히틀러의 나치 시대를 생각해보세요. 그 똑똑하고 합리적인 독일 사람들조차 그렇게 선동이 되고 세뇌가 되었거든요. 정부가 모든 뉴스와 여론을 장악하고서 자기들 입맛대로 정보를 요리해서 국민들에게 먹이기 때문이죠.

독재 정부는 민주적 절차를 거치지 않고 정책을 결정하고 집행해요. 여기에 합리적 근거도 없고 공적 토론도 없어요. 조선민주주의 인민공화국을 생각해 보세요. 공화국이라는 이름에 전혀 어울리지 않잖아요. 공적 가치와 공공의 이익이 수시로 권력에 짓밟히고 망가져요. 그러나 공화국이 정말로는 국민의 공공 이익을 위하는 체제인 거잖아요? 불량 국가에서는 독재가 바로 이런 것이라고 가르쳐주려는 듯이 권력자와 주변 인물들의 사리사욕이 공적 가치를 압도하고 훼손해요. 법치는 허명으로 남고 탈법과 불법과 권모술수가 국가와 국민을 약탈 대상으로 종종 삼는데요. 독재 정권은 정부의 관료들조차 국민 세금의 바른 운용과 백년대계인 교육 같은 나랏일을 뒷전으로 돌리고, 애오라지 개인의 지위와 권한을 이용한 출세와 재산 증식이 삶의 목표가 되게끔 분위기를 몰아가지요.

독재는 공산주의보다 더 해롭고 나빠요. 왜냐 하면 우리가 공산주의 체제로 살지 않고 있거든요. 그래 공산주의가 나쁘다는 건 실감이 잘 안 나요. 먼발치에서 목격하는 껍데기 이론에 불과하죠. 그러나 민주공화국 안에 살면서 독재가 나쁘다는 건 충분히 우리가 느낄 수 있어요. 독재 시대를 살면서 느낀 적이 많았어요. 생활 속에서 문득 문득 아프게 실감했거든요. 그래서 이건 이렇게 정리하고 싶군요. 우리에게는 공산주의보다 독재가 100배, 1000배 더 나쁜 거라고 말이죠. 대한민국이라는 민주공화국에서 솔직히 말해 우리의 적은 공산주의가 아니라 독재주의라고 명토 박고 싶어요. 독재를 물리치는 게 공산주의를 물리치는 것보다 더 위중하고 급하고 절실해요. 왜냐 하면 현재 우리가 '독재 정부를 가졌느냐 아니냐.'가 우리의 실생활을 구석구석 지배하고 간섭하고 매조지니까 말이에요.

공산주의의 반대말은? 뭐라고요? 민주주의라고요? 아 이런, 이런 게 바로 우리가 사회 분위기에 세뇌 당했다고 하는 거예요. 한 번 따져볼까요? 북한은 공산주의 국가가 틀림없겠지요? 북한의 정식 국호가 어떤가요? 조선민주주의인민공화국─국호에 '민주주의'를 아예 집어넣었네요. 이건 어떻게 설명해야 할까요? 민주주의의 적은 '독재주의'가 맞거든요. 민주주의 반대말은 공산주의가 아니라 '비민주주의', '독재주의' 가 답입니다.

남과 북은 역사의 바보들인가 외교의 등신들인가

보통의 경우 오늘날 국경을 건너 이웃나라로 자유롭게 오갑니다. 그런데 우리나라는 북쪽으로 국경이 막혀서 차도 사람도 못 다녀요. 국가보안법이 있어 모든 걸 차단하고 있어요. 물론 배도 비행기도 못 다니죠. 분단 결과 우리나라는 섬이 되었어요. 한반도가 대륙과 길이 끊어져 그만 섬이 되고 말았죠. 대한민국이 반도가 아니라 섬나라가 되고 말았는데요. 우리가 대륙과 교통하기 위해서라도 북한과 잘 지내는 게 좋아요. 또 우리 경제의 막힌 숨통을 틔우기 위해서도 북한을 적극 활용하며 사이좋게 잘 지내면 좋으련만, 지금까지 남북은 아예 말조차 잘 섞지 않는 원수처럼 지내고 있었죠. 누가 둘 사이를 이렇게 이간질했는지 생각조차 안 하고 살아요.

1945년 8·15 광복 이후에 한반도를 누가 왜 남북으로 갈라놓았는지 따지지를 않아요. 강대국과 우리의 이웃 나라들은 남북의 냉랭한 분단 분위기를 이용해서 한반도에서 갖은 잇속을 뻔뻔스레 다 뜯어내고 있는 판이에요. 몇 십 년 동안을 그렇게 하고 있어요. 그러고 보면 분단 시대 남과 북은 역사의 바보들이며 외교의 등신들인가 봐요. 이득은 하나도 챙기지 못하고서 그저 외국에게 잇속을 뜯기고만 있어요.

우리 한국이 지금 미국 무기 수입국에서 세계 1등이에요. 전쟁도 안 하는데 대한민국이 무기 수입은 노상 새롭게 해야 하거든요. 지금 한민족은 눈 번히 뜨고서 불이익과 고통을 감내하는 역사의 바보들, 외교의 등신들이 틀림없어요. 사드 배치 문제만 해도 그래요. 우리나라가 얼마나 많은 고통과 피해를 입고 있나요? 국가 통일에 앞서 남북이 꾸준히 교류하며 사이좋게 지내면 얼마나 좋을까요? 문화 교류도 좋고 스포츠 교류도 좋고 경제 교류는 더 좋아요. 꽉 막힌 경제의 숨통조차 남북 교류가 활발해진다면 팡하고 터지지 않겠어요? 어쩌면 자유로운 남북 교류가 통일국가 실현에 큰 도움이 되지 않을까 하는데요. 왜냐 하면 교류가 잦다보면 저절로 통일의 분위기가 무르익지 않을까 하는 기대가 있거든요.

외교를 인체에 비유하면 운동과 같아요. 인체는 건강을 위해 운동을 반드시 필요로 하죠. 운동은 소화를 돕고 혈액 순환을 촉진시켜 인체를 건강하게 가다듬으니까요. 그래요, 외교는 운동과 같은 거죠. 가장 좋은 운동은 흐르는 물의 원리를 따라야 해요. 흐르는 물은 썩지 않잖아요. 건강한 외교는 결국 물의 흐름과 같은 게 아닐까요? 한국은 어쨌든 미국, 중국, 러시아, 일본 등의 4대 강국의 틈바구니에서 살아남아야 해요. 그러자면 건강한 외교력이라는 생명수의 도움이 절대적입니다. 그 동안 우리는 미국의 보호와 지시 속에서 독자적인 외교를 꾸려낼 수가 없었어요. 그러니 자연히 외교가 국익에 아무런 도움이 못 되는 천덕꾸러기에 불과했죠. 오히려 국익에 큰 손해를 끼치기까지 했던 거죠. 사드 배치 문제만 해도 그래요. 중국의 제재와 압박으로 우리가 지금까지 얼마나 큰 경제적, 문화적 손실을 입었던가요?

단도직입으로 말할 게요. 우리나라는 군사력이나 경제력보다 외교력이 더 강해야 해요. 한반도의 지정학적 위치가 딱 그렇거든요. 강대국에 끼어 있는 약소국이 대한민국이죠. 그러니까 우리나라가 외교를 정말 잘해야 하거든요. 그래야 우리가 한반도를 삶의 터전으로 해서 안전하고 건강하게 후대까지 잘 살아갈 수 있을 테니까요.

깡패 국가는 국민을 약탈한다

불량 정부의 권력은 탈법과 초법을 넘나들며 법과 상식, 그리고 민주주의를 능욕해요. 이런 걸 독재라고 하죠. 이명박 정부와 박근혜 정부를 떠올려보세요. 독재 정권은 가령 문화예술계에 블랙리스트를 만들어요. 명단에 올라간 개인과 특정 단체에게는 정부 지원금을 일체 끊어요. 영화 상영도 못하게 방해해요. 괴롭힘이 악랄하고 얍삽하고 잔인해요. 일제 식민지 시대 조선총독부와 하는 짓이 똑같아요. 하긴 언제 어디서나 독재 정부는 하는 짓이 똑같죠. 그래 민주공화국 내에서도 독재 정부라면 정부 비판 세력들을 적으로 삼고 가혹하게 핍박해요. 정부 편에 충성하지 않는 문화예술인이나 단체는 국가 차원의 행사나 사업에 일체 참여를 배제해요. 자기편이 아닌 자들은 모두 적으로 돌리지요. 반정부 인사나 적들에게는 나라 예산을 한 푼도 지원할 수 없다는 논리를 적극 실천해요. 심하게는 문화예술인의 개인 직장마저 잘라버려요. 권력의 편에 줄서지 않으면 기필코 숨통을 끊어 놓고 만다는 걸 작심하고 아주 혹독하게 보여줘요.

독재 정부에서는 민주 공화정 국가에서 있을 수 없는 일들이 버젓이 벌어지는데요. 검찰, 언론, 청와대, 경찰, 행정부, 사법부 등 모든 국가 기관이 음양으로 독재 정부의 불법과 부정을 비호하죠. 이런 게 바로 독재 불량 국가의 전형적인 모습인 거죠. 일제 강점기 때 일본 놈들이 우리에게 입법, 사법, 군경을 동원하여 총체적으로 압박하던 잔인하고 야비한 방식 그대로예요. 이런 걸 보면 독재 불량 국가는 국토와 국민을 대상으로 해서 나라 전체를 식민지로 건설하고 그곳의 인간과 자원과 에너지들을 함부로 약탈하는 체제임이 분명해요.

독재국가는 국헌을 문란케 하는 행위를 스스럼없이 저질러요. 국헌문란 행위는 내란죄에 해당하지요. 헌법이나 법률에 정한 절차에 의하지 않고 임의적이고 자의적으로 권한을 사용하면 헌법이나 법률이 무너지게 돼요. 이런 게 바로 내란죄이며 국헌 문란 행위가 되는 것이죠. 그러므로 모든 독재 행위는 국헌문란 행위에 속해요. 민주공화국에서 독재를 행한다는 말은 직권남용의 수준을 넘어서는 거예요. 독재 행위의 본질은 헌법을 파괴하고 법률을 무너뜨린다는 거죠. 국가내란 행위예요. 그래서 독재는 공산주의 국가에서나 소위 자유민주주의 국가에서나 가장 심각한 중대 범죄행위가 되는 거죠.

모든 독재 통치 행위는 국가내란죄에 해당하는 악질 범죄나 다름없어요. 독재자는 선명한 이분법을 좋아해요. 편 가르기를 좋아하죠. 모든 국민을 아군과 적군으로 가르는 일에 능해요. 흑백 논리를 100% 활용해요. 세상을 내 편과 반대자 편으로 가르죠. 자기 편 사람은 수단과 방법을 가리지 않고 무조건 챙겨주고, 반대편 사람은 수단과 방법을 다 동원하여 괴롭히고 파괴하는 일에 몰두하거든요. 그래, 독재자는 늘 증오와 배척의 시각으로 세상을 봅니다. 그에게 포용이나 배려, 아량이나 관용은 전혀 기대할 수 없어요. 그의 철학은 2철학입니다. 분단 철학이지요. 편 가르기가 그의 특기인 걸요. 블랙리스트 작성 등으로 드러나는 옹졸하고 치사하고 잔인한 인성 그대로가 그의 본바탕에 놓인 악질 인간성을 말해 줘요. 좌파와 우파를 가르고, 보수와 진보를 가르고, 친북과 애국을 가르고 하는 등의 철저하고 지독한 편 가르기가 독재 불량 국가의 전매특허랍니다.

혹심한 편 가르기를 하려면 가장 기본적으로 상대편에 대한 혐오와 증오를 기본 바탕으로 삼아야 하지 않겠어요? 그래야 척결해야 할 사탄의 세력이, 공격 대상들이 또렷해질 테니까요. 고 노무현 대통령에 대한 혐오감 조성과 보수 우파의 줄기찬 공격성이 이 같은 목적과 분위기에서 만들어진 겁니다. 긴 말 자르고 이쯤해서 단도직입으로 말할 게요. 지난 시절의 대한민국처럼 사회 내부에 이분법 흑백 증오 논리가 들끓는다면 그건 독재 문화가 활성화되어 부글부글 끓고 있다는 뜻으로 해석하면 정확해요. 한국 사회의 모든 적폐가 이곳에서 생산되지요. 대한민국이 오직 반공국가 하나로 고정되어서는 안 돼요. 적폐 세력들은 이분법 분단 철학을 전가의 보도처럼 계속 휘둘러요. 이것을 깨뜨려야 새로운 대한민국이 활짝 열릴 테죠. 한반도에서 냉전이 종식되는 게 복지 세상의 진정한 열림이 아닐까요?

바쁠 때보다 심심할 때가 더 많아야 행복하다

심심한 시간을 많이 가지세요. 심심해야 행복해요. 심심하기 때문에 행복감을 느낄 수 있거든요. 바쁘지 않아야 심심해요. 할 일이 없어야 심심하지요. 매순간을 즐길 수 있어야 행복하죠. 순간이 자주 즐거워야 생애가 행복하겠죠? 삶은 순간의 연속이니까요. 삶에서 중요한 것은 소유가 아니에요. 과정이 중요하죠. 과정을 즐기는 게 중요해요. 순간을 즐기면서 살면 좋아요. 그런데 순간은 소유할 수 없잖아요. 게다가 소유라는 게 본디 영원하지도 않고요.

그러니 소유가 아니라 과정을 즐겨야 진정 행복하죠. 같이 생각해 볼까요? 삶의 끝은 무엇인가요? 죽음이 아닌가요? 결과로서의 삶은 무엇인가요? 그 역시 죽음이죠. 그렇다면 삶에서 중요한 것은 정녕코 결과가 아닌 거죠. 인정하시나요?

삶은 과정의 연속이고, 한 뼘 시공간의 무대 위에서 홀로 춤추는 존재가 인간이에요. 행복감은 삶의 흐름 속에서 얻어지는 온전한 느낌입니다. 그것은 물질적인 게 아니라 마음이고 기분이에요. 그러니 마음의 부자가 진짜 부자인 게 맞아요. 마음을 깨쳐야 참 부자로 살 수 있죠. 물질의 소유나 결과의 이득이 주는 행복은 오래가지 않아요. 짧아요. 짧아서 허무하죠. 허무해서 자칫하면 중독되기 십상이에요. 행복감을 거푸 누리고 싶어 일을 자꾸 저지르게 되니까 그런 거죠. 만약 그렇게 되면 건강한 생각과 발랄한 감각이 점차 죽어가요. 이게 반복적으로 쌓이고 또 쌓이면 사람은 일중독자가 되고 날마다 스트레스로 발광하고 우울증이 생기고 그래요.

심심함을 즐겨야 해요. 하루가 심심하지 않다면 지금의 삶이 바쁘거나 힘들다는 증거예요. 심심한 시간을 자주 가져 보세요. 심심해야 사람들은 일상 속에서 재미와 의미와 가치와 보람을 찾게 되거든요. 심심해야 책도 읽고 그러겠죠. 심심함이 우리를 질척대는 삶의 늪에서 건져줄 거예요. 심심하다는 것은 노는 시간이 많다는 것과 같아요. 잘 노는 게 행복한 삶이 아니겠어요. 여기에 반대 의견이 있나요? 잘 놀면 행복하죠. 뭐 놀 게 없나 하고 두리번거리는 것도 즐거운 일이에요. 돌아보면 인생에서 심심할 때가 가장 좋은 시절이었잖아요? 그렇지 않나요? 어릴 때가 꼭 그랬거든요. 심심함과 온갖 놀이로 가득 찬 보물 창고 같은 소싯적의 기억들을 떠올려 보세요. 동심으로 돌아가 어릴 때의 마음으로 우리가 일상을 보낸다면 평생이 행복할 게 아니겠어요?

서양은 중국을 모방하여 근대화를 이루었고, 일본은 서양을 베끼면서 제국주의가 되었다

16세기와 17세기에 유럽은 종교 전쟁이 잦았어요. 단일 기독교 유럽 문명이 두 갈래로 찢겨졌던 거죠. 구 기독교와 신 기독교가 서로 혐오하고 비난하고 대립하는 세월이 찾아왔어요. 기독교 유럽 세상이 깊은 절망과 회의에 빠져들었겠죠? 천년을 버텨온 가톨릭 단일 체제가 붕괴되고 말았잖아요. 한편 유럽 사회 한복판에서 왕권과 교회권이 사납게 충돌했는데요. 단일 기독교 사회는 엄청난 격동의 소용돌이 안으로 빨려들고 말았죠. 그런데 이 무렵 깜짝 놀랄 일이 또 생겼어요. 글쎄 뜬금없이 유럽 전역에 중국 열풍이 분 거예요. 중국 문명이 각광을 받은 거죠. 사실 1662년부터 서구 사회에 공자 경전이 번역되고 보급되기 시작했거든요. 한문 원전을 라틴어로 번역한 공자주의 열기가 삽시간에 유럽 사회를 뒤덮었어요. 공자와 맹자 사상이 당대의 유럽 지성계를 거침없이 강타했죠.

상당수 유럽인들은 기독교를 믿지 않고도 찬란한 문명 세계를 이룩한 중국을 경이와 공포의 눈으로 바라보기 시작했는데요. 이러한 사회 분위기는 유럽에서 계몽주의가 새로운 방향으로 물굽이를 틀게끔 했어요. 진로 방향이 빤한 기존의 르네상스가 새로운 차원으로 도약하는 발판을 마련했다고 할까요? 17세기 후반에 이르면 유교 사상에 대한 찬탄은 물론이고 중국 문명 전체에 대한 호기심과 존경심이 기대 이상으로 폭발하게 되어요.

17세기와 18세기를 주도한 유럽의 계몽주의 열풍은 뉴턴과 데카르트 등의 근대 과학의 탄생에 힘입은 바가 절대적인 게 맞아요. 그러나 그 동안의 상식은 가장 중요한 것을 하나 빠뜨리고 놓쳤어요. 유럽의 계몽 철학은 과학적 합리주의 쪽에서 비롯된 게 아니에요. 근대의 정치 제도나 경제 분야는 특히 그쪽에서 비롯된 게 아니에요. 이것은 유럽이 특별히 중국 문명을 학습하고 이식하면서 나타난 성과예요. 그러니 서양 근대화의 진정한 출발은 공자 열풍에서 비롯되었다고 보는 게 새로운 시각이며 새로운 발견이라 할 만해요. 유럽이 이 시기에 중국의 교육 제도와 관료제 등을 아주 재빠르게 학습하고 모방했거든요. 동아시아에 보편적이던 인본주의 철학과 위민 사상이 공자 바람을 타고 전혀 엉뚱한 곳에 뿌리를 내리기 시작했던 거죠. 유럽의 일부 지식층들은 중국 문명의 실체를 발견하고 엄청난 문화 충격을 받았음에 틀림없어요. 이보다 약간 앞 시대에 있었던 그리스 복고풍의 초기 르네상스와는 비교조차 할 수 없는 새롭고 거대한 근대화의 물줄기가 중국 문명의 모방에서부터 장쾌하게 뿜어져 나왔어요. 기독교밖에 모르던 유럽인들, 하나같이 예수에게 신들려 살던 서구 근대인들에게 공자 사상과 중국 문명은 전혀 새로운 삶을 가능케 하는 축복과 같은 에너지원이었죠.

그러나 그것은 조용한 혁명이었어요. 인간적인, 너무나 인간적인 혁명이었죠. 종교 색깔이 또렷한 서구 문명의 기틀을 완전히 새것으로 바꾸는 급진적 혁명의 기운이 그 곳에 담겨 있음을 그때는 누구도 몰랐어요. 그러나마나 이 같은 성격의 계몽 철학이 19세기 말까지 지속적으로 이어졌는데요. 어느 날 문득 돌아보니 유럽 문명이 놀랍게도 이전과는 전혀 달라져 있었죠. 그리하여 유럽인들은 깜짝 놀랐어요. 자신들이 완전히 탈바꿈 되고 변신해버린 걸 스스로 목격한 거죠. 이전의 유럽인들과는 너무나 달라져 있는 자신들을 발견하고 큰 충격을 받았을 테죠. 국가 사회 공동체에 새로운 사회 형태와 새 문명의 패러다임이 탄생한 거거든요. 한편으로는 자본주의 문명이 어느 새 사회 구성 양식의 대세가 되었어요. 그러자 공자 열풍에 휩싸인 유럽 대륙은 개인과 사회 구성의 판을 완전히 새판으로 싹 갈았는데요. 인류 역사상 가장 거대한 탈바꿈이 발생한 거죠. 17세기부터 유럽 대륙에서 하나둘 부르주아 문명국가가 태어나고 자본주의 문명 양식이 보편화되었죠. 그리고 19세기에 이르면 무장한 제국주의 국가가 유럽 전역에서 동시다발로 출현하게 됩니다.

지구 역사상 가장 참혹했던 야만의 시대가 문을 열었어요. 19세기 서양 제국주의 시대가 활짝 열린 거죠. 기독교와 기독교 아닌 것, 유럽인과 유럽인 아닌 것, 문명과 문명 아닌 것, 백인과 백인 아닌 것 등을 이분법으로 갈라 반대편의 것을 학살하고 정복하고 지배하려는 야만의 광기가 19세기 백인들의 탐욕과 함께 폭발한 거죠. 그러나 이것도 알고 보면 서양 전통의 정복주의, 전쟁주의, 야만주의를 그대로 물려받은 것이라고 할 수 있어요. 헬레니즘과 헤브라이즘이라는 2대 전통 말이에요. 아아 그때 아메리카 인디언들, 그리고 아시아인들, 아프리카인들의 대학살과 잔혹한 식민 지배 행위는 누가 자행한 것이던가요? 서구 기독교인들이 코끝에 걸고 노상 자랑하는 '사랑' 신앙은 그때 다 어디로 사라졌던가요? 19세기와 20세기에 저질러진 서양 제국의 잔혹한 세계 정복이 사실은 별반 엉뚱한 게 아니에요. 그들 유전인자가 원래 그랬던 것이거든요. 그렇지 않고서야 어찌 지옥을 방불케 하는 그런 전대미문의 지구 공포 시대를 기독교 유럽인들이 약속이나 한 것처럼 그때 동시에 열어젖힐 수가 있었을까요?

그래요, 맞습니다. 침략적 전쟁을 일상처럼 즐기는 국가 형태는 서양 본래의 전통을 이어받은 것이 틀림없어요. 옛날 고대의 그리스 로마 시대 이래로 서구인들은 본래부터가 다른 인종보다 훨씬 더 강력한 호전주의, 침략주의 성향을 가지고 있었거든요. 그것이 19세기에 이르러 약소국을 침략하고 식민지를 정복하는 일에 경쟁적으로 뛰어드는 근대 국가 체제를 빚어냈던 거죠. 당시 군사대국으로 우뚝 선 서구 제국은 총포 무력의 힘을 바탕으로 해서 해외 식민지를 개척하고 이민족을 정복하여 국부를 늘리는 쪽으로 다투어 세계사 질서의 가닥을 잡아갔어요. 그런즉슨 19세기 말에 이르면 아프리카 대륙의 거의 전부가 유럽의 식민지로 편입되었는데요. 물론 중국이나 인도 필리핀 등의 아시아 여러 나라도 그렇고 아메리카 인디언 역시 아프리카 쪽의 사정과 별반 다르지 않았다는 건 다 아시겠죠? 그래요, 서양은 원래가 잔인한 야만 인종입니다. 이걸 우리 한국인들이 이제금 분명히 알아야 해요. 서양은 우리가 본받을 대상이 아니라 반면교사로 삼을 악당이라고 생각하는 게 좋아요. 그래야 지금부터 현대 한국이 어떤 성격, 어떤 문명의 사회 공동체를 구성해야 할지가 또렷해지지 않겠어요?

어쨌든 19세기는 유럽 대륙의 많은 것을 달라지게 했어요. 그중 하나가 서양 쪽에서 중국을 보는 시각이 달라진 거예요. 놀랍게도 그때의 서양인에게 중국은 맛있는 먹잇감으로 비춰지기 시작했던 거죠. 한편 역사의 격변기를 맞은 19세기에 일본은 아주 약삭빠르게 움직였는데요. 서양 문명의 근간을 간파했다고 확신한 몇몇 지식인과 사무라이들이 의기투합하여 하나로 뭉쳤어요. 일본을 근대 국가로, 새로운 일본국 만들기에 함께 나선 거죠. 그리하여 근대 국가 일본의 탄생 과정에서 피어난 가장 화려한 꽃이 있으니, 1868년에 개화한 '메이지 유신'이라는 근대의 꽃이 바로 그것인데요. 메이지 유신은 근대 일본의 국가 정체성을 확실하게 세웠죠. 입헌군주제 자본주의 일본국. 역사의 허수아비로 지내던 일왕이 유신 쿠데타 주역들에 의해 곧장 신으로 받들어졌어요. 이른바 '천황'의 탄생입니다. '천황'은 '천자'와 '황제'를 합친 거예요. 이것은 '신과 같은 인간'을 말하며 한마디로 '신'이라는 뜻이죠. 근대 일본의 '천황제'는 서양 기독교의 유일신 신앙 체제를 모방한 것이 아닐까 하는 의구심을 떨치기가 어려워요.

오늘날 일본에서 존경 받는 위인들 대부분이 19세기 중후반 메이지 유신 전후에 활약한 인물들입니다. 메이지 유신이 일본의 역사에 얼마나 큰 영향을 끼쳤는지 이것으로 충분히 증명될 수 있을 정도예요. 사카모토 료마, 후쿠자와 유키치, 사이고 다카모리, 이토 히로부미 등이 그들이죠. 그런데 메이지 유신은 일본 근대화의 첫 작품인 동시에 마지막 작품이기도 해요. 왜냐 하면 메이지 쿠데타가 성공하자마자 일본 군국주의자들은 당대의 서양 제국주의를 즉각 흉내 내기 시작했거든요. 침략적 군사 대국화의 발걸음을 빠르게 재촉했어요. 아시아의 유일한 군사강국이 된 일본이 지체 없이 서양 제국주의 열강들과 어깨를 나란히 하는 회원국이 되었음을 우리가 잊어서는 절대 안 돼요. 그 뒤 일본이 얼마나 나쁜 짓을 많이 했는지를 우리가 잊어서는 안 돼요. 그때의 일본은 당대 서양 제국주의의 야만과 광기를 아시아를 대표해서 아시아권에서 상징적으로 대신 저질렀다고 보면 돼요. 1894년 갑오동학 농민전쟁이나 1919년 3·1 대한독립 만세 학살극이나 관동대지진 난동, 그리고 종군위안부 사건이나 인간 마루타 실험과 중국의 난징대학살 등의 잔혹했던 역사적 사건들을 상기해 보기 바랍니다.

메이지 쿠데타 이후 약 100여 년 후에 유신 쿠데타가 다시 발발했어요. 놀랍게도 새 유신 쿠데타는 일본이 아니라 한국에서 발생했는데요. 1972년에 박정희 체제는 유신 헌법을 새로 만들었어요. 아니 아니 그게 바로 유신 쿠데타였죠. 독재자 박정희는 10월 유신을 단행하면서 기존 헌법을 정지하고 국회를 해산했어요. 또한 국민들이 선출하던 대통령제 선거를 없앴는데요. 유신 헌법을 만들고 긴급조치법을 만들고 곧장 유신 국회를 만들었죠. 국회의원 정수의 1/3을 대통령이 지명했어요. 쉽게 말해 대통령이 국회의원들을 상당수 임명한 거죠. 독재도 이런 무지막지한 독재가 없어요.

1인 독재 유신 정권은 1979년에 최고 권력자가 암살당하면서 끝이 났어요. 그러나 18년간 이어졌던 박정희 군부 통치의 겨울은 또 다른 광기와 야만을 준비했고 잠깐 찾아왔던 서울의 봄은 극히 짧았어요. 한국 현대사의 최대 불행인 군사 쿠데타가 또 발생한 것이죠. 1980년 5·18 광주민주화운동 이후로 한국 민주주의는 격동의 세월 속으로 뼈아픈 눈물과 함께 다시 녹아들었어요. 광주대학살을 거쳐 정치군인 전두환이 절대 권력의 자리에 오르니, 박정희는 죽었어도 박정희 체제가 계속될 수밖에요. 게다가 하나회 출신 노태우 장군이 전두환의 뒤를 이어 12대 대통령이 되었어요. 자 그렇다면 대한민국에서 박정희교가 탄생할 준비를 그쯤해서 모두 마친 셈이 되겠죠? 우리들의 일그러진 영웅 박정희는 이런 과정 속에서 대한민국 역사상 처음으로 박정희교 교주가 되고 경상도의 우상이 되고 보수 우파의 반신반인이 되었던 게지요.

일본은 서양을 베끼면서 제국주의가 되었고, 우리는 일본을 베끼면서 친일 독재공화국이 되었던 거죠. 서양의 야만과 일본의 야만이 한국 땅에서 결합한 채 이것이 남북의 분단과 대립 때문에 일상화되었다는 게 현대 한국 사회의 가장 큰 불행이고 비극이에요. 한국 사회의 모든 적폐가 여기서부터 비롯된 것임을 분명히 알아야 해요. 단죄되지 않은 범죄는 다시 반복됩니다. 이번에 문재인 정부에서 말썽이 생기더라도 강하고 지속적인 힘으로 적폐 청산을 확실히 해야 합니다. 친일파 문제, 독재 부역 문제, 방위산업 비리 문제, 퍼주기 식 에너지 자원 외교, 관권 선거 부정 개입 등등. 대한민국 적폐 청산에 나라의 모든 힘을 집중할 것을 기대해마지 않습니다. 문재인 정부의 새로운 한국 만들기를 열렬 응원합니다.

김영란법은 고위공직자 관리용이어야 한다

아래는 2016년 10월 20일자 대구 매일신문의 기사 전문입니다.

대구교육청 "김영란법 전 선물, 공무원행동강령 근거로 처벌"

학부모로부터 케이크와 과자 등 선물을 받은 대구의 한 초등학교 여교사가 중징계를 받게 됐다. 대구시교육청은 19일 달서구의 한 초등학교 1학년 담임인 30대 여교사 A씨를 공무원행동강령 위반으로 징계절차를 진행 중이라고 밝혔다.

A씨는 학부모 상담 기간인 지난 달 19일부터 22일 사이 3명의 학부모와 학교에서 각각 만났다. 그러곤 학생들의 상담을 진행하면서 수제비누와 케이크, 화과자를 받았다. 교육청 측은 세 가지 선물을 합하면 4만 2000원어치로 추산했다. A씨는 수제비누는 학교 화장실에 두고 사용했고 케이크와 화과자는 따로 챙겨갔다고 한다. A씨의 행동은 익명의 한 제보자가 지난 달 26일 교육청 부패신고센터에 "교사가 학부모에게 케이크 등을 받았다"고 제보하면서 드러났다.

교육청 조사에서 A씨는 "상품권이나 현금이 아니라 학교를 찾는 학부모의 약소한 선물로 공무원행동강령 위반인지 알지 못했다"고 전했다. 교육청 관계자는 "과자 등을 받은 시기가 9월28일 김영란법 시행 이전이어서 선물을 건넨 학부모는 처벌 대상이 아니겠지만 금품 등을 수수한 여교사는 기존 처벌 규정이 있기 때문에 중징계가 불가피할 것 같다."고 말했다. 공무원행동강령에는 금품 등을 수수하면 학교 행동강령책임관인 교감에게 자진 신고하고 수수한 금품 등을 인도해야 한다. 이를 지키지 않아 적발되면 100만 원 미만의 금품 등을 받았더라도 금품 등 수수 금지 위반 징계 양정 기준에 따라 감봉 이상 처벌 대상이다.

이런 사실이 알려지자 대구의 한 초등학교 40대 교사는 "이제 학부모를 만나는 것 자체가 조심스럽고 부담스럽다"고 말했다.

위의 사건은 김영란법이 시행되기 전의 일이었는데요. 그렇다면 김영란법이 아니더라도 청탁방지가 엄격히 지켜질 터인데, 왜 굳이 '김영란법'을 만들었을까요? 그것도 불법과 비리와 부패로 악명 높은 업적을 이룬 박근혜 정부에서 말이죠. 고요히 생각해보면 '김영란법'은 위세 높은 고위 공직자나 관료들에게나 적용하면 딱 맞지 않을까요? 하급 공무원들이나 일반 교사들에게 적용은 전혀 얼토당토아니한 법이 아닌가 합니다마는. 김영란법 시행 이후로 지금 학교 현장이 얼마나 황폐화되고 삭막해졌는지 교사들이 이구동성으로 아픔과 놀람과 서글픔을 하소연하고 있어요. 꼭 김영란법 때문에 그런 건 아니겠지만 학교라는 교육 공동체가 빠른 속도로 붕괴되고 있음을 보고 드립니다.

잘 노는 게 최고의 민주주의다

웃음은 약입니다. 보약이죠. 웃으면 좋아요. 자주 웃는 게 건강에도 좋죠. 행복감이 높아지니까요. 한 번 웃으면 한 번 행복하고 두 번 웃으면 두 번 행복해요. 그러나 일생의 삶이 이 정도에 그쳐선 안 되겠죠. 우리가 매 시간 웃을 수가 없지 않나요? 게다가 웃음이 주는 일회성 행복감보다 더 중요한 게 있어요. 지속 가능한 행복. 그래요, 지속 가능한 행복을 찾아야 하지요. 웃음처럼 행복감이 1회에 그치면 안 돼요. 행복감이 꾸준히 지속되는 게 좋겠죠. 어떻게 하면 그럴까요? 그건 뭘까요? 노는 거예요. 잘 노는 거죠. 그냥 잘 노는 게 가장 행복해요. 지속 가능한 행복이 이런 거죠. 별 게 있나요? 우리가 민주주의 세상에서 산다면 지속 가능한 행복을 내내 누릴 수 있어요. 거짓말이 아니에요. 이게 최고의 행복이죠. 이게 민주주의예요. 민주주의 세상은 잘 노는 겁니다. 잘 노는 곳에 민주주의가 있어요. 그곳에 건강이 있고 웃음이 있고 행복이 있지요.

웃음은 자기결정권의 상징입니다. 웃음은 거짓이 없어요. 눈물은 몰라도 웃음은 강요가 안 통해요. 그래서 사람은 웃을 때 행복한 거죠. 사람은 자기결정권이 있어야 진정한 행복감을 느낄 수 있거든요. 민주 가치의 핵심은 자기결정권입니다. 그래 자유로운 시민은 자기 결정권이 있고말고요. 직업 선택의 자유, 거주 이전의 자유, 행복 추구의 자유, 친구 선택의 자유, 대통령 선택의 자유…, 자기결정권은 행복감을 느끼는 데 거의 절대적인 요소입니다. 이것은 오랜 동안의 숱한 과학 실험과 뇌 과학 분야의 집중 연구 끝에 찾아낸 사실인데요. 주체성이나 자발성이 인간의 삶에서 그만큼 중요하다는 거죠. 첨단 뇌 과학에서 마침내 행복의 본질을 찾아냈다고 지금 온 세상이 떠들썩해요. 물론 알 만한 사람은 옛날부터 다 알고 있죠. 누가 시켜서 하는 게 아니라 내가 좋아서 무언가를 즐겁게 자발적으로 행하는 데 진정한 행복이 있더라는 게 속속 밝혀지고 있어요. 최근의 뇌 과학 연구에 따르면 행복은 놀이에서 가장 잘 발견되더래요. 행복의 본질이 더덜없이 놀이에 있더라는 거죠.

우리가 지금 하는 각종 놀이를 찬찬히 생각해 봐요. 놀이에는 결과보다 과정을 즐기는 마음이 우선하잖아요. 놀이에는 비교와 우열이 적용되지 않아요. 비유하면 이것은 민주주의의 근본 가치와 똑같은 거죠. 놀이는 내가 좋아서 해요. 자발적이며 순수 주체적이죠. 게다가 놀이 동무들은 강한 동지 의식과 우정을 공유하게 돼요. 놀이 과정에서 공감과 배려, 친밀과 연대 등의 정서 분출과 교류가 서로의 인간미를 풍요롭게 가다듬어요. 까닭에 놀이하는 인간이 어찌 아름답지 않으며 그가 어떤 사람이건 인간미 넘치는 삶을 누린다고 하지 않을 수 있겠어요?

뇌 과학자들은 말하죠. 호르몬이나 신경전달물질이나 신경세포의 변화 양상이 행복을 만들어낸다고요. 우리의 상식으로는 사실상 행복감은 추상적이고 복합적인 마음의 상태잖아요. 그런데 요즘에는 기계 장치를 이용해서 행복의 정도를 직접 측정할 수 있다는데요. 기능성 자기공명영상장치와 양전자단층 촬영(PET) 등의 첨단 의료 장치를 이용하여 인간의 뇌에서 행복감을 찾아낸다죠. 멋진 신세계, 참 좋은 과학 세상입니다. 그러나 어쨌든 우리는 행복이 놀이 속에 늘 깃들어 있음을 아는 게 중요해요. 놀이하는 아이들은 행복하잖아요.

행복감은 놀이에서 언제든 나와요. 그것은 웃음과는 달리 지속 가능한 행복이죠. 행복한 아이는 잘 놀아요. 놀이하는 아이가 행복해요. 그렇다면 대한민국 아이들에게 우리 어른들이 놀이를 담뿍 허락해야 해요. 아이가 잘 놀고 행복해하고 잘 살아야 나라가 행복하고 잘 살게 돼요. 공부만 억지로 강요하면 안 돼요. 학원 순례는 불행의 덫이에요. 어른도 아이도 잘 놀아야 해요. 잘 놀면 좋아요. 잘 노는 사람이 행복한 사람이잖아요. 행복한 사람이 많아지면 행복한 나라가 되거든요. 그러니 제발 〈문재인 정부, 새로운 한국〉에서는 사람들로 하여금 깜냥대로 잘 놀게 하면 좋겠어요. 폭주하는 자본주의 경쟁 열차여, 새로운 대한민국호여, 속도를 제발 늦추어 주세요. "내가 좋아하는 일을 내가 좋아서 한다." 행복한 대한민국의 현재와 미래가 여기에 달렸어요. 잘 노는 것이야말로 자기 결정권의 가장 행복한 사용법이 아닐까 하는데요. 어우렁더우렁 잘 노는 게 참 민주주의의 완성이 틀림없지 않겠어요?

2등 국민이 진짜 국민이다

한때 한국에는 2종류의 국민이 있었어요. 하나는 일등 국민이요 또 하나는 2등 국민이었죠. 그 옛날 우리가 식민지 시절에 일본인은 1등 국민, 조선인은 2등 국민이라고 한 것과 꼭 닮았는데요. 독재국가 시절에 지배 계층을 제외하면 대부분의 한국인은 2등 국민인 거죠. 2등 국민은 매스컴에서 종종 '개돼지'라는 별칭이 붙기도 했어요.

개돼지라서 그런 걸까요, 그때 민중들은 말이 없었어요. 말을 못했어요. 대체로 침묵 속에서 살았지요. 사회적으로 무슨 발언을 할 수 있는 위치가 아니라서 그랬겠죠. 그러나 이런 침묵은 말없음과는 조금 달랐어요. 침묵은 독재 정부 시절에 민중의 유난한 말하기 방식인지도 모르죠. 침묵의 공간 속에서 수많은 메시지가 출렁댔어요. 그곳에서 매순간 창조적 긴장이 소쿠라졌는데요. 어느 날 그곳에서 대폭발이 일어났어요. 100만 명 이상의 인원이 한날한시에 광화문 광장에 모여들었죠. 깜짝 놀랐어요. 이게 바로 침묵의 위력이었죠. 우리나라 이등 국민들이 보여준 그 기적 같은 광경에 세계인들이 모두 깜짝 놀랐다는데요. 왜냐 하면 100만 명 넘는 인원이 한 곳에 모였는데도 쓰레기가 하나도 없었어요. 광화문 광장이 오히려 대청소를 한 듯이 소스라치게 깨끗했거든요. 경미한 다툼이나 조그만 사고조차 없었고요. 그저 신명나고 유쾌하게 잘 노는 촛불 잔치한마당이 펼쳐졌을 뿐이었죠. 지구촌 모든 나라가 대한민국의 기적과도 같은 촛불 민주주의를 대서특필할 수밖에요.

게다가 이곳에는 100만 군중을 하나로 지휘하거나 이끄는 지휘부가 없었거든요. 이 사실에 지구인들이 더욱 놀랐다는데요. 100만 명 이상의 군중들이 한 마음같이 일사불란하게 움직였어요. 한국인들의 핏속을 이어온 홍익인간이라는 유전인자의 힘이죠. 정녕코 기적 같은 마술이 벌어졌던 거예요. 이건 지구상에서 오직 우리 한민족만이 가능한 공동체 집단행위예요. 옛날에 한일 월드컵 축구대회에서 세계인들에게 호평을 받은 한국 응원 문화의 그 감동과 열정과 경이로움이 더 높은 차원에서 더 훌륭하게 다시 한 번 분출되었던 거죠.

한국인의 맞춤한 민주적 인성과 풍류 감각과 높은 예술성이 촛불 혁명 문화를 통해 단연 돋보였어요. 배달겨레 특유의 민주성과 창조성이 오롯이 빛났던 거죠. 도시 광장의 한복판을 자기 조직화와 자기 결정권의 정수를 보여주는 역사의 현장으로 탈바꿈시키는 재주를 배달겨레가 여지없이 보여주었거든요. 그런 까닭에 다른 나라 사람들이 우리 한국인들에게 부러움과 존경의 눈빛을 보낼 수밖에요. 더구나 이것은 지구 위의 몇 백 년 민주화 역사에서 단 한 번도 발생하지 않았던 유난한 것이라는데요. 우리 한국인들이 세계에 대놓고 이제는 정말 자부심을 가질 만합니다. 독재 정부 시절에 개돼지로 취급 받던 이등 국민이 사실은 진짜배기 한국인이거든요. 촛불 혁명의 주인공이 우리 이등 국민들이었죠. 아아 정말 기분 좋은 일입니다. 한국의 촛불 민주주의 큰잔치는 우리의 민주 역량을 세계에 과시한 쾌거가 아닐 수 없었죠. 그 덕분에 우리가 멋진 새 대통령을 뽑았고 또 지금 우리가 새로운 대한민국 시대를 열어가고 있잖아요. 촛불 혁명으로 대통령 한 사람을 바꿨을 뿐인데도 지금 대한민국 온 나라에 밝은 분위기가 넘쳐나요. 날이 갈수록 희망의 노랫소리가 경향 각지에서 푸르게 움터나고 있음을 기쁜 눈으로 보고 있습니다.

동시대 벗님들이시여, 문재인 정부는 물론이고 어느 시대라 해도 신문 방송을 무조건하고 믿지 마세요. 신문 방송은 그것 역시 하나의 경향이며 편견이며 생각이며 관점일 뿐이거든요. 쓰라린 경험이 새로운 미래를 만들어가는 에너지원이 됩니다. 오랜 독재 정권에서 겪은 뼈아픈 번민과 고통은 새 희망을 담금질하기에 안성맞춤이죠. 그러니 언제 어디서나 우리가 힘겨워도 무엇 하나 포기하지 말기로 해요. 민주 복지국가의 꿈을 보름달 삼아 우리가 힘을 모아 밤길을 함께 헤쳐가요. 세상 어디에나 청년을 위한 나라는 애당초 없음을 알아야 합니다. 노인들은 낡은 문명 속에서 저물어가는 노을빛과 같아요. 청년들이 힘껏 새 역사 창조에 나서야 해요. 청년들이 새 문명을 일구어야 하지요. 청년이 살아야 나라가 살고 청년이 죽으면 나라가 죽습니다. 청년들에게 일자리 찾아주기는 지금 현재 가장 중요한 국정 과제가 맞고말고요. 우리 조국 대한민국은 지금부터 젊은 나라, 청년의 나라가 되어야 해요. 새 나라 이상 국가는 발견이 아니라 발명이 맞을 테죠. 우리가 사는 세상을 우리가 만들어야지 어느 누가 만들어 줄까요? 민주주의는 기성 완제품이 아니라 더불어 만들어가는, 과정 속에 있는 공동체 삶의 예술작품인 게 맞거든요.

그런 만큼 평상시에는 소리 없는 여론이 대세인 게 맞아요. 사람들은 침묵으로 진실을 증언하죠. 침묵은 민중의 언어가 맞거든요. 침묵은 정직해요. 민중이 정직한 것처럼 말이죠. 그래 침묵 또한 여론이 맞지요. 소리 없는 여론도 여론이 맞아요. 그러므로 참된 여론을 알아내려면 침묵의 소리에 귀를 기울이는 게 좋아요. 신문과 방송에서 요란하게 소리 내는 여론은 누군가 주도하고 조작하고 조종하기 십상이거든요. 날마다 우리가 보고 듣는 신문 방송이 독재 국가에서는 친정부 쪽 인사들에 의해 장악되어요. 그런 까닭에 뉴스와 취재가 일방적이고 편파적이기 일쑤예요. 요즘은 거짓 만들어진 '가짜 뉴스'까지 나와요. 뉴스가 조작되어 나오는 판이죠. 그러나 현재의 삶 속에 역사의 진실이 낱낱이 기록되고 있음을 우리는 압니다.

민주 시민이라면 관상을 볼 줄 알아야 해요. 정치인들과 유명 인사들의 얼굴을 잘 보세요. 친일 독재 우파들은 어쩐지 얼굴에 어둡고 악한 기운이 서려 있어요. 그런 이들은 안 할 말로 민주주의의 파괴자들이거든요. 모름지기 사람이라면 사람을 제대로 볼 줄 알아야 해요. '사람 바로보기'는 세상살이 지혜의 처음이며 끝입니다. 민주 시민이라면 정치 지도자의 '관상' 정도는 볼 줄 알아야 하지요. 동시대 벗님들이시여, 우리 끝까지 진실하게 살고 용기 있게 살고 지혜롭게 살아요. 응원합니다. 화이팅~

지구의 미래를 이끌 영웅은 '홍익인간'이다

21세기가 한참 지났어요. 이제는 동양 정신이 세계를 이끌어야 해요. 서양 정신은 한계점에 도달했어요. 사람의 향기를 잃어버린 현대 문명은 원시 사회보다 더 불안하고 더 위험해요. 게다가 오늘날 인류 문명을 이끌어갈 위대한 큰 철학이 없어요. 난폭한 자본 문명에 상처 입은 수많은 마음들을 보듬어줄 통 큰 철학이 절실해요. 어떡해야 할까요? 인류가 길을 잃고 비척거리고 있어요. 갈 곳을 몰라 바이 헤매고 있어요. 이럴 때 혁명적으로 대한민국이 나서면 어떨까요? '홍익인간' 정신이 우리가 준비한 답이죠. '세상을 널리 이롭게 하라'는 홍익인간은 생명 존중의 철학이에요. 인류 평화의 출발점이 되기도 하죠. 우리의 큰 철학을 우리가 사랑하고 믿어야 해요. 한국 사회를 더 이상 서양 추종자 굴레에 가두어서는 안 돼요. 잘난 서양과 툭하면 비교하고 스스로를 업신여기지 말아야 해요. 백인들은 우리가 숭배해야 할 신적 존재가 결코 아니에요.

서구 문명의 장점과 단점을 정확히 알아야 해요. 우리 한국인들이 세계를 선도할 1등급의 문화적 역량이 있음을 확신해야 해요. 지구 위 다른 어느 나라보다 발달된 '우리'라는 공동체 정신이 있음을, 조화의 3철학이 있음을, 자긍심을 갖고 자발적으로 이를 회복하고 살려나가야 합니다.

서구 중심의 문명 세계관은 단언컨대 20세기 초반에 만들어졌어요. 인위적으로 만들어졌죠. 막스 베버 등의 몇몇 서양 지식인이 인위적으로 창안한 거예요. 그로부터 서양은 이를 100년 가까이 광고하고 또 광고하며 실제처럼 우려먹었는데요. 그 결과 우리나라에서는 지금 이게 완전한 진실처럼 통용되고 있죠. 서양은 위대하고 위대하고 또 위대하고 우리는 하잘것없고 또 하잘것없으니, 서양을 추종하고 서양을 존중하고 서양을 모방하고 서양을 사랑하고 서양을 흉내 내는 것만이 우리의 살길이라며 한국 사회에서 힘깨나 쓰는 자들이 어제도 오늘도 목소리를 높이고 있어요. 아아 그러나 과연 그럴까요? 그 분위기와 그 흐름을 우리가 이제금 단칼에 끊어야 해요. '근대화=서구화'로 착각했던 어리석음을 반성해야 해요. 서구 기독교 문명은 고상하고 우아하고 훌륭한 것이라는 환상 마법을 우리 스스로가 하루바삐 깨뜨려야 해요.

많은 한국인들이 서양 숭배주의의 깃발을 여태 내리지 못하고 있어요. 서양이 '미국'이라는 대표자 이름으로 바뀌었다 뿐 한국인들의 뿌리 깊은 서양 사대주의는 거의 병적 수준이라 할 만해요.

가령 미국에서 이식해온 '할로윈데이' 축제라는 게 있는데요. 10월의 마지막 날을 기념하면서 이것이 마치 지난날의 메르스 사태처럼 걷잡을 수 없을 정도로 해를 거듭할수록 전국을 강타하고 있어요. 크리스마스 제도가 이승만 정권 이래 한국 사회 주류 문화에 빠른 속도로 완전 정착한 것과 마찬가지로 오늘날은 할로윈데이 광풍이 한국 사회의 방방곡곡에 몰아쳐요. 가히 낯 뜨겁고 속상하고 안타깝고 눈물겨운 풍경이 아닐 수 없어요.

겨레의 주체성을 굳게 지키는 것과 새 문화를 받아들이는 게 동시에 가능할까요? 개화기 이래 지금까지 이것은 100년 이상 우리에게 계속 되어온 질문인데요. 서구 지향의 일상성에 우리가 함부로 매몰된다면, 그것은 한갓 식민지의 어두운 풍속의 목록을 늘리는 일에 지나지 않을 것입니다. 아아 그렇습니다. 2017년 오늘 하루는 대한국인들의 통렬한 각성과 한국인의 정체성 찾기 작업이 절실히 필요한 시점이 아닌가 생각해 보는데 말이죠.

동시대 벗님들이시여, 우리가 저마다 '홍익인간'이 되어보면 어떨까요? 홍익인간의 꿈을 가슴에 담아요. 그러면 대한민국은 저절로 홍익인간들이 사는, 지구에서 가장 모범적인 문명사회가 되지 않겠어요?

1948년 8월 15일은 대한민국 정부가 수립된 날이지 대한민국이 수립된 날이 아니다

1919년 6월 18일에 이승만은 일본 국왕에게 공문을 한 장 보냈어요. '대한민주공화국 집정관 총재'라는 공식 직함으로 말이죠. 이 직함은 지금으로 치면 대통령에 해당하는 거라고 할 수 있어요.

대한민국(the republic of korea)의 이름으로, 그리고 그 권한에 따라 나는 일본에 요구한다. 모든 무장 세력과 군대, 그리고 통상적인 외교사절과 자문관들을 제외한 모든 일본 관리들과 시민 등을 한국에서 철수시켜라. 우리는 대한민국이 독자적이고 독립적인 주권국가임을 공식 인정해 주기를 바라며, 이에 부합하지 않은 모든 조약상의 약속들은 무효로 간주될 것이다.

1948년 8월 15일에 대한민국 정부가 정식으로 지구에 선을 보였어요. 물론 그 이전 일제 강점기에는 1919년부터 상해에 대한민국 임시정부가 있었지요. 그러면 1945년 8월 15일 광복으로부터 1948년 8월 15일에 대한민국 정부가 수립될 때까지 3년 동안의 정치 공백이 있었군요. 이게 어떻게 된 노릇이죠? 3년간의 이 빈 공백은 대한민국에서 누가 어떻게 무엇을 했을까요? 태평양 전쟁의 승리자 미국이 군대를 보내 일본 식민지인 한국을 다스리게 했지,

뭘 어떻게 해요. 미국은 전쟁 패전의 책임을 물어 일본국의 조선총
독부를 1945년 8월에 즉각 접수하고 해체시켰어요. 승전국 미국
이 한반도에 자국 군사 정치를 시행했던 거죠. 미국은 한반도에 군
정청을 설치하고 시대의 통치자로 들어섰어요. 그 세월이 1945년
8·15부터 우리 정부가 공식적으로 수립되는 1948년 8·15까지 딱
3년인데요. 우리는 보통 그 3년간의 대한민국 역사 공백을 '미군정
시대 3년'이라고 말을 하지요.

　건국절이라고 들어보셨죠? 뉴라이트 독재 부역 친일파들이 만
든 개념인데요, 한국 내 친일파들은 1948년 8월 15일을 '건국절'
로 칭하며, 이 날을 대한민국이 건국된 날로 만들고 싶어 하죠. 왜
냐 하면 그렇게 해야 일제 식민지 시대의 친일 행적이나 독립운동
행적이 다 묻히고 지워질 테니까요. 그러나 한국인이라면 분명히
알고 있어야 합니다. 1948년 8월 15일은 대한민국 정부가 정식으
로 수립된 날이라는 걸. 게다가 대한민국은 1919년 임시정부 때부
터, 그러니까 한참 전부터 존재하고 있었다는 걸 말이죠.

한국에서 무속신앙은
배달겨레의 마음 바탕이며 풍류와 신바람의 원천이다

한국에서 오늘날 샤머니즘은 나쁘고 사악한 것으로 평가되고 있어요. 이거 아주 잘못된 게 아닐까 합니다마는. 왜냐하면 근대에 들어 조선총독부가 샤머니즘 퇴출에 가장 열렬히 앞장섰음을 기억해야 하거든요. 또 8·15 광복 이후에 곧장 기독교 공화국이 된 이승만 정권에서 한국 샤머니즘이 다시금 된서리를 혹독하게 맞게 돼요. 대한민국 정부 초기의 한국 사회에서 기독교 세력이 급속하게 팽창했는데요, 여기에 그 원인이 일부 있기도 했었죠. 그러다가 군사 독재 유신 정부가 1970년대 초에 새마을 운동을 대대적으로 벌이는데, 그때 한국의 샤머니즘을 추방하는 일에 정부 차원의 조직적인 힘을 대대적으로 동원했거든요. 그렇지만 뿌리 깊은 무속 신앙(샤머니즘)이 그리 쉽게 이 땅에서 사라지거나 망하거나 뿌리 뽑히거나 추방당하겠어요? 악독한 일제 식민지 시절에도 살아남았는데 말이에요. 이게 왜 그런가 하면 무속 신앙은 기본적으로 모든 한국인의 모태 신앙이거든요. 배달겨레 한국인 동포들의 인성과 정신세계의 뿌리인 거죠. 교회를 믿든 말든 한국인이라면 누구나 배냇적부터 가지고 있는 게 바로 무속신앙입니다.

아득한 옛날 한민족의 시조인 '단군'이 무당 '당골래'라는 이름으로 역사적 흔적을 남기고 있고, 또 그 변형으로 '단골'이라는 일상어를 우리에게 전해 주었죠. 한민족 특유의 자연친화 정신은 여기 무속신앙에 기원을 두고 있어요. 전통의 한국인은 자연과 인간을 분리하지 않고 하나의 연결선으로 보거든요. 이에 덧붙여 배달민족에게 유별난 신명과 흥취, 그리고 웃음과 신바람은 샤머니즘 토속신앙이라는 용광로에서 쉼 없이 들끓어 오르는 기운생동의 민족성이 아닐 수 없는데요.

놀라운 소식 하나 더 전해도 될까요? 현재 우리나라에는 기독교 목사보다 무당 숫자가 더 많다는데요. 목사는 2017년 현재 등록자가 13만 명 남짓, 무당 숫자는 20만 명이라고 통계가 나와 있어요. 하하하 어쨌든 우리나라에 기독교 목사도 많고 무당도 또 그렇게 많다니 그저 어안이 벙벙해요. 짧은 기간에 이룩한 한국 기독교의 엄청난 교세 팽창은 세계인을 깜짝 놀라게 했잖아요. 이것은 기독교의 수출국인 유럽인들도 경악할 정도지요. 그런데 한국 기독교의 기적적인 교세 확장이나 신도 팽창은 무엇에 말미암았을까요? 제도적으로나 의식적으로나 상당한 후원 세력에 힘입은 거라고 할 수 있지 않을까요? 첫째, 이것은 무엇보다도 '하느님' 사상이 영향을 크게 끼쳤죠. 한국 토속 신앙의 '하느님'이 기독교의 '하나님'과 천주교의 '하느님'으로 차용되어 이미지 전환이 발생한 거라고 봐요. 이른바 교회의 '하느님' 사용권은 한국의 정신문화에 천지개벽을 가져올 정도로 엄청난 것이었죠.

그리고 우리가 여기서 필수 지식을 하나 가져야 해요. 오늘날 한국 사회에서 통용되는 '기독교의 하느님'이나 '천주교의 하느님'은 그 속성에서 한국 전통의 '하느님'과는 사실상 아무 관계가 없는 전혀 다른 존재라는 거죠. 그 가장 뚜렷한 증거가 있어요. 먼저 한국 고유의 하느님은 전지전능하지 않아요. 더구나 그가 유일신은 더더욱 아니거든요. 배달겨레가 이런 사실을 정확히 알고 있다면 기독교에 무속신앙을 얽어서 너나없이 한국 땅에서 신흥 종교를 부지런히 만들어내는 사이비 종교인들이 절대로 발을 붙이지 못할 테죠.

그러나 한국은 오래전부터 신흥 종교의 천국으로 이름났습니다. 이게 왜 그런가 하면 단도직입으로 말해서 우리의 무속신앙 때문에 그래요. 기독교와 샤머니즘을 얽으면 한국 사회에서는 새롭고 희한한 종교가 하루아침에 뚝딱 만들어지거든요. 우리 민족성의 밑바탕에는 타의 추종을 불허할 정도로 종교 정신이 그만큼 풍부하다는 얘기도 돼요. 배달겨레가 그만큼 종교성이 뛰어난 민족이라는 거죠. 바로 이곳에서 한국 특유의 신바람이며 흥취며 신명이며 하는 것들이 퐁퐁 솟아나지요. 종교성이 풍부하다는 것은 달리 말해 자연과의 유대감이나 친화성이 뛰어나다는 의미이기도 하다는 것을 잘 알고 있다면, 각박한 세상살이에서 우리 한국인들이 작은 위안이나마 받을 수 있지 않을까요?

우리나라가 아직 완전한 독립국가가 아니로구나

1910년대 조선의 지식층은 졸지에 식민지 백성이 되었어요. 비유하자면 양반에서 최하층 신분으로 떨어진 거죠. 누구도 일제 식민살이를 원하지 않았겠지만 시대 흐름을 막을 수 없었을 테죠. 어쨌거나 울분에 겨워하던 그들 상당수가 앞 세대와의 단절을 단호히 선언했어요. 자신들의 지위를 추락시킨 조선을 거부하고 또 앞시대의 선조들을 마음으로 거부한 거죠. 그러고는 새로운 문명 세상을 호흡하자는 주문을 쏟아냈는데요. 일본의 식민지로 전락한 조선의 운명이 못내 가슴 아팠을 법도 한데, 역사와 세대의 단절을 통해 식민지라는 낯선 문명 시대를 점등하는 스위치를 켜고자 했던 조선 지식층의 속사정이 저류에 도도히 흐르고 있었어요. 이 상황을 좋게 보면 그렇다는 거예요. 나쁘게 보면 이것은 조국에 대한 강한 역적질이고 조상에 대한 아주 못된 배신이죠. 춘원 이광수 선생의 아래 발언을 갖고 그때 그 속내를 한번 들여다볼까요?

우리는 선조도 없는 사람, 부모도 없는 사람으로 금일 금시에 천상으로서 우리 땅에 강림한 신종족으로 자처하여야 한다(『청춘』15호, 1918년).

무슨 발언이 이래요? 참 무서운데요. 말속을 곰곰 씹어 보세요. 이게 정말 무섭거든요. 섬뜩하고 오싹해요. 식민지 시대 현재의 우리는 선조도 없고 뿌리도 없는 존재라는 고백이에요. 선조도 부정하고 조국도 부정하겠다는 거죠. 앞으로는 우리가 일본 쪽에 붙어서 매국노가 되어 살더라도 일체 상관 말라는 선언이에요. 못난 조국을 버리겠다는 거예요. 내 멋대로 살겠다는 으름장이죠. 조선의 과거 역사를 몽땅 부정하고 있어요. 엉뚱하고 발칙한 이런 생각이 처음에는 새 시대의 개척자 몇몇의 머릿속에만 머물러 있었다고 봐요. 그러나 몇몇 유명 지식인들이 친일 행위를 점차 노골화하면서부터 친일 바람은 조선 식민지 사회 전체를 몰아쳐가는 생각의 큰 흐름이 되고 말았을 테죠. 그리 되면 조선 왕조가 완전한 패망의 길로 가지 않을 수가 없었겠는데요.

독재자 일본은 간교하게도 이중 통치술을 부렸죠. 서양인들이 아프리카와 아메리카를 그런 방식으로 지배했듯이(지금 르완다 등에서 인종 청소 학살극의 뿌리가 됨) 독재자는 조선인을 두 패로 딱 갈랐어요. 친일파 자기편은 철저히 살리고 독립 투쟁 반대자는 아주 철저히 짓밟는 걸로 양분했어요. 대다수의 조선인들은 우매한 개돼지가 되어 함부로 사육 당했죠. 가령 조선 총독부는 식민지 백성들로 하여금 임금과 왕조를 욕하게 하고 찬란한 조선 역사를 전면적으로 부정하게끔 조직적으로 일을 꾸몄어요. 이러는 가운데 조선 역사 5백년이 빠른 속도로 왜곡되고 무너지기 시작했죠. 군사 독재자 일제는 자신들이 날조한 식민지 역사관을 조선인의 일상 속으로 쉴 새 없이 퍼 나르고 주입하였어요. 그것은 마치 독극물처럼 조선인의 몸과 마음에 천천히 스며들어 한국인들을 병들게 하고 사이가 틀어지게 하고 끝끝내 민족 일체감을 마비시켰죠.

1945년 8월 15일, 꿈에도 그리던 조국 광복이 찾아왔어요. 그러나 광복 이후에도 한국 사회의 정신세계는 식민지 때와 별반 달라지지 않았어요. 조선총독부가 주도한 한국 정신문화의 폄훼와 역사 왜곡의 흐름이 그치지 않고 줄곧 이어졌거든요. 몇 해 전에 국사 교과서의 국정화 문제가 나라 전체를 떠들썩하게 한 적이 있었잖아요? 그걸 보고 있으려니 참 슬프고 화가 났죠. 지금도 친일파와 그 후손들이 우리나라에서 권력의 자리를 구석구석 독점하고 있다는 생각이 들었던 거예요. 우리나라가 아직 진정한 독립국이 아니구나 하는 자괴감이 들고 말이죠. 대대손손 100년 세월을 줄기차게 이어져서 오늘 우리가 또 다시 항일 독립운동을 해야 하다니요? 무슨 이런 기막힌 경우가 있나요? 친일파의 철저한 발본색원과 처단이 꼭 필요합니다. 친일파들이 나중에 독재 부역 우파 집단이 되지요. 지금까지 친일과 매국과 독재는 한 몸입니다. 처단되지 않는 범죄 행위는 반복되거든요. 친일파 청산, 늦었지만 꼭 해야 해요. 그래야 대한민국이 건강해져요. 나라다운 나라, 정의로운 나라가 되지요. 친일파 청산—오래 묵은 적폐 청산이 날마다 시급합니다.

우리의 근대 의식은 재수 없게도
조선총독부 시절에 형성되었다

한국의 근대 의식은 광복 이후 대한민국 땅에서 만들어진 게 아니에요. 일제 강점기 때 한반도에 벌써 근대가 형성되고 근대 의식이 생겨났죠. 우리 힘으로 근대화의 방향을 정하고 근대화의 발걸음을 뗐어야 하는데 그렇게 하지 못했어요. 운수 사납게도 일본의 강요와 협박으로 이 모든 게 이루어졌거든요. 돌아보면 20세기 벽두에 아시아 국가 중에서 일본은 소위 근대화 국책 사업에 가장 크게 성공을 했지요. 근대 국가 일본은 그 여세를 몰아 서양 제국주의 대열에 자기들도 슬며시 끼어들었죠. 모진 놈 옆에 있으면 벼락 맞는다고 했던가요, 군사 대국이 된 일본이 대한제국을 꿀꺽 집어삼킨 거예요. 우리는 우리 방식의 근대화를 저당 잡힌 채 꼼짝없이 군국주의 일본의 식민지가 되고 말았죠. 일제 치하 40년(1905년 일본의 통감부 통치에서 1945년 조선총독부 통치까지)은 우리 한국인들을 열등하고 못난 좀팽이 미개 민족으로 낙인찍기에 충분한 세월이었죠. 2020년을 바라보는 오늘날, 대한민국 사회에는 제국주의 일본 놈들이 심어준 식민지 역사관을 신봉하는 자들이 한국의 지배 세력 속에 숨어서 어린 영혼을 호시탐탐 노리고 있어요. 대한민국에서 학교 교육과 신문 방송과 정치 경제를 주도하는 세력 중에는 독재 친일파의 피와 정신과 재산을 이어받은 자들이 굉장히 많아요.

2017년 현재 한국 사회에서 아직도 항일 독립 운동이 꼭 필요한 까닭입니다.

돌아보면 8·15 광복은 역설적으로 친일파를 흥하게 했습니다. 희한하게도 독립 운동가 집안을 홀라당 망하게 하고 말이죠. 왜냐하면 이미 부자였던 친일파는 광복 이후에도 부자가 되었고, 가난했던 독립운동가 집안은 광복 이후에도 우라지게 가난할 수밖에 없었던 거죠. 준비된 재벌과 파산한 가난뱅이라고 할까요, 친일파와 독립군의 운명이 광복 이전과 다를 바가 전혀 없었는데요. 8·15 광복절은 친일파를 부자로 배출하고 독립 운동가를 가난뱅이로 배출한 날이기도 했어요. 지금도 항간에 떠도는 옛말이 있잖아요? '친일을 한 집안은 3대가 잘 살고, 독립 운동을 한 집안은 3대가 망한다.' 이게 말에 그치는 게 아니라 실제의 현실이라는 게 큰 문제예요. 우리 국민들의 정신 건강에 썩 좋지 않아요. 사회 정의와 국가 기강이 훼손되고 흔들리고 흐려졌어요. 그래 지금이라도 친일파 중심의 한국을, 그 흐름을 끊지 않고서는 현재와 장래의 모든 일들이 헛되고 또 헛될 따름이죠. 나라를 하나의 사람으로 치자면, 사람이 정신이 죽었는데 몸만 살아서 무엇을 할까 봐요. 대한민국 초대 대통령을 지낸 우남 선생(이승만)이 새삼 원망스러울 뿐입니다. 그가 독립국 대한민국을 다시 친일파가 날뛰는 세상으로 만들었다고 생각하니 그런 거죠. 그리고 보면 미국의 1대 대통령 조지 워싱턴이 참 대단하긴 대단합니다. 단임 대통령으로 그치다뇨?

4장

변화가 곧 희망이다

단군 숭배는 조상에 대한 기본예절이다

역사적으로 볼 때 근대성은 민족 정체성을 자각하는 것에서부터 도드라졌지요. 20세기에 들어 식민지 한국에도 나라 정체성을 위한 몸짓이 활발해집니다. 단군이 민족 자각을 위한 표상으로 받들어지는 분위기가 구름처럼 일기 시작했는데요. 1909년에 나철 선생이 대종교를 다시 창설하면서 단군 숭배 의식이 사회적으로 표면화되었죠. 그 후 해가 갈수록 단군 숭배는 그 뜻이 한결 단단해지고 끈끈해졌어요. 1920년 4월 11일자 동아일보는 단군과 관련해서 아주 대담한 기획을 선보였는데요. 1면에 커다랗게 '단군 영정' 현상 공모를 내걸었어요. 사실은 이즈음 식민지 한국의 각 신문과 잡지는 해마다 10월(음력)이면 개천절 기념행사 소식을 자세히 실었는데요. 음력 10월 3일에 '개천성절'이라는 이름의 민족

잔치가 떠들썩하게 전국적으로 벌어졌거든요. 당시 '개천성절'은 식민지 조선 최대의 큰잔치였음은 두말할 나위가 없겠죠. 조선인들은 민족의 구심점으로 단군을 찾았고, 개천 행사를 통해 비록 식민지 백성이긴 해도 한겨레 배달민족의 정체성과 유대감을 푼푼이 나누었던 것입니다.

효에 관해서라면 타의 추종을 불허하는 우리 배달겨레가 어제 오늘에 단군을 외면하고 홀대하는 건 무슨 까닭인가요? 멀리는 일제 식민지 시절의 문화 탓이고 가까이는 한국 기독교의 위세 때문이 아닐까 해요. 맨 처음 조선총독부가 우리 단군(허무맹랑한 귀신 나부랭이로 치부)을 죽였고, 해방 이후에는 기독교 교회 세력이 단군을 죽였지요. 일본과 미국으로부터 시차를 두고 해코지를 당한 후 사망진단서를 받은 단군은 오늘 현재 우리 역사와 우리 문명에서 삭제되었고 지금까지도 여태 복권이 되지 않고 있어요.

그러나 단군은 현실적으로나 역사적으로나 우리 삶의 뿌리이며 우리 철학의 밑바탕입니다. 민족의 뿌리를 잘 알고 잘 보존해야 전통이 살고 민족이 살고 정체성이 살고 예절이 살고 정신문화가 온전히 살아요. 단군 숭배는 한 마디로 말해 조상에 대한 기본예절과 같아요. 우리 한국인들이 단군을 사랑하고 단군을 아끼는 게 나를 사랑하고 한국인을 사랑하고 우리나라를 사랑하는 것과 똑같거든요. 대한 사람 대한으로 길이 보존하면서, 우리가 동서남북 어떤 차별도 없이 서로 사랑하며 정을 나누고 살면 좋겠습니다.

8·15 광복 후 한반도의 첫 정부는 미국 군정청이었다

한때 우리나라를 미군이 통치한 적이 있었어요. 우리가 미국의 식민지처럼 된 적이 잠깐 있었죠. 하하하 깜짝 놀라셨나요? 1945년 광복 직후부터 1948년 정부 수립까지 딱 3년 동안 그랬거든요. 미군정 당국이 일본의 조선총독부를 대신한 거라고 할 수 있죠. 물론 38선 이북은 미군 대신 소련군이 점령하고 장악했지만요. 그즈음의 일이에요. 한반도 북쪽과 남쪽은 북위 38도를 경계로 팽팽한 긴장감이 감돌았죠. 공산주의와 자본주의가 지구 문명의 주도권을 놓고 세력 다툼을 피터지게 막 벌이던 참이라서 그래요. 한반도가 재수 없게도 그때 서구의 극단적 이분법의 현대 문명 투쟁기에, 그 격동의 세월에 끌려들어가서 서양 귀신에게 딱 붙들린 거죠.

그래, 1947년 1월에 미군 본부는 남쪽 한국인들에게 신분증명서인 '등록표'를 나누어 주었는데요. 북쪽과 남쪽을 확실히 구분하려는 수단이었죠. 그러나 어쩌면 이것이 한반도에서 남한만의 단독 정부를 구성하려는 미국의 첫 작전이었을지도 몰라요. 당시 한국을 통치하던 미군은 등록표 시행 목적을 이렇게 밝혔거든요.

"남조선의 합법적인 주민임을 증명하는 동시에 의식을 적의하게 공급하며 생활필수품을 평등하게 분배하기 위한 것"이라고요.

이렇게 해서 1945년 8·15 광복 직후에 한반도 남쪽은 전적으로 미군이 관리하는 영토가 되고 말았죠. 남조선(이 때는 '남한'이 아니었음) 주민의 최초 '등록표'에는 개인의 신상 명세가 빼곡히 기록되었는데요. 이름, 나이, 키, 몸무게, 신체적 특징과 손가락 지문을 담았어요. 생각하신 대로예요. 맞습니다. 이 등록표가 진화 발전해서 오늘의 '주민등록증'이 되었죠. 1968년 11월 21일에 대한민국 제1호 주민등록증이 나왔어요. 1호 주민증 주인공은 누군지 아시겠죠? 박정희 대통령? 예 맞습니다, 맞고요.

미국은 1945년도에 신생 독립국인 우리나라를 미국 추종 국가로 키우려 했겠죠? 소련 공산주의와 싸워서 지구 문명의 주도권을 장악해야 했으니까요. 그래야 공산주의로부터 자본주의 문명이 지켜지고 소위 자유 민주주의가 지구 위에서 팽창, 발전하리라 믿었을 테죠. 이런 조짐은 사실 8·15 광복 직후부터 그랬어요. 미군정 당국은 일본 땅과 한국 땅에서(왜냐하면 두 곳 모두 패전국 일본 국적이니까) 거의 동시에 강력한 기독교 선교 정책을 시행했는데요. 그러나 일본 땅에서는 이게 철저히 실패했어요. 반면에 한국에서는 대성공을 거두었죠. 한국의 성공은 까닭이 있어요. 독립 국가 한국에서 최고 통치자인 미군 당국은 일제가 남긴 재산 중 상당 부분을 기독교 교회와 신학대학에 거저 넘겨줬거든요. 한국 사회에서 친미 기독교 세력을 키우기 위한, 획기적인 기독교 특혜 정책인 셈이죠. 이것은 초기 대한민국 민주공화국에서 서양 기독교가 성장하고 확장할 밑천을 듬뿍 쥐어준 거나 다름없었는데요. 미군정의 노골적인 지원에 힘 입어 교회 장로 출신의 이승만 박사는 기독교 세력 확장에 아예 발 벗고 나섭니다.

그 시절의 풍경을 하나 볼까요? 1948년 5월 31일에 독립국 우리나라에서 제헌국회가 처음 열렸어요. 대한민국 최초의 자유선거 5·10 총선 결과에 따라 국회가 구성된 거죠. 당시 가장 명망이 높은 이승만 박사가 제헌 국회에서 임시의장을 맡았겠지요. 그러자 이승만 의장은 현직 목사 신분의 제헌 의원에게 축하 기도를 요청하며 국회 개원의 첫 문을 열었는데요. 하하하 이것은 민주공화국 대한민국이 첫걸음에서부터 기독교 편애를 노골화한 거라고 볼 수도 있는 장면입니다. 어쨌든 국회가 구성되었는데, 그렇다면 곧 다가올 1948년 12월 25일(예수 탄생절, 성탄절)을 교회 신자인 이승만 측이 그냥 내버려둘 리가 있을까요? 이 날을 '성탄절'로 칭하며 국가 임시공휴일로 지정해 버렸죠. 대한민국 정부 수립과 거의 동시에 그 이듬해 1949년에는 '국경일에 관한 법률'을 정식으로 제정했는데요. 여기서 대한민국 국법에 따라 기독교 성탄절은 전래의 개천절과 함께 국가 지정 양대 공휴일이 되었던 거죠.

개천절은 일제 식민지 시대부터 오랫동안 전국적으로 기념되어 왔으니까 그렇다 쳐요. 사실 '개천절'은 1919년에 수립된 대한민국 임시정부에서부터 국경일로 지정되어 기념해 왔거든요. 까닭에 예수 탄생을 축원하는 성탄절을 대한민국의 국경일에 법률로 지정한 것은 대한민국이 기독교 공화국임을 당시 지구촌 온 세계와 대한민국 우리 국민들에게 선언하는 효과가 아주 컸어요. 1948년 그때로부터 2020년대를 바라보는 오늘까지 해마다 12월이 되면 우리나라 전역에는 크리스마스트리가 장식되고 성탄 캐럴송이 요란벅적했던 거죠. 70대 노년층에 이르기까지 대다수의 한국인들은 그러므로 아주 어릴 때부터 성탄절 분위기에 휩싸여 자라났으며, 어른이 된 이후 죽을 때까지 한국인들은 지금도 그렇게 살아가고 있어요. 그런 까닭에 학계 일부에서는 대한민국 제1공화국의 국가 정체성을 숫제 '기독교 공화국'으로 못 박았던 것이죠.

정동제일교회 장로 출신 우남 선생이 1948년에 대한민국 초대 대통령이 되었잖아요. 그런데 대통령 이승만은 신생 독립국가인 우리나라를 기독교 국가로 만들려는 욕심이 굉장했어요. 그러니만큼 독립국 한국 사회에서 기독교 세력이 여기저기서 팽창할 수밖에 없었겠죠? 국가 예산은 물론이고 제도상의 각종 혜택이 기독교계에 독점적으로 쏟아졌음은 말할 나위가 없어요. 가령 형무소 내에서 형목 제도를 기독교계가 처음 만들었는데요. 이게 뭐냐면 개신 기독교가 형무소 내에서 죄수들의 선교 특권을 독점하도록 조치한 거죠. 그렇다면 우리나라 최초의 민간방송사가 무엇인가는 저절로 짐작이 가시죠? 기독교 방송(CBS)이 맨 처음 등장하지 않았을까요? 네 그렇다마다요. 1954년에 기독교 방송이 대한민국 최초의 민간 방송으로 개국했거든요.

이승만 통치의 1950년대는 우리나라 전체가 마치 하나의 교회 같았다고 하는데요. 매일 매일을 기독교 교회들이 대부흥회 행사하듯이 운영되었다죠? 아주 드러내놓고 정부 차원에서 떠들썩하게 기독교 붐을 조성하려는 여러 방책을 시도했는데요. 그런 이유 때문에 우리나라가 독립국가로 세계에 선보인 지 10년이 채 안 되어서 기독교 세력이 한국 사회 분위기의 대세가 되었어요. 이러므로 한국 교회 세력은 기독교 이승만 정권을 아주 대놓고 지지했으며 교회 내부는 자유당 독재주의를 지탱하고 보좌하는 정치 집회장의 모습을 띄게 되었던 거죠. 오늘날에도 한국의 대형 교회들은 친일독재 보수 우파 정치 집단을 막무가내로 지지해요. 그 역사적 뿌리가 어딘지는 이제 조금은 아시겠죠? 한국판 보수 기독교라는 게 이렇게 해서 태어난 거예요. 1950년대는 이승만 대통령을 국부로 모시고 대통령을 한국의 모세 또는 한국의 여호수아로 숭배하라는 찬송 예배가 대한민국 교회 이곳저곳에서 들끓었음은 상상하는 것만으로도 능히 짐작할 수 있을 테죠. 실제로 그랬대요.

그러나 과유부족입니다. 지나치면 부족함만 못해요. 이런 게 세상살이 이치죠. 초기 대한민국 출범기에 기독교 광신의 행태가 폭발적으로 한 차례 일어났는데요. 신생 독립국의 생리상 새로운 정치와 새로운 종교가 상부상조하면서 자신들의 세력을 급속히 확장해 나갔을 테죠? 이승만 공화국 초창기부터 기독교가 너무 설치는 바람에 일부 한국인들에게 기독교가 반감을 사는 경우가 아주 많았어요. 이승만 정권에서 기독교 특혜 정책을 비판하는 문화 운동이 1950년대에 전국 각지에서 하나둘 일어나기 시작했거든요. 이것은 지금도 그렇죠. 종교와 권력의 관계—이것은 21세기 오늘의 대한민국 사회도 예외가 아니죠. 왜냐 하면 대한민국에서 기독교는 어느덧 그 자체가 하나의 권력이 되었고 하나의 문명이 되었고 하나의 새로움이 되었고 하나의 세력이 되었고 하나의 운명이 되었으니까요.

남북통일은 외교 예술의 꽃이다

한국처럼 4대강국에 꽁꽁 둘러싸여 있는 나라는 지구상에 없다. 그러므로 우리나라는 세계에서 외교가 가장 필요한 나라다. 외교가 운명을 좌우한다고 해도 과언이 아니다. (중략) 우리에게 외교는 명줄이나 다름없다. 한반도는 4대국의 이해가 촘촘히 얽힌, 기회이자 위기의 땅이다. 도랑에 든 소가 휘파람을 불며 양쪽의 풀을 뜯어먹을 것인지, 열강의 쇠창살에 갇혀 그들의 먹이로 전락할 것인지 전적으로 우리에게 달렸다.

『김대중 자서전』에서

우리나라 외교 예술의 가장 아름다운 꽃은 남북의 평화통일이 아닐까요?

깨어난 시민의 힘이 하나로 모일 때 세상은 새로워지고 아름다워질 테죠. 가장 위대한 깨달음은 나 자신이 세상을 바꿀 수 있다는 믿음을 가지는 게 아닐까요? 온 국민이 마음을 함께하는 고래 꿈은 일상의 새우잠조차 달콤하게 만들지 않겠어요? 모름지기 우리가 민주 시민이라면 '남북통일'의 큰 꿈을 가져야 마땅해요. 왜냐 하면 남북의 평화통일이야말로 대한민국 민주공화국의 완성이 될 테니까요. 현실이 빽빽하고 누추해도 우리가 큰 꿈을 같이 가졌으면 좋겠어요. 8천만 배달겨레 모두가 꿈을 공유하고 믿음을 함께 나눌 수 있다면 얼마나 좋을까요?

조선총독부가 한국 최초의 독재 정부였다

불량 정부가 곧 불량 국가예요. 불량 국가를 독재 국가라 해요. 여기서 '불량'은 '깡패' 또는 '양아치'를 뜻하죠. '양아치'는 '동냥아치'의 준말이에요. 거지같은 깡패거나 깡패 같은 거지를 일러요. 일제 강점기에 조선총독부가 우리나라 '불량 정부'의 첫 모델입니다. 조선총독부가 지배한 당시의 한국 사회는 당연하게도 친일 독재국가였는데요.

독재 공화국도 공화국임은 틀림없어요. 공화국은 공적 조직으로 유지되는 국가 체제예요. 앞서 왕국 시대를 대신한 발전된 국가 조직인 거죠. 그래 공화국은 왕정 체제가 아니며 업무 처리가 시스템화 되어 있지요. 국가 권력을 개인이 사유화하기란 왕정에서는 꽤 수월해요. 공조직을 개인이 사유물처럼 부려먹는 것도 왕정에서는 가능할 수 있어요. 독재자인 프랑스의 루이 14세 국왕 같은 경우가 대표적이죠. 한국에서도 독재자 시절에 이런 게 가능했어요. 그러나 민주공화국에서는 권력의 사유화가 절대 불가능해요. 공화국의 시스템 자체가 바로 국가 권력이라서 그렇죠. 시스템이 곧 국가 권력입니다. 그러므로 독재 국가, 불량 국가, 약탈 국가는 민주 공화국 체제가 결코 아니에요.

몇 해 전 어느 아프리카 국가에서 우스꽝스러운 일이 발생했는데요. 정부에서 처음 시행한 복권 추첨에서 그 나라 현직 대통령이 1등에 당첨되었다고 대서특필했어요. 조작해서 당첨시켜 줬겠죠? 하하하 우리 눈에는 이런 게 얼마나 우스운가요? 그러나 그곳 국민들은 얼마나 큰 억압과 박해와 공포 속에 살아갈까요? 독재자 맘대로—이런 게 전형적인 불량 국가이며 이곳 독재자 대통령은 거의 인격 장애자 수준이 아닌가 하거든요.

그런데 사실은 대한민국 민주공화국도 이에 못지않은 일들이 과거 현재에 걸쳐 다반사로 있었어요. 한국의 지배 계층 중에는 위험한 인격 장애자들이 참 많거든요. 친일 독재 권력에 충성을 바치고 이익을 나눠먹던 해바라기 인물들이 특권과 반칙으로 한국 사회를 반나마 장악했었죠. 형식적 법치주의가 국가 폭력의 뒷배가 되어주었고요. 그래서 친일 기득권 후손들이 대한민국의 기득권 지배층을 아주 빵빵하고 두텁게 형성했겠죠? 이승만 초대 정부에서부터 독재친일 부역 언론, 독재친일 부역 검찰, 독재친일 부역 법원, 독재친일 부역 교육계, 독재친일 부역 관료, 독재친일 부역 종교인, 독재친일 부역 지식인들이 쏟아졌는데요. 그들은 어김없이 공화국의 배신자가 되고 민족의 반역자가 되고 말았죠. 그들의 관심은 오직 하나에 집중되었는데요. 개인의 부귀영달과 출세가 그것이지요. 한국 사회를 부패하고 부정의한 나라로 만드는데 앞장을 섰던 인물들이 바로 이들입니다. 이들이 놀던 곳을 '적폐 왕국'이라고 하면 되겠군요. 이들 적폐 왕국을 깨끗이 청소해야 대한민국이 새롭게 출발할 수 있어요. 새 대통령, 새 대한민국, 새 국민들—얼마나 좋아요. 지금 모든 준비가 완벽해요. 동시대 벗님들이시여, 문재인 정부와 함께 우리가 멋들어진 한국 문명을 새롭게 만들어가요. 힘내세요. 화이팅~

하하하 최순실은 우리 국민의 큰 스승이다

대구, 경북 지역의 50대 이상 성인들은 지역주의에 사로잡혀서 하늘이 두 쪽 나도 여당을 지지하는 사람들이었어요. 어떻게 해도 안 움직이던 그 콘크리트 같은 사람들의 생각이 이번 사건(최순실-박근혜 게이트)

을 계기로 깨졌습니다.

또 옛날엔 우리나라 대학생들의 사회비판 의식도 높았는데, 요즘 대학생들은 사회가 이렇게 되던 저렇게 되던 깊은 잠에 빠져 있었어요. 그런데 이번에 대학생들이 갑자기 눈을 번쩍 뜨고 제일 먼저 일어나더니 지금 제일 앞장서고 있습니다. 이 대학생들을 다 깨운 사람이 누구예요? (모두 웃음과 박수)

2016년, 법륜 스님의 즉문즉설 중에서

비선실세의 독재자 최순실은 우리 대한민국의 운명을 뒤바꾸어준 역사의 큰 스승입니다. 새로운 대한민국을 열게 해주었죠. 고맙게도 박정희 신격화를 왕창 무너뜨렸어요. 아무나 할 수 없는 엄청난 역사적 위업이지요. 역설적인 측면에서 감사하고 또 감사하죠. 우리 국민을 크게 가르쳐주고 일깨워준 반면교사님이 틀림없다마다요.

법치 원리보다 중요한 건 '사람이 먼저다'

한국 사회가 물질적으로 풍족해졌는데 사람들은 행복해하지 않아요. 왜 그럴까요? 어찌 보면 일상에 새로운 위기가 찾아온 거죠. 그러나 이것을 외면하거나 회피해서는 안 돼요. 삶에서 중요한 것은 실천이고 행동입니다. 훌륭한 생각들은 세상에 차고 넘쳐요. 정작은 올바른 실천력이 중요하죠. 연전에 김영란 청탁금지법이 요란하게 시행되었잖아요? 공직사회의 부정부패를 척결하고 청렴사회를 만들자는데 반대할 사람은 없어요. 그러나 가장 부패하고 가장 부도덕한 불량 정부가 그 시행 주체가 되었다는 게 문제의 출발점이에요. 법 제정의 취지가 뚜렷하고 법의 의미가 순수하다고 해서 국법이 절대선이 되는 건 아니잖아요? 한국인의 성정과 미풍양속이 법의 잣대로만 규정될 것은 또한 아니죠. 과도한 법치주의는 솔직히 말해 독재 정부의 교활한 술수인 경우가 대부분이거든요. 일제 강점기 한반도가 표면상으로는 철저히 법치 사회가 아니었던가 말이에요.

'김영란법'의 탄생은 정부가 '청렴사회' 프레임을 내걸면서 충분히 예견되었죠. 이 법을 통해 정부 위정자들은 '청렴사회'라는 가치를 국민들에게 내면화하려 했는데요. 지배계층 자신들이 '청렴사회' 프레임을 선점하고 독점하겠다는 셈속이 들어있겠죠. 그간 한국이 독재 친일 정부를 여럿 겪으면서 나랏일 곳곳에 부정부패와 비리와 탈법이 일상처럼 녹아 있어요. 가령 수억 원의 세금이 개인 호주머니로 뭉텅 뭉텅 잘려 들어가고 수십조 원의 국가 예산이 더러운 강물 속으로 풍덩 사라졌어요. 이리저리 수억 원대 뇌물로 떼어먹히는 군수방위산업이나 원자력 산업은 해마다 증가하는 그 부패 실태가 어떻고요? 또 불량 독재 정부가 자화자찬 선전을 위해 외국에게 퍼주자 방식으로 뿌려낸 국가세금 수조 원대의 자원외교 낭비가 있었는데요. 국정에서 볼 때 이런 게 정말 보통 일이 아니거든요. 나라를 무너뜨리는 폐단이 바로 이런 거죠. 이렇듯이 국가 예산을 개인 돈인 양 함부로 낭비하고 나랏돈을 구조적으로 빼먹는 경우가 셀 수 없이 많아요. 이런 걸 잘 감시하고 잘 견제해야 깨끗하고 정의롭고 도덕적인 청렴 사회가 되는 게 아니겠어요? 그런데 이런 일을 하는데 '김영란법'이란 게 새로이 꼭 있어야 하는 건가요?

따지고 보면 '청렴 사회'가 뭐 별 건가요? 국가 권력을 제대로 감시하고 비판하고 국가재정 파탄 사범을 가혹한 엄벌로 다스리면 되지 않나요? 그러면 저절로 청렴 사회가 이룩돼요. 김영란법 때문에 상당수 국민들의 삶이 아주 팍팍해졌어요. 농어민과 자영업자와 기타 서민들의 생존이 벼랑 끝으로 내몰리고 있음이 자주 목격돼요. 나라 살림을 거덜 내는 상시적이고 대규모석인 범죄는 공무조직 윗선에서 저질러지는데, 여태 그렇듯이 그것들은 바람처럼 무심결에 또 지나가고, 김영란법이 서슬 푸르게 날을 세워서 서민 피라미만 애꿎게 잡는 게 어제오늘의 현실입니다.

공무원들은 복지부동하며 태풍 지나가기를 기다리고, 자영업자들은 못 살겠다고 아우성을 쳐요. 꽃 선물에 5만 원, 저녁 밥값에 3만 원, 경조사에 10만 원—부조나 선물 값으로 정부가 나서서 만원 단위의 돈 액수까지 정해주고 통제하는 나라가 공산주의 국가

말고 지구상 어디에 또 있더란 말인가요? 일제 강점기 조선총독부 역시 법치를 근간으로 하고 있었다는 점을 우리는 잘 알고 있어요. 법치국가라고 해서 안전하고 청렴하고 행복한 나라가 절로 되나요? 세상사 무엇이든 법으로 다 처리해서도 안 되고 법으로만 제어해서도 안 돼요. 국가 정책은 추상 같이 집행하되 그 밑바탕에는 언제나 사람이 최우선이고 국민의 삶이 가장 먼저 고려되어야 생활 공동체의 일상이 바람직해지지 않을까요? 제대로 된 민주공화국이라면 모름지기 '국민 행복'이 가장 으뜸가는 국정 지표가 되어야 하지 않을까 하거든요. 행복 국가 부탄처럼 말이죠. 이제나저제나 국민의 시대가 빠르게 활짝 꽃피어나기를 기대해마지 않습니다.

야생의 삶이 한국인의 저력이다

노력을 안 해도 가진 게 능력인 사람들이 많이 있어요. 권력자와 재벌, 그리고 지배 계층들의 자식들이 그들이죠. 금 수저를 물고 태어난 이들은 노력하지 않아도 꽃길을 걸어요. 그들에게 가시밭길은 꿈에조차 없어요. 그러나 그렇다고 해서 그들이 꼭 행복한 삶을 산다고는 말하지 못해요. 여기에 인생의 신비와 삶의 진정한 묘미가 들어 있는 거죠. 정신이 건강한 사람은 이걸 잘 알고 있어요. 어쨌든 사람은 누구든지 깜냥대로 행복할 수 있으니까요.

그림 속의 꽃은 향기가 없어요. 그냥 그림일 뿐 꽃이 아닌 거죠. 야생의 삶이 없는 인생은 죽은 인생이에요. 향기가 없어요. 자기가 없어요. 가짜 삶이죠. 이런 삶을 우리가 부러워해야할 이유가 있나요? 자기 방식의 삶을 사는 게 야생의 삶이에요. 별 게 아니에요. 야생의 삶은 자연스러운 삶이에요. 별나지 않아요. 제 분수를 지키며 사는 거죠. 즐겁게 살면 야생의 삶이 족해요. 이웃과 더불어 아롱다롱 웃음과 정을 나누면 행복해요. 야생의 삶에서 참 민주주의가 들꽃처럼 피어나거든요. 참다운 민주공화국은 국민들에게 야생의 삶을 권장하고 장려하고 보호해 줘요. 국민들이 저마다의 숨결과 향기를 내뿜으며 민주의 꽃밭에서 더불어 살게 하지요.

살다 보면 알게 돼요. 삶이 자주 위태롭다는 것을. 인생의 매듭마다 한 꿰미의 짐들이 자꾸 생겨난다는 것을. 나이대마다 깜냥의 위기가 새롭게 몰려온다는 것을. 같이 한번 짚어볼까요? 10대는 공부, 20대는 취업, 30대는 결혼, 40대는 자식 교육, 50대는 퇴직, 60대는 건강, 70대 이후는 노후 적응…하하하 어떻게 보면 인생이라는 게 나이를 먹을 때마다 문제가 나타나고 그걸 풀면서 앞을 헤쳐 나가는 게 아닐까 해요. 그러나 생활밀착형 야생인들은 생의 매듭 앞에서도 큰 걱정을 안 해요. 왜냐 하면 그들은 문제 해결 능력이 빼어나고 위기를 기회로 슬쩍 바꾸는 혜안이 있거든요.

연전에 서울 광화문 광장을 매주 수놓았던 100만 촛불 잔치를 떠올려 보세요. 우리나라 사람들은 실제로 민주 역량이 아주 탁월해요. 유전인자로 전해진 몸속 유산인 거죠. 이게 세계 최고 수준이에요. 한국인은 위기 돌파 능력이 우수해요. 어우렁더우렁 춤추는 야생의 삶을 즐기고 좋아해요. 모꼬지 잔치를 좋아하죠. 겸하여 그의 몸뚱이 안에는 항시 저돌적인 현실 돌파 기운이 감돌아요. 한국인의 저력은 남산 위의 저 소나무와 같아요. 언제든 그의 건강한 몸과 마음에서 야성이 빛나는 거죠.

불쾌한 현실이 유쾌한 상상력을 낳는다

괴뢰는 꼭두각시의 한자말입니다. 남이 조종하는 대로 움직이는 인형이 꼭두각시죠. 괴뢰는 짐짓 사람 같을 뿐 사람이 아니에요. 인형인 거죠. 괴뢰는 자기 생각이 없고 자기 판단이 없어요. 그런데 살펴보면 어제오늘 한국 사회에 괴뢰 시민이 참 많이 있어요. 그들은 괴뢰 시민에 그치는 게 아니라 대한민국 민주주의의 파괴자예요. 민주 정신과 공동체의 가치를 때 없이 갉고 허물고 부수고 깨뜨리죠. 그러고도 그는 당당해요. 뻔뻔하고 무책임하죠. 자신이 무슨 나쁜 짓을 했는지 몰라요. 돈 받고 지시 받고 보수 받고 움직이는 보수 우파 세력이라면 더욱 그렇죠.

데모를 하는데도 그들은 보수만 받으면 그만이니까 보수파라고 하나 봐요. 그런 비아냥이 길거리에 떠돌거든요. 그래도 그들은 모른척해요. 괴뢰라서 그래요. 꼭두각시라서 그렇죠. 꼭두각시 괴뢰 시민은 친일 독재 불량 정부를 사랑해요. 많이 사랑하고 길게 사랑하고 아주 듬뿍 사랑해요. 괴뢰 시민은 독재자를 사무치게 좋아하고 지독하게 좋아해요. 박정희교 맹신자들이 바로 그들이죠. 친일 독재자에게 부역하는 신문 방송을 그들은 무척이나 사랑해요. 대놓고 칭송하죠. 왜냐 하면 그들과 자신들이 바로 '반공 국가' 대한민국을 움직인다고 생각하기 때문인데요.

괴뢰 시민은 그러나 괴뢰의 틀을 깨부수지 못해요. 자신의 힘으로는 아무 것도 못하죠. 꼭두각시는 주체적 존재가 아닌 까닭이에요. 일제 식민지 시대를 행복해하며 살던 조선인이 있었겠죠? 그들이 바로 불량 독재 국가를 살면서도 날마다 행복한 사람들이죠. 그들은 지옥에 떨어져도 살아남을 거예요. 그는 괴뢰이거나 악당이거나 둘 중의 하나랍니다. 상상의 나래를 펼쳐보세요. 우리나라가 일본의 식민 지배를 받으면서도 그 시절에 행복에 겨운 일생을 누린 한국인들이 생각보다 꽤나 많지 않았을까요? 이들이 바로 지금의 괴뢰 시민들로 환생했다고 보면 틀림없을 거예요.

반공 신앙과 기독교 신앙이 하나로 합쳐지다

　1975년 6월21일 오후 4시, 서울 배재고등학교 교정. 대한구국십자군 창군식이 열렸죠. 십자군 총재는 검은 선글라스를 낀 목사 최태민이고, 당시 대통령의 딸 박근혜는 구국십자군의 명예총재였는데요. 이때가 독재 유신 정권의 한복판이었다죠. 한눈에 척 보니까 행사 현수막에 큼지막하게 이런 구호가 박혀 있군요.

　만군의 여호와께서 싸움을 위하여 군대를 검열하심이로다.

　이 한 줄에서 어떤 느낌이 강하게 전해지지 않나요? 기독교 교계 내에서 유신 찬양 특수 부대를 창군한다는 뜻이 모락모락 피어나요. 그렇지 않나요? 당대 유신 정권의 시대정신은 반공이었죠. 절대 반공―한국 기독교의 영향력과 위세를 '반공 투쟁'에 적극 이용하겠다는 선언으로 읽혀집니다. 이날의 창군식은 한반도에 역사상 처음으로 기독교 십자군이 만들어졌음을 증명해요. 유럽 역사에 등장했던 공포의 기독교 십자군이 그날 우리 땅에 처음 재림한 거예요. 독재국가 유신 정권은 공산국가를 사탄으로 삼았죠. 한국 사회에서 북한과 빨갱이와 좌파는 갱무도리 없이 사탄으로 간주되었어요. 이로써 반공 이데올로기는 기독교 신앙과 동등한 자격을 얻게 되었고, 대한민국에서 '반공정신'은 종교 교리 차원으로 신성

시되었죠. '반공'은 나중에 더욱 강하게 '멸공'으로 진화 발전의 길을 걷게 되는데요. '멸공'은 '공산주의를 박멸하자'는 뜻입니다. '반공'은 '공산주의를 반대한다'는 뜻이고요. 1970년대에 맹렬히 타오르던 유신 시대 '멸공'의 열기가 21세기에 들어서면 한국 사회에 다시 '열공'의 열기로 이어졌어요. '열공'이 무언지는 아시겠죠? '열심히 공부하자. 열공!'

멸공에서 열공으로! 아니 아니, "반공에서 멸공으로, 멸공에서 열공으로!" 현대 한국 사회가 이렇게 변해 왔어요. 1979년에 1인 절대 독재자가 죽으면서 유신 독재가 끝이 났죠. 덩달아 구국 십자군도 사라졌어요. 그러나 죽었던 기독교 십자군이 40년 후 2012년 대한민국 제18대 대통령 선거를 앞두고 전격 부활했어요. '십자군 알바단'이라는 이름으로 말이죠. 약칭 '십알단'이에요. 이름도 괴상망측해요. '십알단' 그런데 '십알단'의 실체가 흐릿해요. 아직도 잘 몰라요. 그러나 짐작이 가지 않는 바는 아니에요. 충분히 알 수 있어요. '십알단'이 기독교 계열이며 반공정신과 멸공 교리를 맹신하는 조직임은 확실해요. 2012년 대선 당시 국가 중요 정보기관이 '십자군 알바단'의 뒷배를 봐주고 있다는 풍문이 떠돌기도 했어요. 그러나 그뿐이지 정확한 정체는 지금도 검은 장막에 가려져 있지요. '십자군 알바단(십알단)'이 18대 대통령 선거에서 무지막지하게 일방적으로 한쪽을 편들었다는데, 충성의 대상자인 그 대통령 후보가 누구였을지는 미루어 짐작들 하시겠죠?

삼겹살 고기는 맛있고 삼겹살 국민은 멋있다

현대 한국인은 삼겹살 국민입니다. 삼겹살은 세 겹의 속살을 갖고 있어요. 한국 사회 역시 세 겹의 국민들로 구성되어 있지요. 1겹은 일본계 한국인이죠. 이들은 친일파로서 일본을 좋아해요. 2겹은 미국계 한국인이죠. 이들은 교회파로서 미국과 서양을 좋아해요. 3겹은 배달계 한국인이죠. 이들은 단군파로서 무종교이며 간혹 절집을 다녀요.

우리가 대한민국이라는 이름의 민주공화국 집에서 함께 살아가기 때문에 그런 걸까요? 헌법의 우산 아래 법률과 도덕을 지키며 한반도 남녘에서 옹기종기 살아가는, 우리는 다 같은 한국인입니다. 삼겹살 한겨레—삼겹살 고기는 맛있고 삼겹살 국민은 멋있고. 그래서 대한민국은 민주공화국이 맞다마다요.

오늘날 친일파 보수 국민은 5·16 쿠데타의 지지자들이다

1961년 5월16일, 한국에서 군사 쿠데타 발생! 평화로운 백주 대낮에 민주주의가 총검에 찔려 죽음. 대한민국 민주 공화정이 군홧발에 짓밟혔어요. 군인 세력이 민주 세상을 뒤엎은 거죠. 이것은 사실상 일제 강점기에 겪었던 군부 독재 시대가 다시 시작된 거라

고 할 수 있어요. 5·16 이후 한반도 남쪽은 조선총독부 시절만큼
이나 공포와 긴장감에 몸을 떨어야 했는데요. 일제 강점기 시절의
군부 독재가 다시 엄습하는 예감. 국가 주요 시설을 정치군인들이
완전히 접수했어요. 조선총독부 수준의 군사 독재 세상이 재차 열
린 거죠. 박정희 군사 정부는 '반공'을 큰 글씨 입간판으로 써서 국
시로 내걸었어요. 사실을 말하면 옛날에 조선총독부도 '반공'을 거
의 국정 지표로 내걸었는데요. 식민지 군부 독재는 그때 조선 독립
군 중 특히 공산주의 좌파 독립군을 박멸하려 더욱 설쳤단 말이지
요. 이때 공산주의 사상을 가진 한국인은 거개가 조국 광복을 위해
독립 운동 계열에 뛰어들었겠죠. 더구나 조선 총독부 입장에서는
좌파 독립군들이 더 강성이고 더 집요하고 더 위험하고 더 까다로
웠던가 봐요. 그래 조선총독부도 '반공'이라는 구호를 노상 코끝에
걸었다는데요.

5·16 군사 반란 세력은 미국의 환심을 사려고 '반공'이라는 간
판을 아주 크게 계속해서 제작해 나갔어요. 한국 사회 어디에서나
'반공'이라는 간판을 남녀노소 누구나 다 볼 수 있도록 한 거죠. 그
러는 한편 군사 정부는 병영 국가로의 이행을 빠르게 진행했어요.
그래도 미국의 동의를 얻는 데는 '반공' 하나만으로 충분하지 않았
을까 싶은데요. 왜냐 하면 20세기 중반 지구 위 신생 국가에 철저
하고 지독한 '반공 정부'가 들어서는 게 당시 미국 입장에서는 가
장 이문이 많이 남는 장사였을 테죠. 그러니까 당시의 박정희 군사

정권을 규정한다면 그것은 철저히 미국의 입맛에 맞춘 정권이며 미국의 이익을 위한 정권이며, 아주 철저한 반공 정권이라고 할 수 있어요.

박정희 군사 독재는 장장 18년 동안 이어졌는데요. 독재의 세월이 말 그대로 18년이에요. 이 18년이 글쎄, 후후훗 나중에 박정희교를 낳았지 뭐예요. 박정희를 교주로 삼고 그를 흠모하고 따르는 박정희 우상 종교. 박정희는 죽었어도 박정희교는 지금도 살아 있어요. 박정희교가 우리나라에서 왜 생겨났는지 그 이유가 있거든요. 첫째로 박정희는 종신 대통령이 되면서 본인이 하고 싶은 일을 하고 싶어 했고, 실제로 그는 그것들을 해냈어요. 그는 옛날 일본이 중국에 세운 만주국을 모델로 삼아 대한민국이라는 국가를 경영하려 했다는 의심을 오늘날 받고 있어요. 박정희는 당시 실제로 일제가 만든 만주 군관학교를 우수한 성적으로 졸업한 후 일본 육군사관학교에 편입한 전력이 있어요. 까닭에 박정희는 제국주의 군대 시절의 군기 빡센 일본과 인조 괴뢰 국가 만주국 사정에도 아주 밝지요. 그렇다면 박정희 유신 독재자가 꿈꾼 이상국가가 어떤 모습일지 어렴풋이 그림이 그려지는 듯도 해요.

1960년대는 우리나라가 군사 국가 체제로 천천히 편입한 시기라고 할 수 있어요. 1970년대는 유신 헌법이 제정되어 군사 국가 체제를 확실하게 만들었는데요. '빨리빨리'라는 유행어와 '안 되면 되게 하라.'는 속전속결의 막가파 식 군사 문화가 한국 사회의 구석

구석을 빠르게 점령했어요. 정부와 언론은 박정희 시대 당시의 경제 성장을 과장하여 '한강의 기적'이라고 선전하기에 바빴죠. 광고가 얼마나 잦았으면 '한강의 기적'이라는 말이 요즘 어린이들도 읊조릴 정도일까요? 참 대단합니다. 조국 근대화의 영웅은 박정희 대통령이며, 그가 탁월한 지도력을 발휘해서 한국 사회가 발전하고 잘 살게 되었다는 스토리가 오래 오래 광고 되어 내려오는 거죠.

그러나 한번 생각해 볼까요? 1970년대 경제 성장의 원동력이 권력자 한 명의 탁월한 지도력 때문이었을까요? 우리 국민들이 워낙 부지런하고 창조적이며 진취적이기 때문이 아니었을까요? 근면한 천성과 명석한 두뇌, 그리고 열정적이고 도전적인 태도—우리 한국인의 정통 DNA가 이런 거잖아요? 한국의 기적 같은 경제발전은 1인의 군사 독재자가 만들 수 있는 성과물이 결코 아니에요. 게다가 여기에는 노동력의 가혹한 착취와 정경유착의 어두운 그림자가 깊이 어른거려요. 1970년대에 도시화가 급속으로 진행되면서 공장 노동자의 대부분이 시골 농촌 출신의 청년과 아가씨였다는데요, 1970년대 소위 조국 근대화 시대에 이들의 열악한 노동 조건은 당시 교도소나 군대 생활의 고통을 훨씬 능가하는 것이었어요. 관심 있다면 그때의 자료를 한번 찾아보면 바로 확인할 수 있을 테죠. 가령 '근로기준법을 준수하라'고 외친 전태일 열사의 분신 사태를 떠올려보세요.

군인 박정희는 세계 최초로 한 나라의 헌법을 두 번 파괴했어요.

한 번도 아니고 두 번. 처음은 1961년에 군사 쿠데타로 헌법을 파괴했고, 10년 후 1972년에 유신 헌법을 만들어서 대한민국 민주공화국의 헌법을 또 파괴했어요. 우리가 명심할 것은 독재는 태어나는 게 아니라 만들어진다는 거예요. 만약에 선거 결과로 독재 정부가 만들어질 수도 있다는 걸 인정한다면, 한국 독재 정부의 존재는 명백히 우리 국민이 잘못한 것이라는 거죠. 독재자의 대명사인 히틀러조차 1930년대 당시 독일 국민들의 열렬한 지지 속에 총통이 되었던 거잖아요. 그래요, 독재자의 탄생은 영혼 없는 국민의 잘못이 절대적으로 맞아요. 특히 자유선거가 보장된 민주공화국에서 독재 정부가 발생하는 것은 국민의 잘못이 8할 이상입니다. 왜냐하면 민주공화국에서는 모든 권력이 국민으로부터 나오는 게 맞거든요. 대통령과 국회의원을 국민들이 직접 뽑잖아요?

민주공화국에서 국민이 최강 권력자이며 권력의 최종 배후이며 대통령을 비롯한 권력자들은 국민의 위임을 받은 공무원입니다. 국민이 국가입니다. 국민이 대통령입니다. 우리 대한민국이 강성 국가주의 시대를 빨리 벗어나야 해요. 그래야 민주 국가가 돼요. 대통령한테 권력이 너무 집중되면 안 돼요. 제도를 보완하여 이걸 빨리 고쳐야 해요. 국민이 권력을 감시하고 견제하고 제어할 수 있어야 해요. 물방울은 약하지만 하나로 뭉쳐진 물길은 강해요. 국민 한 명 한 명은 약한 존재이나 전체로서의 국민은 강해요. 최강이죠. 따라서 투표 행위는 언제나 혁명일 수밖에 없어요. 투표 행위

자체가 바로 혁명적 상황을 불러오거든요. 왜냐 하면 이것 하나만
으로 권력의 구조가 바뀌는 것이고 또 바꿀 수 있으니까요. 유권자
로서의 국민은 절대 권력 그 자체입니다. 까닭에 투표는 총알보다
강해요. 유권자는 세상을 바꿀 강력한 힘이 있어요. 국민은 나라의
운명을 바꿀 만큼 강한 힘이 있다는 게 맞거든요.

동시대 벗님들이시여, 우리가 대한민국의 운명을 바꿉시다. 우
리가 한국의 문명을 바꿉시다. 나라를 나라답게 만들어 가요. 힘을
모으면 안 될 게 없어요. 가능합니다. 절대적으로 가능해요. 옛날
왕정 시대는 권력이 왕 자신에게서 나왔잖아요? 그러나 공화정 시
대는 권력이 시스템 속에 내장되며 국민에게서 나와요. 대한민국
헌법 제 1조를 한번 볼까요. "대한민국은 민주공화국이며 모든 권
력은 국민에게서 나온다."

근대 서구인들은 과연 교양 있는 문명인들이었을까

단도직입으로 말할게요. 근대 서양사는 추악한 전쟁과 잔혹한
야만의 역사였어요. 뻔뻔하게도 서구인은 그것을 근대 문명이라
고 이름 지었죠. 그들 핏속을 흐르는 헬레니즘과 헤브라이즘 전통
을 고스란히 되살려놓은 게 바로 근대 제국주의 국가의 탄생이었
어요. 서양에서 중세와 근대의 현격한 차이점이 새삼스러울 것도

없어요. 사실 그 둘은 같은 거예요. 폭력성과 전쟁의 광기와 침략적 식민주의는 서구인의 유전자에 깊이 깊이 새겨져 있어요. 그런데 놀라운 것은 이런 풍토에서 기독교의 '보편적 사랑'이니 '똘레랑스'니 하는 게 등장하다니, 이건 어떻게 설명하면 좋을까요? 서구 역사를 관통하는 이 모순투성이 배반의 역사를 우리가 어떤 논리를 잣대로 해서 맥을 짚어보면 좋을까요?

잠시 돌아보세요. 근대 서구 유럽인들은 아주 잔혹했어요. 악마 같았죠. 아시아와 아프리카에서, 아메리카와 태평양의 여러 섬들에서 노략질과 침략적 식민주의 정책을 임의로 악독하게 집행했는데요. 히틀러의 유태인 학살과 유럽 기독인들의 동유럽인 박해는 하늘에서 갑자기 뚝 떨어진, 그들 역사에서 유별난 별종이 아니었어요. 게다가 세계를 상대로 하여 근대 유럽 국가들이 행한 식민지 폭력이나 이교도 학살과 이것이 성격을 달리하는 게 전혀 아니거든요. 서구 근대인들은 아프리카인이나 아시아 인종이나 아메리카 인디언들을 짐승이거나 벌레이거나 이교도 악마들처럼 취급했지 않나요? 근대 시대에 들어 기독교 유럽인들은 기독교 선민의식을 갖고서, 자신이 유전자처럼 몸에 지닌 폭력성과 침략성을 남김없이 죄다 분출했다고 말해도 좋아요.

그런데 기독교 측의 '사랑'이 서구 역사의 갖은 죄악과 야만성을 씻어주는 역할을 하고 있음을 간과해선 안 돼요. 서양의 잔혹한 독재 문명을 눈 부릅뜨고 살펴보세요. 서양의 화려한 변신에 또 휘둘

려서는 결코 안 돼요. 서양인의 정체를 똑바로 알아야 해요. '옛날
에는 잔인무도했는데 지금은 조금도 그렇지 않다.' '서양인은 문화
선진국 사람들이다.' 후후훗, 글쎄 과연 그럴까요? 하나를 보면 열
을 알잖아요. 지난 역사를 후하게 살펴보아도 그들의 피는 쉬 바뀌
지 않을 걸요. 자본 문명이 극한의 몸짓으로 야만의 꽃을 활짝 피
우려는 지금이야말로 지구인들이 힘과 슬기를 모아 서양을 경계하
고 서양을 비판하고 서양을 바로보고 서양에 저항해야 합니다. 유
럽 기독교 서양 선진국은 우리가 동경하고 따를 만한 인류의 모범
문명국이 결코 아니거든요.

근대 서양인들은 자기들끼리 우월감으로 똘똘 뭉쳤죠. 그리고
군국주의 무력의 힘과 기독교 신앙심 하나로 아시아와 아프리까,
그리고 아메리카는 물론이고 동유럽의 백인 원주민들조차 열등 인
종으로 취급하여 노예로 부려먹고 약탈하고 학살하고 박해하기를
주저하지 않았어요. 서구 근대화 역사 속에는 우리가 서양인으로
생각하는 슬라브인들조차 서구 유럽인들에게 노예로 취급 받았던
거죠. 그래서 19세기 슬라브인들은 20세기 미국 사회의 흑인들처
럼 공공장소 출입이 일체 금지되었으며, 자전거나 라디오, 사진기
등의 물품을 소유하지 못하게 억압 받았다는데요. 생각해보면 실
제의 서양 역사에서 이런 비슷한 장면이 자주 나오지 않았던가요?
그리스 로마 이래로 서구 기독교인의 핏속을 관통하는 난폭한 정
복주의 체질이 이것의 첫째 원인입니다. 전쟁과 정복과 학살과 폭

력과 식민은 서구인들의 유서 깊은 전통이라고 잘라 말할 수 있습니다.

우리의 상식을 가끔은 의심해볼 필요가 있어요. 우리나라 사람들의 서구 문명에 대한 못 말리는 동경과 숭배가 이런 오해를 가능하게 만들었을 테죠. 가령 나치즘에 대한 현대 서구인들의 분노와 비판이 과다한데요. 이것은 유대인 대학살이나 슬라브인들에 대한 박해가 같은 유럽인을 잔혹하게 학살하고 식민과 착취의 대상으로 삼았다는 데 초점이 맞추어져 있음을 눈여겨보세요. 아프리카와 아시아, 그리고 오스트레일리아와 아메리카 등에서 저지른 서구 기독인들의 잔혹한 범죄 행위와 식민 지배 약탈에 대해서는, 서구인들이 뜻을 모아 제대로 사죄한 적이 없음을 상기하세요. 게다가 참혹한 역사적 비극의 진상을 규명하려는 노력을 기울인 적조차 일체 없었음을 똑바로 기억했으면 좋겠어요.

근대 제국주의 시대에 유태인은 600만 명이 넘게 유럽인에게 죽임을 당했어요. 그러나 아메리카에서 기독교 서구인들은 1억 명에 가까운 인디언을 무참히 학살했어요. 가령 벨기에는 1000만 명 정도의 아프리카 콩고인을 무자비하게 학살했죠. 영국, 프랑스, 독일, 스페인 등등 근대 서구인들이 지구별 위에서 다른 인간 종족에게 저지른 잔혹한 정복의 역사, 식민의 역사를 결코 잊어서는 안 돼요. 이것이 서구인들의 근본 정체성임을 알아야 해요. 아픈 역사를 우리 가슴에 새겨야 해요. 서양의 정치와 제도, 그리고 사상과 철학과 서양 종교가 우리나라의 현실이 되고 제도가 되고 종교가 되고 교육이 되고 일상이 되고, 그래서 그것이 고스란히 우리 문명의 밑바탕이 되어서는 절대 안 돼요. 서양을 베끼고 서양을 닮아가는 게 한국의 미래가 되고 희망이 되어서는 정녕코 안 될 일입니다.

'홍익인간' 철학을 우리가 힘껏 되살려야 해요. 오직 이것으로 현대 시대 우리 문명의 기틀을 완전히 새롭게 다듬어야 해요. 우리가 깜냥대로 다시 세우는 홍익인간의 나라를 세계 여러 나라가 본받고 따라야할 으뜸 문명국으로 우뚝 세워 마땅하지요.

종교와 과학 – 서양인의 최강 무기

종교와 과학—이것은 단연코 근대 유럽의 대표 상품이죠. 종교는 '사랑'을 무기로 삼았고, 과학은 '이성'을 무기로 삼았어요. 첨단 무기를 손에 넣은 근대 유럽은 정복 국가의 본능을 곧장 드러냈는데요. 가톨릭 선교사들은 '종교와 과학'을 두 손에 들고 아시아와 아프리카, 그리고 아메리카와 오스트레일리아와 동유럽으로 진출해요. 상인과 군인들이 그 뒤를 따랐음은 물론이죠. 서구인에게 기독교라는 종교는 '사랑'과 동의어예요. 서구인에게 과학은 '이성'과 동의어예요. 서구 문화의 뿌리인 헬레니즘은 근대에 이르러 과학을 절대시하는 전통으로 이어졌고, 또 하나 유대교의 헤브라이즘은 서구 근대화 시절에 종교를 절대시하는 전통으로 거듭났는데요.

이 중에서 헬레니즘 전통의 근대 과학은 '이성 숭배'의 흐름이 집대성된 결과라고 할 수 있죠. 그러나 근대 시대에 '이성'이 자연과학의 합리성을 대변한 데 비해, 그리스 로마 시대의 '이성'은 그 속성이 '정의'였는데요. 그래서 둘은 비슷한 듯해도 완전히 다른 거예요. 사회 과학의 측면에서 근대 '이성'의 원형은 그리스 로마 시대의 '정의'입니다. 다만 그리스 로마 시대의 '정의'는 전쟁과 폭력, 침략과 식민의 과정을 거치는 야만성을 내장하고 있었죠. 그땐 그랬어요. 옛날 아테네, 스파르타 등의 그리스 도시국가들이 저마다 '정의'의 깃발을 높이 들고 전쟁의 피바람 속으로 뛰어들었잖아요? 그때 그들로서는 당연하게도 전쟁에서 이기는 게 '정의'고, 또 '정의'는 반드시 이기는 거라야 했을 테죠.

그러나 서구 근대화 시대에 과학기술이 혁명적으로 발전해가면서 헬레니즘 전통의 '정의'가 '이성'에게 잠시 자리를 물려준 적이 있거든요. 그게 뭔가 하면 '이성(reason)'이 서구 합리주의를 열어가는 도구로 선택되었던 거죠. 이때 특이한 것은 가톨릭 계통의 스콜라 철학자들이 이런 경향을 앞당기고 이끌었다는 거예요. 물론 데카르트, 스피노자, 토마스 홉스 등 서양에서 근대를 열어젖힌 신지식인들이 '이성'을 기독교의 유일신처럼 높이 떠받들었는데요. 그들 열광적인 '이성' 숭배자들 때문에 '이성'은 곧장 과학 기술 문명과 결합하여 신격화 되었던 거죠. 오늘에 이르기까지 서구를 대표하는 정신문화로 우뚝 선 근대 합리주의가 바로 이 지점을 새 문명의 출발점으로 삼았지 않겠어요? 왜냐 하면 이전까지는 서구 사회라는 것은 중세의 신들린 듯한 기독교 문명의 틀에 꽉 박힌 미개 사회가 아니었던가 말이에요. 서구 문명은 만병통치약이 아니에요. 만병의 근원일 수도 있어요. 서양을 잘 알고 서양을 이겨냅시다. 우리 철학과 우리 문화를 살리고 우리 문명을 지구 위에 우뚝 세워요.

5장

홍익인간은
지구를 구할 영웅이다

공동체는 큰살림으로 사람을 위하여야 한다

2015년 12월 10일은 대한민국 민주공화국 독립운동사에서 아주 특별해요. 우리나라 4대강 사업의 역사에서 아주 중요한 날이었죠. 바로 이 날에 대한민국 대법원이 4대강 사업 관련 건에 최종 판결을 내렸습니다. 국민 소송단이 낸 소송 4건의 상고심이 초미의 관심사였는데요. 하하하 결판이 났습니다. 대법원이 이날 4대강 사업에 대해 최종적으로 '적법' 판결을 내린 거죠. 이 판결로써 '4대강 살리기' 국책 사업의 불법성과 정당성 논란이 종지부를 찍었습니다. 얍삽한 법 기술자들의 지원을 받은 정부가 결국 승리자가 된 거죠. 그러나 이것은 정치권력의 승리지 결단코 정의의 승리이거나 역사의 승리는 아닐 거예요.

아직도 모르셨나요? 독재 정부가 바로 불량 정부의 정체예요.

그곳에서는 입법, 사법, 행정이라는 삼권 분립의 원칙이 실종되고 없어요. 유신 정권을 생각해 보세요. 삼권이 절대 권력자를 중심으로 하나로 통일되어 있죠. 그러니까 껍데기만 민주공화국인 셈이에요. 실제로는 전혀 공화정 시스템이 아닌 거죠. 이걸 '독재정'이라고 하면 정확해요. 정부 바깥에서는 또 친일 부역 언론이 독재 권력을 열심히 거들어 주거든요. 가짜 뉴스와 왜곡 보도가 불량 정권을 떠받치는 기둥이죠. 그들은 정치 지형을 자기 입맛대로 조작하는데 선수예요. 불량 정권의 나팔수 역할을 도맡아 해요. 그들은 독재 부역자가 되기를 자청한 이들입니다. 그들은 오로지 개인의 출세와 영달을 노려요. 언론 집단 대부분이 이렇다는 게 지금까지 한국 사회의 가장 큰 불행입니다. 부역 독재 친일 언론 때문에 한국의 민주주의가 지지부진해요. 물이 흐리다 못해 더러워졌어요. 아아 오늘의 한국 언론이 바른 사명감을 갖고서 있는 그대로의 사실을 보도해준다면 얼마나 좋을까요? 독재 정부 부역 언론은 이상한 뉴스 보도를 하여 제 정신을 가진 많은 한국인들에게 신경이 물구나무서는 듯한 통증과 혐오를 날마다 불러일으키곤 했는데요. 단언컨대 대한민국에서 불량 언론은 적폐 공화국의 수도라고 할 만해요.

대한민국은 민주공화국입니다. 공화국에서는 정치가 사람을 따라가고 사람을 위해야 해요. 공동체의 인간을 위하는 방식이 사회 제도가 되는 거죠. 그런 까닭에 정치는 처음부터 나눔과 배려의 장치를 갖추지 않을 수 없는데요. 사회 구석구석에 잘못 스며든 문화 유산이나 잘못 집행된 나랏돈, 기타 갖은 폐습을 찾아내어 이를 고치고 버리고 다듬는 게 문재인 새 정부가 할 일이에요. 한 마디로 적폐 청산이죠. 광복 이후 70년의 적폐가 고스란히 남아 있는 한, 대한민국이 새로운 나라, 나라다운 나라, 정의로운 나라가 될 수 없어요. 뼈를 깎는 아픔으로 적폐 청산에 매달려야 합니다. 여기에 덧붙여 국민 행복을 위하는 각종 장치와 제도와 정신을 집대성하면 이게 바로 우리가 꿈꾸는 '새로운 대한민국'이 되지 않겠어요?

사계절처럼 돌고 돌아 자꾸 변하는 게 세상이지요. 세상에서 한 사람 한 사람의 움직임은 역사에서 초침과 같은 작은 것이지만 여러 사람의 더 많은 움직임들은 분침과 같은 것이죠. 초침과 분침은 세월에 퇴적되어 시대라는 이름으로 역사에 기록을 남깁니다. 기록은 문명이 되고 문화가 되고, 사람은 누구나 자기만의 역사 시계를 갖고 있어요. 모두들 자기 자리에서 자신과 시대의 역사를 쓰는 거죠. 좋은 사회와 좋은 나라는 좋은 사람들이 좋은 마음으로 한 땀 한 땀 더불어 만들어갈 수밖에 없음을 알아야 해요. 동시대 벗님들이시여, 우리 즐거운 마음으로 함께 가요. 새로운 대한민국을 우리가 차근차근 만들어 봐요. 화이팅!

능력 없으면 네 부모를 원망해. 돈도 실력이야

독재 사회는 일정한 틀이 있어요. 나름의 틀거지가 튼실하죠. 지배계층의 특권 의식과 권위주의가 그것이에요. 이게 없으면 독재 방식이 작동하지 못하거든요. 민주 국가는 대체로 1인1표제 선거를 채택해요. 그러나 1인 1표의 국민 투표권은 중우정치를 빚어내기 십상인데요. 국민에게 참정권을 주었다고 해서 민주주의가 저절로 완성되는 건 아니죠. 계몽주의가 필요한 사회는 전근대 사회예요. 전근대 사회는 근대화되기 이전의 사회를 가리키는데요. 오늘의 한국 사회는 어찌 보면 전근대 사회에 가까워요. 이성이나 논리가 사회적 영향력을 별로 갖지 못해요. 전근대적 집단심리에 사로잡혀 '우리가 남이가' 방식의 선동에 쏠리기 십상이죠. 막무가내 친일 독재 우파 보수만 찍어대는 투표가 지금도 특정 지역에서 횡행해요. 이런 곳이 하루바삐 없어져야 대한민국이 진정한 문명국이 될 수 있는데 말이죠.

컴퓨터와 스마트폰을 노인과 청소년이 세대 구별 없이 열심히 사용해도 국민 의식은 상당 부분 전근대 수준에 머물러 있어요. 그러니까 우리나라가 사회적으로 합리적 이성이 대단한 역할을 하지 못하고 있다는 거죠. 사람들이 시원하게 깨어나지 못했어요. 책을 많이 읽지 않아서 그런 것도 있어요. 그러나 근본 원인은 한반도의 고질병인 남북 분단과 대결 상황이에요. 우리가 지금 서양을 맹목적으로 추종하면서 전통의 고유문화를 하찮게 여기는, 정말로 변변찮은 전근대인에 지나지 않거든요. 근대화를 곧 서구화로 여기는 한국인들. 현대화를 서구화로 생각하는 한국인들. 그러니까 박정희를 우상으로 생각하는 한국인들. 이런 사람들이 우리 주변에 정말 많거든요. 우리가 가슴을 열고 지역감정과 좌우 이분법을 훌쩍 뛰어넘어야 해요. 분열과 대립을 선동하는 세력을 똑바로 보세요. 그들은 대체로 친일 독재 옹호 세력입니다. 남북 분단을 자기 권력과 이익의 밑바탕으로 철저히 이용하는 자들이에요. 속지 마세요, 더이상. 그들은 우리 역사의 악당들이며 일상의 깡패들입니다.

동시대 벗님들이시여, 나라다운 나라를 함께 만들어요. 친일 역사를 심판하고 독재 역사를 끝장내요. 이분법 대립 사회를 졸업해요. 서양을 극복해요. 냉전 시대를 끝내요. 홍익인간이 우리를 도와줄 겁니다. 힘을 내세요. 같이 가요. 우리끼리 서로 응원하고 격려해요. 새로운 복지 세상을 위해 우리가 함께 노력해요. 새로운 대한민국 만세~~.

스트롱맨은 개돼지를 부려먹고 알겨먹는다

2012년, 미국 시사 주간지 '타임'은 한국의 대통령 후보를 조명하는 특집을 짰는데요. 여당 후보에게 '스트롱맨의 딸'이라는 부제를 달았죠. 그런데 이것 때문에 한국에서 작은 소동이 일어났어요. 박근혜 후보 측에서 '스트롱맨(독재자)'을 '강력한 지도자'로 번역한 거예요. 원래는 '스트롱맨'이 '독재자'라는 뜻이고, 또 주간지도 그런 뜻을 담은 거죠. 그러니만큼 '타임'지에서 가만있지 않았겠지요. '스트롱맨'을 즉각 '딕데이터(독재자)'로 표현을 교체했어요. 자신들의 표현 의도를 더욱 명확히 밝힌 거죠. 쉽게 말해 박정희를 대놓고 독재자라고 한 거죠.

'독재자'를 '강력한 지도자'라고 번역하다니. 하하하 한국 사회의 친일 독재 보수 우파 지배층은 대체로 이런 식이죠. 거침없이 뻔뻔해요. 후안무치, 막무가내예요. 이렇게 국민을 속여먹어도 한국에서는 이게 통하거든요. 대다수 보수 우파 한국 지도자들은 민중들을 개돼지로 여기지요. 자기들 입맛대로 민중과 세상을 가지고 놀 수 있다고 생각하는 거죠. 그러나 민중들은 그런 것을 잘 몰라요. '스트롱맨'을 '강력한 지도자'라고 번역했을 때 자신들의 우상인 박정희와 뜻이 더 잘 통한다고 보는 거죠. 순순히 이를 믿어주는 민중들이 한국에는 부지기수로 많다는 뜻이기도 해요. 맹목적 지지층이 있어 언제든 믿는 구석이 있으니까 지배자들이 사실과 진실을 멋대로 왜곡하고 민중을 속여먹는 거죠.

최근 이것과 관련된 미국 기사 한 줄만 읽어볼까요?

한국의 박근혜 대통령은 독재자 아버지를 답습했다. 어두운 과거를

청산하지 못한 한국은 대가를 치러야 할 것이다.

『월스트리트저널』, 2016년 11월 1일

자본주의 문명이 현대 문명의 유일한 대안일까

서양 근대 문명은 곧 자본주의 문명이지요. 자본주의 문명은 문제점과 한계가 또렷해요. 그런데도 지구별 여러 나라가 자본주의를 추종하고 동경하고 이식하고 모방하고 있어요. 특히 가난하고 궁색한 아시아 각국에서는 아예 대놓고 자본주의 문명을 받아들여 부지런히 이식하고 있어요. 서양의 제도와 사상과 종교와 문화를 수입하여 흉내 내기 바빠요. 자신들의 고유한 민족성이나 생활 환경이나 지리적 풍토 따위는 따지지 않고서 대뜸 서양 것을 통짜배기로 이식해요. 근대 사회가 되는 것과 서구화를 동일시하는 비뚤어진 시각 때문에 더욱 그렇기도 해요. 이런 생각들의 기본 틀이 나라 전체를 이끌고 지배하는 철학의 토대가 되어요. 오늘날 아시아인들의 삶을 지배하는 것은 이제 서구 문명의 빛과 그늘이라고 해도 과언이 아니에요. 아시아 각국은 그런 세월 속을 오래 전부터 살고 있는 걸요.

히말라야 고원에 라다크가 있어요. 라다크는 아주 오래된 마을이죠. 저 유명한 '오래된 미래'가 이곳에서 태어났는데요. 그러니까 처음 그곳은 아주 건강하고 아주 평화로운 공동체의 살림터였죠. 적어도 서구 근대 문명이 침투하기 전까지는 말이에요. 까마득한 옛날부터 이어진 방식 그대로 라다크 사람들은 가난하지도 않고 불행하지도 않은 삶을 꾸려왔어요. 공동체 생활은 만족스러웠죠. 그러나 아차, 한 번 잘못 생각하는 바람에 서구식 산업 문명의 광풍이 삽시간에 이곳을 뒤덮쳤어요. 라다크 생활공동체가 여지없이 무너졌겠죠? 온 마을이 미친 개발 열풍에 휩싸이고 말았는데요. 사람들은 곧장 물질 자본주의 문명의 가엾은 포로가 되고 말았죠. 공동체의 협력적 생활 방식은 새로 이식된 서구의 그것으로 금세 바뀌어졌어요.

날이 갈수록 경쟁과 소외가 격화되었어요. 전통의 미풍양속과 따스한 인간미가 빠른 속도로 지워져나갔겠죠? 사실 이런 경향이나 사태는 비서구권의 여러 나라들이 거의 공통적으로 겪는 것이라고 할 수 있어요. 서구 자본주의 문명은 인류 문명의 사막화와 공동화를 가져온 원흉이라고 단정할 수 있습니다. 자본의 마성은 숨겨진 인간의 욕망을 무한대로 끄집어내어 서로 경쟁하고 투쟁하도록 만드는 거죠. 그 미친 소용돌이 핏빛 광풍 속에서 비서구권 인류는 인간을 인간답게 하는 기본 예의와 도덕을 내동댕이쳤어요. 공동체의 삶을 아름답게 지탱해온 갖은 미풍양속을 하루아침에 쓰레기인 양 폐기처분하고 내다버리고 마는 거죠.

라다크의 급속한 파괴적 변화는 '반개발(反開發 카운터-디벨럽먼트)'

이라는 새로운 개념이 태어나게 했어요. 이는 지구상에서 기존의 산업 자본주의 문명 개발을 반대하는 거죠. 라다크 사태 이후로 서구식 발전을 거부하고 자연 순응과 인간 친화의 옛날 삶을 복원하자는 운동이 세계적으로 조용히 호응을 얻고 있는 요즈막입니다.

왕정을 넘어서고 진화한 세상이 공화정이다

왕정의 반대는 공화정입니다. 세계 역사는 왕정을 극복하고 대체로 공화정으로 들어섰죠. 특히 서구 역사를 보면 이게 뚜렷해요. 왕정을 겪고 나서 공화정의 시대가 열렸으니까요. 18~19세기에 계몽 정신이 전파되면서 유럽 곳곳에서 왕정이 타파되고 공화정이 세워졌지요. 물론 왕정이 무조건 나쁜 건 아니에요. 또 공화정이라 해서 그게 다 좋은 것도 아니고요. 다만 시대 흐름이 그러했다는 거죠. 실제로 어떻게 운용하느냐에 따라 왕정이 공화정보다 더 민주적일 수도 있어요. 우리나라 조선시대가 딱 그러했잖아요. 가령 조선시대 대사간은 현재의 청와대 민정수석 비서관에 해당하는데, 왕의 권력을 견제하고 여론을 가감 없이 왕에게 전달하는 역할을 했어요. 정말 그렇게 해서 조선 왕조 500년을 깨끗하게 유지했던 거죠. 그러나 독재 국가 시절의 민정 수석은 그 권한이 통제 불능일 정도로 비대해졌으며, 그 일 처리의 방향이나 방식을 보더라도 절대 민주적이지 않아요. 오히려 공산주의 국가처럼 반민주적이고 비민주적이고 반역사적이었죠.

그러니까 공화정 체제라고 해서 무어나 다 훌륭하고 발전된 게 아니에요. 왕정은 비민주적이고 공화정은 민주적이고, 후후후 글쎄 이런 게 절대 아니거든요. 어쨌거나 왕정 다음의 세상이 공화정인 것은 틀림없어요. 우리는 지금 민주공화국 시대를 살아가고 있어요. 그렇다고 해서 우리가 완전한 민주 세상을 살아가는 게 아니지 않다는 건 다들 아시잖아요? 그리고 대한민국은 민주공화국 이전에 유교 중심주의 국가였죠. 사회 구석구석에 아직도 유교의 가치가 온존해 있고 깊이 내면화되어 있어요. 그런데 어떤 때는 이것들이 종종 말썽을 일으켜요. 대체로는 한국 사회에서 유교가 권위주의와 동일시되어 생긴 오해 때문에 그렇다고 봐요. 우리나라 사람들이 유교를 심각할 정도로 아주 오해하고 있는 거죠. 유교는 본디 사람을 귀하게 여기고 인과 의와 예를 가치 있게 받들어요. 유교에 대한 우리나라 사람들의 오해와 편견은 아마도 일제 강점기시대에 생겨났지 않았을까 하는데요. 8·15 광복 이후에도 끊임없이 이어져온 일제 식민역사관에 한민족이 노출되고 세뇌되고 중독된 결과라고 봐도 좋아요. 여기에 덧붙여 기독교 교회 사상이 유교와 잦게 충돌하면서 한국 사회에서 유교에 대한 부정적 인식이 기독교계를 중심으로 해서 확산되지 않았을까 하거든요.

어쨌든 민주적이지 않으면 그곳은 틀림없이 독재국가예요. 독재의 특징은 한마디로 권위주의와 특권 의식에 있지요. 사회 전반에 상식이 통하지 않고 반칙이 횡행하죠. 힘 있는 자가 모든 걸 다 가져요. 승자독식의 세상이지요. 그런데 한국 사회는 다른 사회와 다른 특이한 점이 또 있는 거예요. 그것은 현대 독재주의와 전통의 유교주의가 뒤죽박죽 구별 없이 섞여 있다는 거죠. 자세히 들여다보기 전에는 잘 몰라요. 분간하기가 쉽지 않아요. 독재주의와 유교주의가 혼동이 와요. 일제 식민지 경험 때문에 이런 뒤틀린 구조를 갖게 되지 않았을까 하는데요. 특히 지금의 북한은 공산당 지배의 독재국가이면서 동시에 전통 유교 국가의 면모를 동시에 지니고 있다고 봐도 무방해요.

요컨대 동시대 한국인들이 유교가 무조건 나쁜 게 아니라는 점을 알았으면 해요. 배달겨레 우리 몸속에는 분명히 유교의 가치가 내재하고 있거든요. 유교를 부정하는 건 공동체 속의 우리를 부정하는 것과 같아요. 그런데 우리가 우리를 부정하면 우리는 누구일까요? 우리의 정체성은 어디서 찾을까요? 오늘날 자본주의 문명의 폐해가 절정으로 치닫고 있어요. 전 지구적이며 전 세계적인 현상이죠. 이러한 때 인본주의를 근본으로 삼는 휴머니즘 유교가 필요해요. 인간성 상실의 시대에 유교의 가치가 지금 새롭게 떠오르고 있어요. 오늘날 우리도 유교의 흔적과 유습을 찬찬히 살펴보아 한국의 사회 기틀을 새롭게 일떠세움이 어떨까요? 모르긴 해도 한국 문명의 새 길이 여기서부터 찬란히 비롯되리라 믿어 의심치 않습니다.

오늘날 전쟁 많은 국가 1위는 미국, 2위는 이스라엘이다

천 년을 통틀어 최근까지 가장 전쟁을 많이 한 국가는 어디일까요? 정답은 '미국'입니다. 미국은 신의 선택을 받은 국가라는 우월감이 대단한 나라예요. 인디언 땅을 정복한 18세기에 미국은 국호를 처음 '뉴 이스라엘'로 정했죠. 기독—유대교의 순결한 땅이라는 의미로 지은 거예요. 미국이라는 나라는 서구 전통의 헤브라이즘을 집대성한 나라라고 할 수 있어요. 전쟁주의, 정복주의, 식민주의, 선교주의, 신앙주의—이런 거 말이죠. 미국은 스스로를 자신들은 고대 그리스 로마를 계승하고 기독 유대교를 완성했다고 여기고 있을 테죠. 그러고 보면 최근까지 지구상에서 전쟁을 가장 많이 한 나라 1위가 미국인 것이 조금도 이상하지 않아요. 서양의 대표적인 속성(기독교 근본주의, 정복 전쟁주의 등)을 가장 또렷이 보여주는 나라가 바로 미국인 거죠. 미국은 서양 정신 이천 년이 똘똘 뭉쳐 만들어낸 오늘날 서양 대표 국가입니다.

그렇다면 최근까지 천 년에 걸쳐 전쟁을 가장 많이 한 국가 2위는 어디일까요? 아마도 대부분 정답이 틀렸을 거예요. 다들 이슬람 국가를 생각하지 않을까 싶은데요. 정답은 놀랍게도 '이스라

엘'입니다. 영국과 터키가 그 뒤를 이어 3위와 4위를 차지하고 있
죠. 그런데 자세히 보세요. 이들 호전 국가, 전쟁 국가들이 공통점
이 있어요. 발견하셨나요? 4대 전쟁 국가 모두가 유일신 종교국가
라는 거죠. 기독교 권역과 이슬람교 권역의 대립과 갈등을 '문명의
충돌'이라는 틀로 간략히 정리한 서구 지식인이 있었어요. '문명의
충돌'은 사무엘 헌팅턴이 쓴 저서의 제목이기도 한데, 거기서 그는
서구 기독교 문명을 사랑하고 그것을 자랑스러워하는 서양인 특유
의 기독교 중심주의 시각을 일관되게 보여주고 있을 뿐이죠.

대한민국에서 조국 근대화는 어떤 것이었나

　박정희 유신 정권은 조국 근대화를 제일의 모토로 내걸었습니
다. 1970년대 우리 국민의 생활은 정권의 지침을 따라야 했어요.
왜냐하면 유신 체제는 엔간히 힘이 세고 독재 성향이 강했거든요.
군사 정권은 무소불위의 권력으로 국민 생활과 의식 개혁에 적극
적으로 간섭했어요. 박정희 정권은 민중을 계몽하고 선도하고 위
협하면서 정신 개조와 국토 개조를 강행했는데요. 그에 따라 시골
동네에 있던 성황당과 신단수와 무당집은 날마다 허물어지고 해마
다 파괴되었어요. 일제 강점기 때 우리 땅 곳곳에서 벌어진 샤머니
즘 척결 운동이 더욱 꼴사납게 재현됐다고나 할까요? 옛것이 파괴

되고 사라진 그 자리에는 교회와 성당이라는 서양 표방의 새것이 들어섰어요. 교회와 성당은 조국 근대화의 첫째가는 상징이죠. 당시 서양 종교를 믿는 한국인은 문화 국민의 지표로 여겨졌으니까요. 1960년대와 1970년대를 거치며 한국의 기독교는 샤머니즘을 제압하고 또는 활용하고, 그래서 무속신앙 샤머니즘이 기독교에 섞여들어 서로 융합되고 혼용되는 과정을 겪습니다. 바로 이 지점에서 한국 기독교는 세계에서 유례를 찾아볼 길 없는 신명과 광기를 지닌 교회를 부지기수로 가지게 되었는데요.

1970년대 한국 정부의 유난스런 미신 타파 정책은 전국적으로 짧은 기간에 수많은 교회와 성당을 짓는 걸로 마무리 되었죠. 이즈음 기독교는 몽매한 한국인과 세련된 서구인을 하나로 이어주는 파이프라인처럼 활용되었어요. 당시 우리나라 기독교 인구의 폭발적인 팽창은 세계 역사상 가장 기적적이며 가장 경이로운 것으로 선전되었는데요. 한국의 토속 신앙인 샤머니즘이 기독교 교세 팽창에 절대적인 공헌을 바쳤다고 평하고 싶군요. 2017년 오늘의 교회, 특히 대형 교회의 부흥회에 가보면 온몸 가득히 열기와 광기가 느낌으로 전해져요. 교회 목사의 광적인 설교와 몸짓은 옛날 전통 무당의 그것과 별반 다르지 않아요. 교회 관계자들과 신도들의 광신적인 목회 몰입 현장은 전통의 샤머니즘 도가니탕 속 같아요. 일요일마다 열성 설교와 광란의 몸짓과 자아도취의 울부짖음으로 교회 내부가 벌겋게 달아오르고 내내 들끓어요.

오늘날 많은 한국인들이 습관적으로 교회를 다니고 있는 것처럼 보여요. 그것으로 자신을 교양 있고 세련된 문화인으로 내세울 수 있어 그러나 봐요. 게다가 교회에 다니면 친목 도모는 물론 사업 협조자를 쉬 확보할 수 있으니까 더욱 그렇겠죠. 가령 식당에서 밥을 한 그릇 사먹어도 기왕이면 같은 교회에 다니는 가게에 가게 되거든요. 한편으로 교회 신앙인들은 선진 조국 창조를 앞당긴다는 자부심을 가졌을 법도 해요. 서양을 따라하고 서양 종교를 믿고—이런 것들이 사람들의 호기심과 오해와 착각 속에서 한국사회의 근대화로 포장되었을 것이 아닌가 싶어요. 신화와 주술로 빚어진 이 거짓의 첨탑이 무너져야 새로운 한국이 탄생하겠죠?

동시대 벗님들께 부탁 하나 할까요? 무속신앙을 욕하지 마세요. 나쁜 게 아니에요. 우리 무속신앙을 미워하지 마세요. 혐오하지 마세요. 부정하지 마세요. 이것은 우리 정신의 뿌리예요. 놀랍게도 이게 단군의 마음이고 홍익인간의 샘터입니다. 오늘 이 땅에서 샤머니즘을 욕하는 것은 곧 우리의 가치관과 정신세계를 욕하는 것과 다르지 않아요. 전통 문화를 솎아내고 배제하고 멸시하라고 옛날 일본 놈들이 우리에게 식민사관을 심어주었잖아요. 무속 신앙에 대한 모욕과 폄하는 옛날에 조선총독부가 그랬던 것처럼 한국사회의 지배계층이 우리에게 주입하는 근대화 마술인 거예요. 우리가 민족의 자존감을 갖고 겨레의 주체성을 지키면서도 얼마든지 서구화와 근대화를 아울러 추구할 수도 있지 않을까요? 현대 일본의 발전 과정을 한 번 보세요. 일본은 19세기 중후반에 메이지 유신을 단행하고 그 후 국가 차원에서 서구화와 근대화를 곧장 지향했거든요. 그러나 그들은 전통의 사무라이 정신과 고유한 종교 세계와 전통의 정신세계와 생활 방식을 그런대로 아주 잘 보존해 오지 않았나요? 지금의 우리와는 달라도 무척 달라요. 우리나라는 서구화 정도가 너무 강하고 깊어요. 그러나 우리도 늦었지만 지금부터 잘 할 수가 있어요. 우리가 홍익인간 정신을 가지고 그렇게 한 번 해 보죠. 한국의 현대판 새 문명의 탄생을 위해 우리가 함께 노력해 봐요. 화이팅!

한국인이 머리는 좋은데 정신 철학은 아주 빈곤해

21세기에 지구 역사상 최초로 국가의 평균 지능지수가 발표된 적이 있어요. 지난 2002년의 일인데요. 월드컵 축구대회 성적 순위처럼 나라별 아이큐가 공개되었죠. 1위는 놀랍게도 홍콩입니다. 평균 아이큐는 107. 여기서 한국은 106으로 2위, 일본은 105로 3위를 차지했어요. 중요 나라를 살펴보면 독일은 아이큐 102로 6위, 미국은 아이큐 99로 9위에 이름을 걸었어요. 공교롭게도 동아시아 국가들이 1위부터 5위까지를 휩쓸었는데요. 이게 무엇을 의미하는지 짐작이 가나요? 동아시아가 전통적으로 교육 강국이며 국민들이 두뇌가 좋고 우수하다는 뜻이에요. 몇 년 후에도 이 같은 통계 자료가 계속 이어졌는데 결과는 대동소이했어요.

그러나 한국을 포함하여 동아시아 국가는 약점이 있어요. 치명적인 약점인데요. 머리는 좋고 공부는 잘하는데 정신 철학이 아주 빈곤하다는 거죠. 세계를 이끌어갈 미래 전략이나 비전이 전혀 없어요. 100년 이상을 서양의 위세에 짓눌려 잔뜩 기가 꺾여서 그래요. 한 마디로 동아시아는 '국가 철학'이 빈곤하다는 한계점을 지녀요. 고유의 민족 철학이 사라져 없다고 해도 과언이 아니에요. 한국 사회는 더더구나 일찍이 서양을 숭배하고 미국을 찬양해 왔으니까 어쩌면 자긍심 높은 자기만의 '민족 철학'이 없는 게 당연한 일인지도 몰라요. 그러나 나라를 이끄는 기본 철학이 없고서야 어찌 튼실한 현재와 가멸은 미래를 기대할 수 있을까요? 우리 국민의 탁월한 지적 능력과 잠재력, 그리고 특유의 부지런과 창조성을 새 시대에는 새 정부가 나서서 새롭게 이끌어주어야 해요.

짜잔, 하하하 새로운 대한민국 시대가 열렸어요. 대통령도 새 대통령이고요. 그나저나 지금까지의 한국 틀 가지고는 안 돼요. 어림도 없어요. 세계를 호령할 수 없어요. 우리가 진실로 새로운 문명을 꿈꿔야 해요. 지금의 우리에게는 명실상부 〈새로운 문명의 대한민국〉이 사뭇 필요하지요. 국가의 올바른 리더십이 절실해요. 새로운 대한민국이 간절해요. 국민들이 힘을 모아 한국 문명의 새 기틀을 잡아 나가야 해요. 홍익인간 정신으로 세계의 철학을 선도해야만 해요. 우리의 '홍익인간'은 세계의 철학이 될 수 있어요. 세계의 종교가 될 수 있어요. 그 자격이 너끈해요. 충분하고말고요. 우리는 할 수 있어요. 해야만 해요. 우리가 잘 할 수 있거든요. 지구 위에서 가장 세련된 선진 문명을 우리가 만들 수 있어요. 다함께 꿈을 향해 한 걸음씩 나아가요. 새로운 대한민국을~ 위하여!

기독교를 믿으면 우리나라에 선진 문화와 국부가 찾아올 거라는 믿음

삶 속에 실용되는 기독교는 그 앞에 어느 것도 맞설 수 없는 힘이다.

1893년 12월 17일, 윤치호 영어 일기 중에서

우리나라 개화기에 지도층 인사들 상당수가 서양의 부강한 국력이 기독교 때문이라고 믿었어요. 그렇게 생각했어요. 오해한 거죠. 서재필, 김옥균, 이승만, 윤치호, 유길준, 박영효 등의 많은 개화파 인사들이 다 그랬어요. 심지어 기독교 선교를 위해 한반도에 서양 군대를 불러들이려는 '황사영 백서'라는 기상천외한 역사적 사건까지 벌어졌는데요. 이들 기독교 추종자들은 유럽 문명의 세련미와 근대성의 원천이 기독교에 있다고 굳게 믿은 거죠. 그즈음에 김옥균은 외국의 종교를 도입하자고 임금에게 정식으로 건의하기도 했다죠. 또 박영효는 서구식 교육과 기독교의 필요성을 줄곧 부르짖었는데요.

그러나 우리가 기독교를 믿는 것으로써 근대성을 획득했다고 믿을 근거는 무엇인가요? 둘은 상관관계가 있나요? 힘세고 부강한 서양을 부러워해서 생겨난 역사적 해프닝이 아니었던가 하거든요. 어쨌거나 일제 식민지 시대에 서구 존경의 쏠림 현상이 더욱 빠르게 확산되면서 우리나라는 서구화와 근대화의 물결에 휩쓸릴 수밖에 없었는데요. 게다가 광복 이후 1948년 8월 15일에 대한민국 정부가 수립되면서, 교회 장로 출신 이승만 대통령은 짐짓 한국을 기독교 공화국으로 만드는 쪽으로 슬슬 끌고 갔더랬죠. 8·15 광복 이후에 우리나라에서 교회 인구가 폭발적으로 증가하는 등 여러 사례들이 그것을 뒷받침하고 있는데요.

박정희 시대라고 할 수 있는 1960년대와 1970년대는 알다시피 '조국 근대화'를 공식 구호로 내걸었잖아요? 근대화 구호에 중독된 한국 국민들은 서구 지향 일변도의 산업화와 문명화에 무턱대고 가속적으로 매달렸어요. 악독한 군사 독재 정권이라서 더욱 그랬죠. 오늘날 한국의 개신 기독교와 천주교 인구를 살펴보더라도 대한민국에서 '서구화'라는 신화의 중독성이 참 독하다는 생각이 들어요. 100년, 200년 전 개화파 선조들이 지녔던 기독교 숭배의 꿈이 먼 훗날 우리한테서 소담스런 결실을 맺었다고 해야 할까요? 서양 숭배 또는 미국 숭배 풍조는 오늘날 우리의 일상 문화에 스며

들어 하나하나 시시콜콜 지시하고 간섭하고 지배하고 있어요. 근대화의 이름으로 서양 문명에 혼을 앗긴 사람들이 교회와 성당으로, 어제도 오늘도 꾸역꾸역 몰려가고 있어요. 미국의 할로윈 축제 따위가 뭐라고, 2020년을 바라보는 한국 사회가 여기에 요란스럽게 뒤흔들리는가요?

생각을 잠시 가다듬어 볼까요? 19세기는 서양 제국주의 세력이 지구촌 곳곳을 쓰나미처럼 밀어 붙이던 시대였잖아요. 한마디로 서세동점의 세월이었죠. 그러나 일본은, 서양 근대성의 정체를 그때 깜냥대로 꿰뚫었다고 보는데요. 일본국에서 그들 개화 선각자들은 기독교라는 종교 자체를 별로 숭배하지 않았어요. 좋아하지 않았어요. 기독교를 믿지 않았죠. 서양 종교를 선교하지 않았어요. 신앙 대신에 그들 일본인들은 기독교에 깃든 정신을 차용하는 데 관심과 노력을 기울였을 뿐이죠. 그렇습니다. 일본 근대화 세력들이 1868년에 메이지 유신 쿠데타를 일으켰잖아요? 이것은 자신들이 생각하는 이상 국가를 만들려고 한 거예요. 명치 쿠데타에는 구국의 일념이 담겼어요. 근대 일본국 수립에 앞장선 이들은 사무라이들이었죠. 그들은 대체로 서양의 기독교를 무시하고 냉소하고 홀대했어요. 이것이 19세기에 한국 사회와 당대 일본 사회가 갖는 가장 명확한 차이점이라고 할 수 있어요. 19세기에 우리와 가까웠던 중국도 이 점에서는 차라리 일본과 같은 분위기와 흐름이 대세였던 거죠.

그러나 그때 우리나라 개화파 인사들은 거의 전부가 서양 근대성의 근원을 기독교라고 확신했거든요. 우리나라 전체가 기독교 세례를 받으면 우리나라 역시 서양과 같은 자유스럽고 부유한 문명국가가 될 수 있으리라는 꿈을 꾸었던 거죠. 아아 이것은 얼마나 바보 같고 유치하고 가당찮은 꿈이었던가요? 20세기 이후에 펼쳐진 실제 역사의 전개 양상으로 볼 때, 일본과 한국의 명운은 개화기 지도자들의 인식 바탕에 매여 있던 게 아니었을까 싶은데요. 물론 그게 전부는 아니었겠지만 한중일 삼국 중에서 우리나라에서만 유난하게 당시 개화한 조선인과 지식인 대부분이 서양 종교를 자기 종교로 기꺼이 받아들여 나라를 개화하려 했음을 아프게 다시금 확인합니다.

독재 국가는 상식과 원칙이 사라진 사회를 말한다

사람도 사향노루처럼 냄새를 풍긴다면 얼마나 좋을까요? 착한 마음을 품으면 향기가 나고 나쁜 생각을 하면 악취가 난다면 어떨까요? 사람들은 저마다 자기 관리에 더 예민해져서 밝은 세상이 금세 만들어지지 않을까 싶은데요. 여기서 독재 세상은 악취가 나는 세상을 말해요.

미국 버지니아주에 가면 파월초등학교라는 곳이 있어요. 몇 년 전에 이 학교는 한국어 몰입 교육을 채택하고 있었는데요. 그래서 이곳 어린이들은 한국어로 동요 '고향의 봄'을 오래 연습했죠. 왜냐 하면 그 해 가을에 양국 대통령이 참석하는 '한미 우호의 밤' 행사를 준비한 거예요. 미국 아이들에게 한복과 신발도 한국 정부가 국가 예산으로 장만해 주었겠죠. 그런데 놀라운 일이 일어났어요. 행사 시행 직전에 돌연 한국 정부에서 엉뚱한 주문을 한 거예요. 파월 초등 미국 어린이 합창단에게 뜬금없이 팝송 '해피'를 불러 달라고 했다는데요. 학교와 합창단 아이들이 큰 충격과 혼란에 빠졌겠죠. 그러나 어쨌든 며칠 후 2015년 10월 14일 미국 워싱턴DC 오디토리움에서 '한미 우호의 밤' 행사가 열렸는데요. 두 나라 대통령과 고위 관료들과 시민들 앞에서 펼쳐진 축하 행사가 일단 무사히 끝났어요. 그러나 이날 합창단은 미국 파월초등학교 어린이 합창단이 아니었어요. 행사 전전날에 한국에서 급히 파견된 어린이 전문 합창단으로 교체되었대요. 미개하고 원칙 없는 이 사태는 한국 청와대의 압력 때문에 벌어진 해프닝이었다고 전해졌는데요. 이런 건 불량 정부, 독재 정부만이 자행할 수 있는 폭거라고 할 만하지요.

또 다른 이야기예요. 2016년 어느 날 우리나라 비행기가 급히 스위스 로잔을 향했어요. 한국의 동계올림픽 조직위원장과 문화체육관광부 장관이 바흐 IOC 위원장을 만나러 가는 길이죠. 2018년 평창 동계올림픽 마스코트로 진돗개를 추천하려는 목적인데요. 결국 바흐 국제올림픽 위원장은 "개고기를 먹는 나라에서 어떻게 개를 올림픽 마스코트로 하느냐"며 한국의 제안을 일언지하에 거절했다는데요. 이 진돗개가 바로 당시 청와대에서 기르던 진돗개임은 알 만한 사람은 다 알 거예요. 하하하 그렇습니다. 1인 절대자 독재 사회는 원시문명 사회와 똑같아요. 구조와 분위기와 성격이 비슷하죠. 법치와 상식과 원칙이 시스템에 저장되어 있지 않아요. 매사가 권력자의 감정과 기분대로 바뀌거든요. 나라 전체에 법치와 상식과 원칙이 때 없이 허물어지는 거죠.

불량 정부, 독재 국가의 일 처리 방식은 대체로 이런 거예요. 규모가 크든 작든 독재 권력은 매사에 세심하고 꼼꼼하고 일방통행이고 강압적이고 권위적입니다. 상식과 원칙의 파괴를 일상적으로 자행하죠. 그런 까닭에 독재 정권의 국민들은 생활 속에서 종종 모욕적이고 황당하고 고통스럽고 험한 꼴을 당하게 되는 경우가 상당히 많을 수밖에요.

우리나라 한국 사람들이 곧잘 오해하는 게 있어요. 공산 국가는 무조건 독재를 하고 공산 국가가 아니면 독재가 없다고 생각하는 거죠. 그래서 우리나라는 공산 국가가 아니니까 독재 국가가 아니라고 보는 거예요. 이런 오해가 일상화되었고 지금은 이게 상식처럼 통용돼요. 웃기는 일이 아닐 수 없어요. 그러나 우리가 이건 분명히 알아야 해요. 공산 국가만 독재를 하는 게 아니거든요. 공산주의 나라가 아니라도 어디서든 언제든 독재가 가능해요. 그리고 총칼로 집권한 세력만 독재를 하는 건 아니에요. 선거로 뽑힌 민주 권력도 얼마든지 독재를 할 수 있어요. 공산당만 독재를 하는 건 아니에요. 민주공화국에서도 독재 정치를 할 수 있거든요. 제어되지 않는 권력이 독재입니다. 공공성이 훼손된 권력이 독재 권력이지요. 권력을 사유화하면 그곳이 독재 세상인 거죠. 국가 기관이 대통령 선거와 국회의원 선거 등에서 여론 조사를 조작하고 가짜 댓글을 달고 중립 의무를 위반하는 등 불법을 저지르면 그게 바로 독재 국가예요. 법 앞의 평등이 무너지고 법치의 원칙이 깨뜨려지면 그게 바로 독재 세상이 아닌가요?

대한민국이 소위 좌파 정권이 들어선다 해도 공산주의 국가로 냉큼 변질되지는 않을 거잖아요. 그렇다면 우리 국민들은 일상에서 무엇을 걱정하고 무엇을 비판하고 무엇을 감시해야 할까요? 법치가 무너지고 원칙과 상식이 파괴되고 특권과 반칙이 횡행하는 걸 막아야 하는 건 분명해요. 한 마디로 독재 정치의 출현을 막아야 한다는 거죠. 하하하 그래요. 독재의 일상화를 우리가 막아야 하거든요. 선거에서 이겨 선택된 정부라고 해도 독재의 기미가 비치면 국민들이 이걸 곧장 바로잡아야 해요. 왜냐 하면 그게 바로 조선총독부가 지배하던 시절의 독재 세상이 될 테니까 말이죠. 독재 세상은 공산당 국가만큼이나 해롭고 불편하고 보기 싫고 불안하고 기분 나쁘고 슬프고 답답하고 고통스럽고 무서워요.

나라다운 나라를 함께 만들자

한때 이 땅에서 민주주의가 수난 받은 적이 있었어요. 민주주의라는 말 자체가 수난 받은 적이 있었던 거죠. 많은 사람들이 민주주의라는 말의 성찬을 식상해 했어요. 그도 그럴 것이 대한민국의 현대사는 가짜 민주주의가 진짜인 것처럼 행세한 경우가 무척 많았기 때문입니다. 대통령과 일부 지배층이 권력을 독점하고 사유화해서 인권이 파탄 나고 사회적 불평등이 심화되어서 그래요. 문제는 사이비 민주주의예요. 자본주의 문명은 승자 독식을 지향하죠. 저절로 그렇게 돼요. 무한 경쟁 체제라서 그래요. 재벌 위주 정책은 자연히 독재 환경을 만들죠. 국민들은 지배 계층에 의해 언제나 식민지 백성들로 취급 받아요. 개돼지처럼 다루어지죠. 정의롭지 못한 국가 권력은 독재 권력이 되어요. 그것은 시대와 무관하게 자국 내 식민지를 건설하고 그곳의 백성을 억압하고 수탈하지요.

민주주의는 결과가 아니라 절차이며 과정임을 굳게 믿어요. 이것은 삶에서 중요한 게 절차이고 과정이지 결과가 아닌 것과 같아요. 민주주의의 결과는 무엇인가요? 시스템이죠. 시스템 속에서 사람들이 사는 거예요. 민주주의 세상은 시스템으로 돌아가죠. 하하하 좋은 세상은 딴 게 아니라 좋은 시스템입니다. 좋은 시스템이 곧 좋은 세상이지요. 그러므로 우리는 과정의 삶을 사는 존재로서 언제든지 민주주의를 바라고 노래하고 희망하는 게 아니겠어요?

2009년 이명박 정부가 '4대강 살리기 사업'을 시작했죠. 원래는 '대운하 물길 사업'이었는데 반대가 심한 탓에 이름을 '4대강 살리기'로 슬쩍 바꾸었어요. 내세운 명분은 가뭄과 홍수 예방, 그리고 우리 강의 수질 개선이었는데요. 국토 대개조 사업에 22조 원의 국민 세금을 일시에 쏟아 부었죠. 국민들의 세찬 저항에도 불구하고 불량 독재 정부는 마구잡이식 속도전으로 밀어붙였어요. 사업이 끝난 후 어떻게 되었나요? 알다시피 낙동강과 금강 등은 정 반대의 결과를 가져왔어요. 수질이 아주 아주 나빠지고 불량해졌죠. 공사 후 4대강은 대부분 흐름이 막히고 유속이 느려져 거대한 저수지처럼 되어 물이 썩어가고 있거든요. 상당한 물고기가 사라지거나 죽거나 또는 기형이 되어 발견되는데요. 물이 악성 4급수임을 알려주는 징표가 지금 여기저기서 슬슬 나타나기도 하죠. 더러운 하수구에서 사는 실지렁이와 시궁창 깔따구가 우리나라 강의 여러 곳에서 채집되고 있어요. 특히 낙동강 수면은 발암 물질이 득실대는 녹조로 가득 뒤덮이기 시작했죠. 1조 이상 돈을 들여 만든 영주댐의 물은 지금 완전히 썩은 똥물이 되었어요. 강가에 가면 악취가 진동을 해요. 세상에 세상에나, 그 깨끗하고 아름답던 내성천 물이 썩은 똥물이 되고 악성 발암 강이 되다니요! 애통하고 절통해요.

해가 거듭될수록 독성물질 녹조가 더욱 창궐하고 있어요. 물고기가 떼죽음을 당하는 일이 빈번해졌고 죽은 물고기 뱃속에서는 흉측한 기생충이 꿈틀거리고 있어요. 강의 어떤 곳에서는 물고기

씨가 아예 싹 말라버렸고 그나마 어부들에게 잡히는 물고기는 기형이거나 기생충에 오염된 것투성이예요. 몇 백 년을 대대로 강에 의지해 살던 수백 명의 강변 어부들은 숫제 고기 잡는 걸 포기했어요. 직장을 잃은 거죠. 애초부터 이 국책 사업은 4대강 살리기가 아니라 우리나라 푸른 강들을 죽이고, 사업자와 정부 관료가 짬짜미로 나랏돈 뜯어먹기가 주목적이던 것이 아니었을까 하는 의심이 들 정도예요. 강물과 생명을 망가뜨린 것 말고는 4대강 사업이 무얼 값지게 한 게 없거든요.

생각해 볼까요? 우리나라가 아프리카 수준이 아니잖아요? 그런데 멀쩡하게 흐르던 푸르고 건강하던 우리 강이 오늘날 이 지경이 되고서도 책임지는 자가 왜 아무도 없는 건가요? 무지막지한 댐 공사를 강요한 불량 정부 담당자는 여태 묵묵부답이에요. 법률에 맞게 집행한 사업이라서 '4대강 사업은 정당하며 공무원인 우리는 죄가 없다'는 식이죠. 이것은 합법이라는 이름으로 국민 세금을 대명천지에 강도질하고 도둑질하는 일이 벌어진 것과 똑같아요. 백 번 양보해서 불량 인간들이 나랏돈만 우라지게 뜯어먹은 거라면 그래도 용서해 줄 수 있을 것 같아요. 그런데 현재의 우리는 물론이고 10년, 50년 후 우리 자식들과 손자와 후손들이 살아갈 자연을 이렇게 죽음의 난장판으로 망가뜨리다니요. 절대로 이건 우리 국민들이 용서해주면 안 돼요. 4대강 부실 난장 공사는 나라를 팔아먹은 이완용이 한 짓보다 더 나쁜 매국 행위예요. 국가 내란에

준하는 국토 파괴 행위가 아닐 수 없어요. 대한민국 국민 생활에 치명타를 가했어요. 그런데도 지금까지 이걸 아무도 책임지지 않아요. 강물이 시궁창 물이 되고 금 모래밭이 자갈밭으로 변했는데 말이죠. 4대강 국가사업에 책임자가 아무도 없다니요? 금융실명제는 진작 시행되는데 공사 실명제나 정책실명제가 왜 없는 건가요? 이명박 정부 시절에 우리나라가 그때 민주공화국이 맞기나 했던 건가요?

정의로운 세상은 거저 주어지는 게 아니에요. 동시대인들이 노력하며 함께 만들어가는 거죠. 공동체 정신이 정성껏 빚어내는 생활 예술품이 민주 사회입니다. 용기 있는 사람들은 어느 시대에나 있었어요. 가령 일제 식민지 시대에 목숨 바친 독립투사들이 존재했던 것처럼 말이죠. 4대강 사업과 관련해서도 한국 사회에 용감한 독립투사들이 등장했는데요. 대한민국 몇몇 시민 단체가 정부의 4대강 사업 강행을 사전에 막고자 법원에 소송을 제기했겠죠? 국민들 모두가 하나처럼 4대강 사업을 강행하든 말든 나 몰라라 하지는 않았단 말이죠. 그래 시민단체들이 우리나라는 법치 국가인데 정부 당국이 대규모 국책 사업에 법과 절차를 지키지 않은 점을 지적했어요. 딱하게도 국가의 강제 사업을 막을 길이 그것밖에 없었던 거죠. 그때 이명박 정부는 국가재정법상 반드시 시행해야 하는 예비타당성 조사를 하지 않았던 거거든요. 그러나 불량 독재 정부는 이미 아주 빠른 속도로 우리나라 주요 강들을 모조리 갈아엎고 시멘트를 들이부어 댐을 세울 계획을 극비리에 몰래 세웠던 거예요. 이런 셈속에서 단군 조선 이래 한반도 최대의 토목 공사를 하면서 어찌 환경영향 평가를 제대로 거칠까요? 당연히 눈속임할 요량으로 정부에서는 환경영향 평가를 건성으로 했을 테죠.

독재 불량 정부는 뜻밖에도 많은 동조자들이 있어요. 불의와 부패로 나라 살림을 같이 뜯어먹고 사는 거니까 그런 거죠. 그들 적폐 세력은 법치의 이름으로 정부 정책 집행에 엄청난 힘을 실어줘요. 그때 환경 보전을 책임지고 있으며 또 4대강 사업에서 환경 영향 평가의 주무 부서인 환경부 정부 조직은 어떻게 했을까요? 그래요 그렇다마다요. 우리가 생각한 그대로예요. 국토 황폐화 사업을 암묵적으로 지지하고 또 적극적으로 동조했어요. 왜 그랬느냐고요? 국토부나 환경부나 공무 조직원 모두가 불량정부에서 국가의 녹을 먹는 운명공동체니까 그런 거겠죠. 권력자에게 줄은 댄 건설 사업자들 간에도 이권 경쟁이 엄청 치열하게 벌어졌겠죠? 독재 권력자의 고향 고교 출신 선후배들이 4대강 특정 사업을 독점했다는 풍문이 도둑고양이처럼 길거리를 떠돌았어요.

막말로 정부 예산은 먼저 훔쳐 먹고 먼저 닦아먹는 놈이 임자라는 말들이 공공연했죠. '니 돈도 아니고 내 돈도 아니고 국민 세금 나랏돈인데, 우리도 좀 떼어먹지 뭐가 어떨까?' 하며 뭉칫돈을 강바닥에 던져 넣고, 철근 구조물 대형 댐 안에 100억, 5,000억짜리 수표를 여러 장씩 시멘트로 포장하고 발라버렸어요. 나중에 자기들이 빼먹을 요량으로 말이죠. 이와 비슷한 일들이 그 시절에 어느 곳에서나 비일비재했다는데요. 누구는 포클레인과 지게차로 5만 원짜리 뭉칫돈을 강바닥에서 거의 매일 주워 왔다던데요. 한 푼 두 푼 낸, 피 같은 국민 세금이 강물을 더럽히고 국토를 파괴하고 강간하는 일에 쓰이고 사업 관계자들의 호주머니를 빵빵하게 채워주었던 거죠. '정부에서 추진하는 일인데 이걸 누가 막을 수 있을까 보냐?'하는 생각으로 4대강 공사 관련자 모두는 편안하게 한마음으로 잇속 경쟁에 뛰어들고 일확천금의 욕심에 녹아들었겠죠?

대한민국 지배 세력의 맨얼굴이 공개된 적이 있었어요. 친일 매국노 부역 세력들이 그들이죠. 그들은 독재 권력을 직접 휘두르거나 거기에 빌붙어 호가호위하며 일신의 영달을 누렸는데요. 그들은 대체로 친일파의 후손이거나 옹호자이며 독재 권력을 숭배하고 찬양하는 세력들이죠. 박정희를 높이 받들어요. 그들은 한국 사회에서 오랫동안 보수 세력이라는 가짜 이름표를 달고 행세했어요. 그러나 실상 그들의 정체가 까발려졌을 때 모두가 깜짝 놀랐어요. 왜냐하면 친일 독재 매국노 세력이 다름 아니라 부귀공명을 누리는 출세한 사람들이었기 때문이죠. 한편으로 그들은 더덜없이 독재 부역자들이었으며 보수 우파의 대북 강경파들이며 민주주의의 배신자들이며 일베 회원들이며 철저한 기회주의자 인물이라는 게 만 천하에 공개된 거죠.

선비 정신을 한국 대표 아이콘으로

1905년 11월 17일에 일본과의 을사늑약이 강제로 체결되었죠. 일본은 국내에 통감부를 설치하고 일본인 통감으로 하여금 대한제국을 통치하게 했어요. 이 날 민영환, 김봉학, 홍만식, 조병세 등 많은 애국자들이 망국의 한을 품고 순국했는데요. 대한민국 정부는 그래서 11월 17일을 '순국선열의 날'로 정하여 지금까지 해마다 이를 기념하고 있지요.

을사늑약 직후 1906년에는 면암 최익현 선생이 의병을 조직하고 의병장으로 나섰는데요. 이때 선생의 나이가 74세, 선생의 출사표는 조선 선비의 향기를 잔뜩 머금었죠.

성공하지 못할 것을 알지만 국가에서 선비를 기른 지 500년이 되었거늘, 힘껏 적을 토벌하고 국권을 회복하는 것을 의리로 삼는 사람이 한 사람도 없다면 얼마나 부끄럽겠는가?

아아 이것이 한국의 '선비 정신'입니다. 순결하고 고귀한 도덕성이죠. 역사의 뿌리가 깊고 튼실하다는 측면에서 한국의 '선비 정신'은 서양의 '노블레스 오블리주'를 뛰어넘어요. 그것보다 역사도 깊고 한 차원 더 높은 도덕적 지표지요. 〈선비 정신〉은 세계에 자랑할 만한 문화유산입니다. 우리 문화의 대표 아이콘이 될 만해요.

선비 정신의 부활이 한국 문명의 새 르네상스를 가져올 거라고 믿습니다.

해양 5대 강국, 대한민국을 응원한다

우리는 삼면이 바다로 둘러싸인 반도 국가입니다. 그런 만큼 바다의 중요성을 깨닫고 바다 산업에 과감히 투자해야 해요. 바다는 미래 식량 자원의 보고이며 신산업의 활동장이거든요. 우리에게 바다는 단순히 바다 그 이상의 의미를 담고 있어요. 새로운 대한민국에서 이끌어갈 4차 산업혁명은 바다에 대한 투자를 대폭 확대하는 걸로 한 축을 담당해야 해요. 해양 수산 기술을 더욱 정밀하게 개발하고 사용 가치를 높여야 하지요.

문재인 새 정부가 역량을 다 바쳐 대한민국을 세계 으뜸의 해양 강국으로 발돋움 시키는 걸 보고 싶군요. 기대가 큽니다. 특히 3면이 바다로 둘러싸여 있는 우리로서는 바다가 천혜의 국토와 다를 바가 전혀 없어요. 반도 국가 대한민국 우리에게 바다는 바로 우리의 삶터이자 국토 그 자체인 셈이거든요. 게다가 바다와 해양 자원은 우리 청년들에게 수많은 일자리를 만들어줄 수 있어요. 우리에게 바다는 보물 창고 같은 것이죠. 해양 강국 코리아, 만세!

5·16 쿠데타는 한민족의 인성을 파괴하고
우리의 민주 역량을 짓밟아버렸다

> 박정희 전 대통령은 반신반인이다. 탄생 100주년 기념우표를 발행해
> 야 한다.
>
> 경북 구미 시장 남유진, 2017년 7월 12일

1960년에 4·19 민주 대혁명이 일어났어요. 온 국민이 힘을 모
아 독재 정부를 무너뜨렸죠. 이승만 정권은 몰락했고 대통령은 하
와이로 도망을 갔어요. 자유당 불량 정부의 압제에 시달리던 국민
들은 기쁨의 환호성을 터뜨렸죠. 그즈음 베트남에서도 우리와 비
슷한 일이 벌어졌는데요. 남베트남의 초대 대통령인 고딘 디엠은
그러나 베트남 혁명 세력에게 붙잡혀 바로 총살당했어요. 디엠은
가혹한 독재자로서 '베트남의 이승만'이라고 불렸다고 해요. 성향
이 둘이서 닮았다는 거죠. 한국의 이승만과 베트남의 이승만은 마
치 쌍둥이 같았다고 하는데요. 이들은 철저히 서구화된 인물로 이
승만은 미국인보다 더 미국인 같았고, 고딘 디엠은 프랑스인보다
더 프랑스인 같았다고 해요. 게다가 아주 철저하고 지독한 반공주
의자라서 처음부터 미국 정부가 이 둘을 대놓고 좋아했다는데요.

호사다마라고 했던가요? 4·19 민주대혁명의 영광과 기쁨이 채
가시기도 전에 우리 현대 역사에서 가장 아프고도 가장 불행한 사

건이 터졌어요. 육군 장교 박정희가 군사 반란을 일으켜서 신생 민주국가 대한민국을 싹 뒤집어엎은 거죠. 1961년 5월16일 새벽의 군사 반란. 그것은 갓 피어나는 한국 민주주의의 꽃봉오리를 정치 군인들이 일본도로 잔인하게 베어버린 현대 역사의 가장 심각한 폭력 사건이었죠. 이후 한국의 민주주의는 지금의 문재인 정부에 이르기까지 역사의 어둠 속을 유령처럼 떠돌며 끝없이 헤매야만 했던 거예요.

1960년 4·19로부터 1961년 5·16까지 우리 손으로 새 민주주의를 실험한 역사가 불과 1년 남짓이에요. 짧으나마나 1년의 세월은 많은 것을 혁신하게 했죠. 우선은 이승만 독재 정권이 저지른 여러 문제점들이 밝은 햇빛 아래 전모를 드러냈어요. 대대적인 소독과 청소가 필요했죠. 한편으로 우리 국민들은 느린 속도지만 그래도 또렷하게 스스로의 자율 신경을 회복해가고 있었는데요. 독재의 판을 갈아엎고 민주의 새 판을 짤 준비를 천천히 했던 거죠. 그런 와중에 이승만 독재 정부 밑에서 오래 묵혔던 사회적 욕구와 불평과 희망이 한꺼번에 쏟아졌는데요. 걷잡을 수 없는 생활 혁명이 경향 각지에서 터져 나왔을 테죠. 그러나 그때 이런 것들이 사회적으로 크게 비난 받거나 하지는 않았어요. 그때는 데모가 일상이었고 그것을 관대하게 바라보는 시선들이 있었거든요.

지금 생각해봐도 그러지 않았을까 해요. 왜냐 하면 1945년 광복 이후 이승만 정권이 10년 이상을 집권했잖아요? 독재자의 몰락 후에 어느 정도의 소란과 혼란이 생겨남은 당연하지 않겠어요. 4,19 혁명 이후는 사회적으로 혼란과 갈등이 일상이었죠. 왜냐 하면 낡은 독재 체제가 무너지고 그 자리에 새로운 세상이 들어서는 혼돈의 시기였으니까요. 이승만 독재를 벗어나 자유를 찾은 국민들에게는 이 모든 게 기쁘고도 즐거운 소란이었죠. 혼돈 속의 환희. 그때는 대한민국이라는 신생 민주 국가가 바야흐로 제 발로 서고 첫걸음을 뗀 시기라고 말할 수 있어요. 희망과 불안, 밝음과 어둠이 하나의 용광로 안에서 들끓어 오르는 창조의 시간들이 한참을 이어갔어요. 한국의 민주주의가 느긋이 숙성되는 과정을 거치고 있었던 거죠.

아아 그렇습니다. 4·19 민주대혁명이 가져온 혼란은 아름다운 황홀이며 즐거운 어지럼증 같은 것이었는데요. 그것은 배달겨레 본래의 민주주의 유전자를 찾아 복원하는 과정이었죠. 새로운 국가 체제, 새로운 세상이 회오리바람처럼 다가왔던 거예요. 이때의 혼돈과 무질서는 부정적인 느낌이 아니라 차라리 무한 긍정의 기운이었죠. 독재 세상에서 민주 세상으로—4·19 민주대혁명이 성공한 직후 대다수 한국인들은 이런 생각을 갖고 있었거든요.

4·19 혁명 직후에는 당연히 사회가 복잡하고 혼란하고 무질서하고 그랬겠죠? 그러나 카오스는 생명의 본질이며 변화의 기본 동력이거든요. 자유당 독재에 신음하던 대한민국이 4·19 민주 혁명 직후에 '새로운 한국'으로 대격변의 거대한 물굽이를 튼 거라고 할

수 있어요. 너와 나, 우리의 에너지가 솟구쳐 폭발하고 이것들이
삽시간에 서로에게 융합되고 혹은 충돌하고 반응하면서 새로운 국
가 질서 속으로 천천히 길머리를 잡아가던 거였죠. 대한민국의 내
각제 제2공화국에서 나라 질서나 분위기가 크게 나쁘지 않았어요.
아프리카 미개 국가처럼 군사 쿠데타가 일어날 정도로 부패하고
부정하고 불안한 게 결단코 아니었다는 거죠. 솔직하게 말해서 4·
19 직후의 혼돈과 무질서는 새로운 세상을 창조하는 분화구 역할
에 충실했어요. 제2 공화국 시절은 이승만 시대의 사회 틀과 믿음,
그리고 질서와 체제를 빠르게 무너뜨려갔죠. 그러니까 4·19 혁명
이 가져온 혼돈과 무질서는 이전과는 완전히 다른, 탈바꿈의 세상
이 다가왔음을 알리는 전주라고 하면 꼭 맞을 거예요.

　그러나 1961년의 대한민국은 한국 현대사의 가장 큰 불행과 곧
맞닥뜨렸는데요. 식민 시대 일본 장교 출신의 권력 사냥꾼이 등
장한 거예요. 그의 날카로운 눈빛은 제2공화국 군중들의 무질서
한 공간 속에서 권력 찬탈의 틈새를 찾았어요. 군사 반란 주동자들
은, 아니 쿠데타 주역들인 육군사관학교 장교 출신들은 당대 보통
의 한국인과는 전혀 다른 아주 특별한 민주주의를 생각하고 있었
던 거죠. 그들은 신생 한국 사회를 군사적으로 조련하고 실험해 보
고 싶은 욕망에 심신을 흠칫 떨지 않았을까요? 그들이 생각하는
나라의 질서라는 건, 군사조직처럼 체계적이고 질서정연한 것이었
을 테죠. 4·19 민주대혁명 이후에 어중이떠중이 군중들이 빚어내

는 혼란스럽고 무질서한 체제는 소탕해야할 괴뢰도당의 도발 무대로 비춰졌을 수도 있어요. 짙은 어둠 속에서 5·16 군사쿠데타가 은밀히 준비되고 있음을 그 당시에 아무도 눈치 채지 못했어요. 막 움트나는 한국 민주주의가 결딴이 날 시점이 가까이 다가오고 있음을 누구도 알지 못한 채, 1961년 5월의 푸른 봄빛이 대한민국 온 누리에 희망을 밝게 던져주고 있었을 따름이죠.

비유를 좀 해도 될까요? 4·19 민주 대혁명은 일종의 체제 청소요 새집 장만과 같아요. 그래 집안 대청소를 하고 새집에 살림도구를 다시 들이다보면 좀 시끄럽고 요란하기도 하잖아요. 물건의 위치가 바뀌기도 하고 뒤집어지기도 하며, 또 집 전체가 통제가 안될 정도로 소란해지며 어느 순간에는 소음과 먼지투성이로 변하게 되지요. 새집으로 이사를 하거나 옛집을 청소하다 보면 이 정도는 정녕 자연스러운 현상이 아니던가요? 우리의 긴 역사에 비추어 보면 4·19 직후의 혼란은 극히 짧은 일순간에 지나지 않아요. 기존 견고한 독재 체제가 무너졌는데 혼란하지 않다면 그게 더 이상한 거죠? 그렇지 않나요? 유구한 역사 속에서 나라 전체의 혼돈과 어수선함은 어느 정도 참아야 하지 않나요? 더 좋은 나라, 더 좋은 세상, 더 좋은 사회, 그런 시스템을 갖추기 위해 구체제가 무너지는 혼돈과 무질서는 꼭 필요했던 사회적 배경이 아니었을까요? 모두가 동의하는 더불어 잘 사는 세상, 다함께 좋은 세상이 그렇게 한 순간에 뚝딱 만들어질 수 있는 게 아니잖아요. 시행착오를 인정하고 한 걸음 한 걸음 민주 세상으로 발걸음을 옮겨가는 거죠. 딴 게 뭐 있나요? 참고 포용하고 받아들이고 뒤집고 바꾸고, 새 나라를 처음 세우는 것처럼 그렇게 해야 하는 게 아닌가요?

그러나 권력욕으로 중무장한 정치군인들을 어쨌든 그때 누구도 막지 못했어요. 군사 반란자들은 경제 위기와 국가 안보를 구실로 삼아 탱크와 총검을 동원하여 정권 찬탈에 나서고야 말았죠. 그런데 가슴 아픈 것은, 대한민국 역사에서 그 때 그 시절에 정말로 진짜로 참말로 진심으로, 군사 쿠데타가 꼭 필요했나요? 아아 대한민국 현대 역사에서 가장 불행한 사건. 한국에서 민주주의가 전혀 자라지 못하게 군인들이 일본도로 그 새싹을 싹둑 잘랐던 거죠. 한반도의 오천 년 역사가 물려준 좋은 씨앗이 있어 자생이 가능했던 한국 민주주의를 5·16 군사 쿠데타 세력이 이를 짓밟고 대한민국을 독재 반공국가라는 기형적 존재로 순식간에 둔갑시켜 버렸지요. 미국은 철저한 반공 국가 수립에 방점을 찍고 결국은 한국의 쿠데타 군부 편의 손을 들어줄 수밖에 없었겠죠. 1961년 5월 16일은 자생의 한국 민주주의가 군사 독재자에게 죽임을 당하고 사망 선고를 받은 날로 영원히 기억될 것입니다.

홍익인간아 우리가 세계를 이끌자꾸나

우리가 문명 발전의 속도를 지금처럼 유지해도 될까요? 아니면 태도를 바꾸어 발걸음을 조금 늦추어야 할까요? 현재 '한국 문명'이라는 이름의 배에서 방향키를 잡은 이가 누굴까요? 교회나 성당에 다니는 고위 관료인가요? 한국 문명이 이제금 새 정부 국민의 시대를 맞아 완전히 새롭게 출발을 하면 어떨까 합니다마는. 새 한국의 대표 인물로 '홍익인간'을 추천하고 싶은데 말이죠. 세상을 널리 이롭게 하는 사람, 홍익인간. 그는 이타자리의 주체적 인간이에요. 자본 문명의 폐해에서 인류를 능히 구해줄 인물이다마다요. 우리가 홍익인간에 주목하는 것은 오늘 이 시점에 케케묵은 과거로 돌아가자는 게 아니에요. 홍익인간과 손을 잡고 새로운 미래로 훌쩍 나아가자는 선언이에요. 〈새로운 한국 문명〉은 놀랍게도 홍익인간을 혁신 인물의 대표자로 내세울 때 가능할 수 있는 거거든요.

21세기는 글로벌 경제 시대입니다. 국가를 대신하여 초일류 기업들이 지구 문명을 이끌어가고 있어요. 구글, 페이스북, 아마존 등이 그 대명사들이고요. 국경을 뛰어넘는 새 지구 문명이 열린 거죠. 기업의 기술 혁신이 이제는 영업 이익에 그치는 게 아니에요. 일류급 세계 기업은 인류 공존과 공영에 이바지하는 방법을 찾고 있죠. 제대로 된 기업 조직은 더 이상 수익 창출에만 매달리지 않아요. 지구 공동체의 공생의 가치에 방점을 찍고 있죠. 이제 기업은 단순한 돈벌이에서 벗어나고 있어요. 멀리 내다볼 때 그래야만 기업이 살아남는다는 걸 기업 지도자들이 잘 알고 있는 듯해요.

기업의 가치가 사람을 살리고 문화를 살리고 인류 공영의 이상에 이바지하는 방법을 다채롭게 모색하고 있죠. 기업이 더 이상 경제적 이득에만 매달리는 건 깨뜨려졌어요. 이런 게 2020년대를 바라보는 세계 문명의 가장 특징적이고 보편적인 흐름이에요. 그래서 기업 경영 철학의 기조는 무엇보다 사람이 먼저예요. 기업의 이익을 재화의 가치로만 따지지 않아요. 기업의 경영 철학을 인도주의에 바탕을 두는 거죠. 구글 등의 세계 초일류 기업이 인류 공생의 가치를 근본 철학으로 삼고 있어요. 오늘날 선진 기업은 지구 생활 공동체의 성격을 두루 강조하는데요.

곰곰 생각하면 정말 그래요. 지금은 자본주의 초창기 시대가 아니잖아요. 옛날에 근대 자본주의가 첫발을 떼던 때와 똑같이 물질적 이익에만 매달린다면 기업들이 살아남을 수 없어요. 그러면 진작 기업 문을 닫아 마땅해요. 이제 그런 시대가 아닌 거예요. 경제적 이익을 위해서라면 지옥문이라도 열고 들어가겠다던 초기 서양 자본주의의 욕망 충족적 세계 경영은 그 생명력을 상실했어요. 자본주의 인간형인 경제 동물은 적어도 세계 일류 기업에서는 더 이상 발붙일 자리가 없어졌거든요. 그런데 현 시대 지구 문명의 소쿠라지는 흐름이 이렇게 물굽이가 틀어졌는데, 앞에서 이를 이끌고 뒤에서 이를 뒷받침해서 지구 문명을 경영할 큰 철학이 지금 없어요. 인류 문명을 새롭게 이끌어갈 세계의 큰 철학이 안 보이는 거예요.

　이럴 때 우리의 '홍익인간'이 등장하죠. 짠하고 나타났어요. '홍익인간'은 위기에 빠진 지구 문명을 구할 불세출의 영웅입니다. 홍익인간의 두 눈은 언제나 생명과 현실을 직시하고 있죠. 그는 현재를 사랑하고 현실을 존중해요. 그는 이론보다 실제를 높이 평가하고 또 경험의 중요성과 가치를 잘 알고 있죠. 무엇보다도 사람을 배려하고 생명을 높이 받들어요. 어쩌면 이런 것들이 공자의 사상과 아주 비슷할 수도 있어요. 홍익 정신은 철저히 실용적이거든요. 관념을 배격하고 허례허식을 물리쳐요. 유교의 원래 성격과 이것이 정확히 일치하죠. 감히 말하건대 유교 중심의 나라는 정녕코 사람답게 사는 법을 알고 실천하는 나라예요. 우리나라가 현대에 와서 다시 유교 중심의 나라가 되는 걸 두려워할 까닭이 없어요. 오늘의 대한민국이 차라리 유교 찬양 국가가 되었으면 좋겠어요. 진정한 유교 중심국이 바로 홍익인간의 나라가 되는 거죠. 정복과 전쟁 일변도의 저 유럽이나 이슬람처럼 종교 중심의 국가 체제보다 유교 중심 국가가 훨씬 더 복지 지향적이고 인간 친화적인 시스템이 틀림없어요. 세계 최초의 홍익인간이 우리의 하느님이며, 그 현신이 바로 우리 조상의 뿌리인 단군 할아비임을 믿습니다.

대한민국을 새롭게 디자인하라

초판 1쇄 발행일 2017년 11월 10일

지은이 이동훈
펴낸이 박영희
편집 김영림
디자인 이재은
마케팅 김유미
인쇄·제본 태광 인쇄
펴낸곳 도서출판 어문학사
　　　　서울특별시 도봉구 해등로 357 나너울카운티 1층
　　　　대표전화: 02-998-0094/편집부1: 02-998-2267, 편집부2: 02-998-2269
　　　　홈페이지: www.amhbook.com
　　　　트위터: @with_amhbook
　　　　페이스북: www.facebook.com/amhbook
　　　　블로그: 네이버 http://blog.naver.com/amhbook
　　　　　　　다음 http://blog.daum.net/amhbook
　　　　e-mail: am@amhbook.com
　　　　등록: 2004년 7월 26일 제2009-2호

ISBN 978-89-6184-454-3 03300

정가 17,000원

이 도서의 국립중앙도서관 출판예정도서목록(CIP)은 e-CIP홈페이지(http://www.nl.go.kr/ecip)와 국가자료
공동목록시스템(http://www.nl.go.kr/kolisnet)에서 이용하실 수 있습니다. (CIP제어번호: CIP2017028081)